国家社科基金教育学一般项目
"道德冷漠与道德教育"（BEA120030）研究成果

道德冷漠的教育省思

高德胜 著

海峡出版发行集团 | 福建教育出版社
THE STRAITS PUBLISHING & DISTRIBUTING GROUP

图书在版编目（CIP）数据

道德冷漠的教育省思/高德胜著. 一福州：福建
教育出版社，2023.9
ISBN 978-7-5334-9698-2

Ⅰ.①道… Ⅱ.①高… Ⅲ.①德育－教育研究 Ⅳ.
①G41

中国国家版本馆 CIP 数据核字（2023）第 121972 号

Daode Lengmo De Jiaoyu Shengsi

道德冷漠的教育省思

高德胜　著

出版发行	福建教育出版社	
	（福州市梦山路 27 号　邮编：350025　网址：www.fep.com.cn	
	编辑部电话：0591-83726908	
	发行部电话：0591-83721876　87115073　010-62024258）	
出 版 人	江金辉	
印　　刷	福州印团网印刷有限公司	
	（福州市仓山区建新镇十字亭路 4 号）	
开　　本	710 毫米×1000 毫米　1/16	
印　　张	19.25	
字　　数	263 千字	
插　　页	2	
版　　次	2023 年 9 月第 1 版　　2023 年 9 月第 1 次印刷	
书　　号	ISBN 978-7-5334-9698-2	
定　　价	52.00 元	

引言　被冷漠刺痛的心灵

　　古语说："仓廪实而知礼节，衣食足而知荣辱。"按着这个逻辑，在总体实现小康的今天，我们的道德水平和文明素养也应该有大幅度的提高。但一桩又一桩冷漠旁观事件，否证了物质发展与道德文明同步发展的预期。从"小悦悦"事件，到妇女被车撞倒躺在路上无人援手，再被后车碾压致死事件；从女子跳楼，数百人观望起哄，到一个又一个老人摔倒，有人围观却无人援手……这些无不刺痛着我们的心灵。

　　有人说，这是媒体炒作的结果。确实，媒体尤其是电子媒体的真实再现功能，使这些事件毫发毕现地呈现在我们眼前，那样醒目、如此刺眼！类似的事件，在过去时代不是没有发生过，但限于传播技术手段，能够亲眼目睹的人有限，对社会心理的影响也就没有现在这么大。电子媒体的记录能力、传播能力确实在一定程度上起到了扩散、渲染负性社会事件的作用。但是媒体记录、传播是一方面，媒体所记录、传播的内容则是另外一方面。媒体所记录的这些冷漠事件都是真实发生的，经常一波未平一波又起，连续考验着我们的神经。被媒体披露出来的某一冷漠事件，在当时似乎已经突破了人们的心理底线，但很快又有更糟糕的事件被披露出来，让人不知道底线在哪里。

如果道德冷漠只停留在媒介中，看得多了，也就不再震惊，"同情疲劳"随之而来。问题是，冷漠不单是媒介事件，而且是多数人的切身体验。或者说，冷漠是切身的，是切身的冷漠。一方面，作为社会人，我们都感受到了来自他人的戒备与冷眼，在遇到困难时不敢寄希望于他人；另一方面，我们也将自保放在第一位，遇到事情，首先想到的是如何保护自己，而不是勇敢地伸出援手。

有人说彭宇案是重大的道德事件，甚至影响了一代人的道德观。不可否认，"彭宇案"的发生，确实给正在变冷的人心又泼了一盆冷水。但我们也不能夸大单个案例的影响。客观地说，不是彭宇案影响了一代人的道德观，而是彭宇案迎合了冷漠的社会心理。改革开放为物质发展松绑，但社会规范上的要求还一直延续。也就是说，几十年的社会发展，人心已经发生了很大变化，并非道德滑坡，而是道德已经褪去了过去时代所附加的高大上装饰。彭宇案的发生恰当其时，为被社会控制所压抑的冷漠找到了理直气壮的借口：我为什么要去帮助别人？要是他反咬我一口怎么办？

放眼世界，我们会发现道德冷漠不是中国独有的现象，而是全球现象。英国社会学家鲍曼（Zygmunt Bauman）对此有敏感而深刻的体察，他用"道德盲视"（moral blind）来命名这一问题。媒体总是有意无意地暗示西方世界的高文明修养，但西方世界的知识分子，对西方世界的冷漠同样痛心疾首，并对此进行了毫无保留的揭示。比如，鲍曼从现代性的根源来揭示道德冷漠的根源，贝克（Ulrich Beck）则从风险社会的角度来揭示人人自保、漠视他人的现实。

现代化的成就不可否认，但富足而又冷漠就是我们想要的生活吗？如果说一定程度的孤单与冷漠还可以忍受的话，那么冷漠积聚到一定的临界点而导致的爆发则会导致社会的崩溃、民族间的仇杀，甚至是世界性、毁灭性的战争。这绝不是凭空杜撰的，而是真实可能的，甚至是正在发生的事实。这肯定不是我们想要的生活。

既然如此，道德冷漠，就是我们这个时代的大课题。

一、何为道德冷漠

人是道德的存在，正是道德使人从自然界中脱颖而出，成为"万物的尺度"。如果说人是"万物的尺度"，那么道德就是人的尺度，即人之所以为人的标志。我们可以把道德理解为人内心的法则、对美好灵魂的守护，但道德必须落实在人际，没有对他人的观照，也就无所谓道德。道德冷漠则是对他人的漠视，即眼中无人，他人的生死痛苦在冷漠者那里都激不起些许涟漪。道德冷漠的冷气是向外的，也是向内的。对他人的冷漠，正是内在灵魂枯死的表征。我们首先要做的，就是清醒认识道德冷漠的人性后果。

人性不是固定的，而是多种力量相互作用的结果。柏拉图说灵魂的公正就是灵魂各个部分间的井然有序，就是灵魂中理性对欲望和激情的支配。人有自保的本能以及从这一本能发育出来的各种心理需要，也有源自灵魂的善以及由此发育出来的各种道德品质。人们常常将为己与为人对立起来，但实际上真正关心自己的灵魂的人，也是关心自己灵魂善的人。最为奇妙的是，在灵魂善中为己与为人是统一的，为己也是为人、为人也是为己（为更好的自己）。在道德冷漠中，自保的需要超过了灵魂善的力量，是人性力量的失衡、失序。

道德冷漠不是现代现象。道德冷漠与人类一直相互伴随。但现代之前的社会都有较好的抑制、疏导道德冷漠的方式，只有现代社会，对道德冷漠不是抑制、疏导而是一定程度上的放纵。现代社会有诸多道德冷漠的生产机制，这是以前社会所没有的独特现象。可以说，道德冷漠不是现代现象，但道德冷漠的大规模爆发与传播，则是典型的现代现象。因此，研究道德冷漠的现代生产机制，也是道德冷漠研究的一个重点。只有弄清道德冷漠的现代生产机制，我们才有"对症下药"的可能。

道德冷漠既有社会原因，也有个人原因，比如意志薄弱。我们见到他人痛苦，都会有发自本能的同情。但同情是一回事，伸出援手则是另外一回事，两者之间存在不小的距离。同情与行动的脱节，原因很多，意志薄弱是一个主要的方面。因此，意志薄弱是德性发展上的"卡脖子"式的问题。意志薄弱不是一个单一的概念，而是一个"概念串"。可以从判断、意愿、行动、做人等多重维度来理解意志薄弱。意志薄弱现象中薄弱的不是其他，而是善意，从性质上看，意志薄弱就是善意不强。善意不强不等于就是恶意，意志薄弱不是恶，但与恶的距离很近，可以转化为恶。放任意志薄弱，多数情况下，就是有同情无行动的道德冷漠。教育和道德教育可以从培养伦理品味，改变、形成习惯，提升道德素养、抓住意志薄弱之后的教育契机等几个方面用力，帮助学生克服意志薄弱。

冷漠不是作恶，但离作恶很近。我们可以将人的道德态度与行为分为善、不为恶、不为善、作恶。道德冷漠属于不为善，更接近于作恶。这里的接近，不但是概念上的接近，还意味着真实生活中态度与行为的接近。一方面，从冷漠很容易走向作恶；另一方面，作恶之中都包含着冷漠，而且，在特定情况下，冷漠本身就是作恶。因此，对道德冷漠的思考，离不开道德恶的参照。两种根本恶，康德意义上的根本恶与阿伦特（Hannah Arendt）意义上的根本恶，都有道德冷漠的影子；阿伦特所说的平庸恶和鲍曼所说的理性恶，更是以冷漠作为特点。更为糟糕的是，道德冷漠与道德恶在现代教育里交织形成了一种说不清、道不明的"混在"关系。

二、道德冷漠的教育关联

任何时代都没有我们这个时代所独有的普遍性道德冷漠。正是在这个意义上，我们说道德冷漠是时代病症。每当时代病症爆发，人们总会将救治的希望寄托于教育，渴望作为道德事业的教育能够挽狂澜于既倒。但是当我们将渴望的目光投向教育时，教育给我们的也许是失望。作为"社会现状的盟友"，现代教育之所为，在一定程度上，不是在抵抗道德冷漠，而是在加剧道德冷漠。道德冷漠有教育关联性，教育脱不了干系。

现代教育是竞争性的，被竞争附体。一方面，同龄人大量聚集，这在教育史上是独有的现象，为竞争的展开奠定了客观条件。另一方面，现代教育主要是为生存的，这为竞争提供了动力。可以说，竞争是现代教育的基本精神面貌，没有竞争，现代教育恐怕就会无所适从。但竞争是一种"灵恶"，以"人人为己"为基本逻辑。被竞争附体的现代教育，教给孩子的是你死我活，易导致道德冷漠与道德恶。

人是一而二的存在，能够与自己对话，能够过内心生活，是人找到自身、安身立命、在世扎根的基础。认识自己、回到自身从来都不是容易的事情，苏格拉底所践行的使命就是帮助人"认识你自己"，后来的人文教育，致力的也是这样一项不朽的伟业。但现代科技提供了太多让人逃离自己的通道，现代人在远离自己的道路上越走越远、越走越快。在这个社会潮流中，教育成了推着人远离自己的活动，在使人成为自身的陌生人的过程中，教育的"贡献"不容否认。当人无法与自身对话时，人就失去了道德敏感性和道德判断力，冷漠、作恶而不自知。

道德冷漠也与记忆能力、记忆品质密切相关。如前所论，冷漠属于不为善，虽然不是直接作恶，但离恶很近，是对恶的默许与纵容。不为善不是什么光彩的事情，如果记在心里，就会感到愧疚与羞耻；如果能够轻易忘却，则会在冷漠的坡路上向下速滑。人总是愿意记起自己所做的好事而忘记自己不光彩的思与行，这是记忆的自然缺陷。教育是弥补记忆自然缺陷的有效方式。记忆有不同的层级类型，以能否表达为标准可以将记忆分为陈述记忆与非陈述记忆。陈述记忆又可以分为命题记忆与个人记忆，个人记忆又有事件记忆、情节记忆和自传记忆三种亚类。不同的记忆类型有不同的意义，表面上看，现代学校教育是疏远记忆的，实际上不是疏远而是区别对待。学校教育在极端重视命题记忆的同时极力排斥个人记忆。命题记忆在学校教育中的膨胀沉淀出现代人外在化、应试化的"社会性格"，对个人记忆的排斥则导致个人记忆品质的退化。学校教育对两种记忆类型的失衡态度需要改变，重建教育与记忆的关系是一个重大的教育课题。

如果我们把眼光放长远一些，从历史的高度来看，道德冷漠的教育根由还在于现代教育是以道德作为代价而发展起来的。在一定意义上，现代教育的飞速发展就是以牺牲人文和道德教育作为代价的。在教育民主化、国家化、正规化、科学化的驱动下，教育由道德探寻变成了"谋生术"；由对教的克制和对学的尊重走向了对教的放纵和对学的贬低，变成了"教育印刷术"；学校由类似于家庭的感情共同体演变成了科层制机构，变成了"道德贫乏"的地方。

三、教育作为解救之途？

从事实上看，道德冷漠有教育根由，也就是说，现代教育在一定程度上在制造道德冷漠，渴望从制造道德冷漠的教育那里找到克制道德冷漠之道，看上去有点不合逻辑、自相矛盾，甚至有"与虎谋皮"的意味。确实，道德冷漠是社会问题，甚至是人类问题，通常情况下，"教育作为社会现状的盟友"，只是道德冷漠生产的一个环节。这是现实，但我们又不能屈服于现实。教育有实然形态，也有应然形态。不要以为后者毫无意义，应然的、理想的教育形态起着建构新的教育形态的作用。今天的教育现实，其实也是一种建构。我们完全可以建构新的教育现实以抵制、消解道德冷漠的蔓延。

教育以增进幸福为追求。这本没有错，问题在于如何理解幸福。现代人已经不再相信德性的幸福，转而相信幸福的外在条件就是幸福本身，这是一种物质幸福观。为了获取更多的物质以保证幸福，我们必须竞争，必须战胜他人，必须接受灌输，必须掌握更多的知识技能，必须忍受学习过程中的痛苦……为了幸福，结果变成了制造痛苦。现实的教训如此之多、如此之深，迫使我们不得不从另外一个方向来思考教育：能否不那么清高，不将幸福挂在嘴上，转而从更为根本的消除痛苦入手？这是思考教育的另外一个方向，却很少有人关注。我们没有意识到，置受教育者的痛苦于不顾，这本身就是一种道德冷漠，只会教育他们更冷漠。从痛苦出发的教育，将他人痛苦、人类痛苦纳入教育视野，培养的是受教育者对痛苦的敏感与消除痛苦的责任，针对的正是道德冷漠。

我们可以从多种维度去理解教育，比如经济的维度、政治的维度、文化的维度，但我们常常遗忘了感情的维度。从根本上说，教育是一种代际之爱，即上一代人对下一代人的爱，其原型是父母对子女的爱。作为爱的形态之教育，天然就是反冷漠的。教育之所以成了道德冷漠的一种根由，是因为教育爱的遗失，我们忘记了教育的情感性，忘记了教育是一种爱的事业。

古今教育各执一端。美化一端、否定另一端是常见的思维定式。那些具有怀旧情结的人常常感念古代教育的典雅气质，有意无意忽略了古代教育的不平等性，无视这种不平等性背后所包含的对广大底层子弟的冷漠；那些具有线性发展观的人常常赞美现代教育的平等普及，却有意无意忽略了现代教育对人类精神需要的漠视和贬低。好在两种模式我们都经历过，是时候去尝试一种中道的教育了。

目　录

第一部分　道德冷漠与道德恶

第二部分　道德冷漠的教育关联

第三部分　教育：作为道德冷漠的解救之道

第一部分　道德冷漠与道德恶

　　人是道德的存在，道德冷漠损害的正是我们的这一存在本性。从维护人之本性出发，当然不能任由道德冷漠肆意蔓延。克服道德冷漠的第一步，是认识道德冷漠。

　　道德冷漠的产生既有个人原因，比如意志薄弱，也有社会原因，比如现代社会的分工与科层设计。道德冷漠虽然不是恶，但与道德恶总是交织在一起。无论是哪种形态的道德恶，总是伴随着道德冷漠。对道理冷漠的深刻把握，离不开道德恶的参照。

第一章　道德冷漠与教育之能为

在我们这个地球趋暖、人情渐冷的时代，道德冷漠随处可见，人人可感，是我们生活中一个无法抹去的存在。人是道德的存在，道德冷漠损害的正是我们的这一存在本性。从维护人之本性出发，当然不能任由道德冷漠肆意蔓延。克服道德冷漠的第一步，是认识道德冷漠。吊诡的是，道德冷漠虽然是一个事实性存在，但我们对道德冷漠的认识基本还停留在日常感受上，理论上的系统探究尚比较匮乏。教育是道德事业，承担着无法否认的道德教育责任，显而易见，道德冷漠是教育和道德教育的大敌。"大敌当前"，教育和道德教育虽然势单力薄，但如果足够清醒，在对抗道德冷漠上，依然能够有所作为。

一、对道德冷漠的再思考

我在《道德冷漠与道德教育》一文中，曾将道德冷漠（moral indifference）界定为"就是对道德的冷淡与不关心。这种冷淡与不关心既可能是一种主动的责任推拒，也可能是一种无意识的道德麻木，即在面对道德问题时没有反应，意识不到道德问题的存在，体会不到道德的召唤"①。现在看来，这一界定中的第一句话，即"对道德的冷淡与不关心"有很大的问题。道德虽然无处不在、无时不在，但生活中我们常常会忘记道德的存在，将其束之高阁，毕竟道德不是生活的全部，道德自身（如果道德能够自知的话）也乐得退隐幕后，不去干扰我们的生活。这种对道德的"冷淡与不关心"不是道德冷漠，而是生活的常态。道德冷漠不是对道德的不关心，而是对道德需要（moral imperative）的不关心。虽然不少伦理学派主张人有无限的道德责任，但任何一个学派都承认人的有限性。有限的人没有"普度众生"的能力，不可能对所有的道德需要都做出回应。因此，对遥远的、间接的、个人无法感知的道德需要的不关心，不是道德冷漠。与道德冷漠相对应的是道德急需，是迫在眉睫的援助要求。面对他人的道德急需，人作为道德存在应该有所行动却没有行动，道德冷漠就发生了。这里的关键点在于，因为人是道德存在，我们对人有一种道德预期，即在面对别人的道德急需时，人应该尽自己的道德责任去满足别人的道德急需。如果没有这种道德预期，道德冷漠也就不存在了。在这个意义上，道德冷漠也就是对人之道德预期的落空。

在全球化、信息化时代，如果我们只将道德急需限定于发生在身边的道德要求，未免失之过窄。我们这个时代，人已经是"走进世界历史的人"②。虽然人们生活在地球的不同角落，却彼此相连、命运攸关。过去时代，人们虽然生活在同一个地球上，却彼此关山阻隔，基本上不知对方的苦乐悲喜。今天则截然不同，地球每一个角落发生的事情都可以瞬间传遍全球。在这样的时代背景下，对远方人类同胞、对其他社会人群的苦难（宏观意义上的道德急需）体会不到、视而不见、毫无行动，也是道德冷漠。

面对他人的道德急需，有无行动是衡量道德冷漠是否发生的可见标准。

---

① 高德胜：《道德冷漠与道德教育》，《教育学报》2009 年第 3 期，第 76—83 页。

② 鲁洁：《走向世界历史的人：论人的转型与教育》，《教育研究》1999 年第 11 期，第 4—10 页。

但人是有情、有思的动物，有无行动一定与特定状态的情感和意识相联系。第一种情况是根本看不到、感受不到他人的道德急需，这种道德冷漠即所谓"道德盲视"。这种道德冷漠的显著特征是非意识性，即道德盲视不是故意看不到，而是没有"视力"看到。我在《道德冷漠与道德教育》一文中将这种"意识不到道德问题的存在，体会不到道德的召唤"状态称为道德麻木，并视这种道德麻木为"彻底的道德冷漠"①。现在看来，这一观点失之于简单化了。细究起来，道德盲视起码有两种不同的类型。一种是短暂性的道德盲视，即因为道德主体自身状态所导致的对他人道德急需的看不到或忽视。引发短暂性道德盲视的道德主体自身状态有很多，比如身心疲惫、痛苦悲伤等。一个本来很有道德敏感性的人，在身心疲惫或痛苦悲伤的情况下，也可能看不到他人的道德急需。这种道德盲视虽然也有恶化为彻底的道德冷漠之可能，但多数情况下是可逆的，一旦引发道德盲视的干扰因素消失，主体的道德"视力"就可恢复。另一种则是深度的道德盲视，即基本上甚至完全看不到、意识不到他人的道德急需。这种状态的道德盲视（道德麻木）既可能来自短暂性道德盲视的累积，也可能来自有意识的道德推卸、道德无情的积累（下文还会论及此点）。

道德盲视的突出特点在于无意识性，是一种"非故意"的冷漠。正是因为这种形态的道德冷漠的非故意性，我们或许会以为这种冷漠不那么罪恶，与故意性的道德推卸相比，情有可原，所谓不知者不怪。但根据上文对此种道德冷漠的两种类型的区分可知，这种判断显然并不准确。将这种判断对应于第一种类型的道德冷漠，即短暂性的道德冷漠，或许还有道理；对应于第二种道德冷漠，则谬之千里了。第二种类型的道德冷漠，是道德感的彻底窒息，与故意性的道德推卸相比，其邪恶性有过之而无不及。因为道德推卸虽然有主观故意，但这种推卸还标识着道德挣扎的存在，而麻木性的道德冷漠

---

① 高德胜：《道德冷漠与道德教育》，《教育学报》2009 年第 3 期，第 76—83 页。

已经连这种道德挣扎都"超越"了。道德麻木者毫无"道德负担"，甚至可以将他人的苦难、伤害当作娱乐消遣的"作料"或内容，将自己的快乐建立在他人的痛苦之上。

道德盲视的对立面是道德敏感性（moral sensitivity）。从道德敏感性的角度来看，道德盲视就是道德敏感性的暂时性或长久性的丧失。但道德敏感性显然不单是对道德问题的认识（recognition），还包括情感反应（affective response）[①]。面对道德急需，一个人如果能够辨别，当然不能算上文所说的道德盲视；同样，一个人有情感反应，无论这种反应是有意识的还是自动化的，我们也不能说其是道德盲视。意识到是一种"看到"，有情感反应也是一种"看到"。一般情况下，一个有道德感的人如果辨识出道德问题，情感反应都会伴生。有了情感反应，虽然不一定伴生清醒的辨识，但情感也是人把握世界与人间的一种方式，也可以说是"情感辨识"。因此，道德盲视既可以是认知意义上的不能辨识，也可以是情感上的毫无反应，或者是二者兼而有之。

面对他人的道德急需，一个人即使能够辨识，或者有情感反应，但不一定有所行动。如果有所行动，就不存在道德冷漠问题；如果拒绝行动，即拒绝用自己的行动去满足他人的道德急需，就进入道德冷漠的有意识阶段。这一阶段的道德冷漠，其显著特征不再是无意识，而是有意识，是一种主观故意的道德冷漠。人是道德的存在，在很多情况下都能意识到他人的道德急需，并有自动化的情感反应，因为在同样处境下，我们自身也渴望得到他人的援手，也有同样的道德急需。按照推己及人的原理，我们应该对他人的道德急需有所行动。问题在于道德存在不是人性的全部，在道德之外，人还有太多其他"关切"。正因为如此，理性的人会将道德责任与其他关切放在一起进行权衡。一旦进入权衡阶段，结果就是开放性的，有可能道德责任占上风，也

---

① Jennifer Jordan, "Taking the First Step Toward a Moral Action: A Review of Moral Sensitivity Measurement Across Domains", The Journal of Genetic Psychology, 2007 (3): pp. 323—359.

有可能其他关切占上风。比如，面对正在遭受生死考验的"小悦悦"，相信那些未能伸出援手的冷漠路人不可能没有情感反应和道德冲动，他们之所以冷漠地走开，主要还在于害怕惹祸上身的自保心理占了上风。按照福特（S. Dennis Ford）的说法，道德冷漠有两个特征，一个是消极，一个是自我中心①。消极就是没有行动，不去响应他人的道德急需；自我中心则表明道德冷漠者将自身利益置于他人道德急需之上，甚至自我利益至上，他人生死在自我利益面前是第二位的或者微不足道的。虽然不能说所有的道德冷漠者都是自我中心的，但起码可以判断，当一个人在有意识地拒绝响应他人道德急需的那一刻，对自我利益的考虑就超过了对他人的关切。

一个道德良知尚未泯灭的人，在有意识的道德冷漠之后，往往会经历一种消极的内在心理过程——羞愧。正如我们在做出道德行动之后会体会到愉悦、自豪一样。哈特曼将因道德作为或不作为所产生的道德自豪与道德内疚称为道德自身情感，紧接着道德自身情感的是道德追复情感：道德自豪引发主体的道德满足；道德羞愧则引出两种道德情感反应，一种是道德后悔与自责，另一种则是道德推卸②。如果还来得及，道德后悔与自责会引发道德主体去及时弥补自己的道德错误；如果已经来不及，则会成为一个道德成长的机会，为今后不再重蹈覆辙奠定经验基础。道德推卸则是从反向来抚平道德羞愧，即为自己的不作为找各种借口，将其合理化，实现心理平衡。

道德推卸有各种心理机制。第一个是比较，即将自己的不作为与别人的不作为比较，"别人不也没有什么反应吗?""多数人都不管，凭什么我一定要管?"通过这样的比较，冷漠者对自己的不作为进行了合理化，以减轻道德羞愧。第二个是责任消解，即将自己与他人的道德需要分割开来，"这事情与我

---

① S. Dennis Ford，Sins of Omission：A Primer on Moral Indifference，Minneapolis，Augsburg Fortress，1990，p. 32.

② 参见［德］爱德华·封·哈特曼：《道德意识现象学——情感道德篇》，倪梁康译，商务印书馆 2012 年版，第 23—35 页。

无关""他的痛苦又不是我导致的"。这个机制的要点在于从引发道德困境的源头消除自己的责任,"不是因为我,所以我可以不作为"。第三个是责任开脱,"我什么也做不了""我真的无能为力"。这个机制先承认自己应该有所作为,但因为没有能力、限于条件,所以不作为是合情合理的。通过这种以退为进的过程,巧妙地实现了道德上的"金蝉脱壳"。第四个是责任转向,即将责任转到机构、体制身上,"这种事情应该由有关部门来解决""这种事情是体制的问题""这种情况只能由专业团体才能解决"。通过将责任转移到外在的团体、体制身上,自己不作为的羞愧就可悄然消退了。第五个则是受苦者归因,即将责任归到受苦者自身,所谓"可怜之人必有可恨之处",夸大受苦者自身的错误、行为缺陷、人格缺点,强调受苦者是"自作自受"。

道德推卸是自我辩护的一种形式。"自降临人世的那一天起,我们每个人便拥有了自我辩护的冲动,我们会为自身所表现出的具有伤害性的、不道德的和愚蠢的行为推卸责任"①。多数人一般都拥有一个相当积极的自我概念,倾向于把自己想象为一个"好人"。故意为恶和故意冷漠与自身评价的"好人"概念"失调",就需要通过自我辩护加以协调,以免损毁自我概念。这种自我辩护体现出人的道德挣扎,一方面是意识到了自己不作为的不光彩,但另一方面又不愿意承认自己的道德错误,只好通过自我辩护的方式来为自己进行道德开脱。自我辩护虽然暂时有效,但代价也是巨大的:一次又一次的道德开脱,在不知不觉间滑向了道德麻木。更糟糕的是,处在这种状态中的人,由于自我辩护机制的功能,即使冷漠得无以复加,却依然自我感觉良好,处在一种道德自得(complacency)状态。

---

① Carol Tavris and Elliot Aronson, Mistakes Were Made (But Not by Me): Why We Justify Foolish Beliefs, Bad Decisions, and Hurtful Acts, Orlando, Harcourt, INC, 2007, p. 2.

二、道德冷漠之恶

一般情况下，道德冷漠不是为恶，尤其不是故意为恶，而是不为善。人们一般对为恶，尤其是故意为恶深恶痛绝，但对道德冷漠却相对宽容很多。这种态度也许是源于人们潜意识里为自己的道德冷漠留有余地，也许是因为对道德冷漠的危害认识不足。

我们首先可以将道德冷漠放在"道德图谱"上来审视其性质。人是道德存在，因此可以为善；但人又不仅仅是道德存在，因此人也会为恶。为善与为恶是道德图谱上的两极，在这两极之间，还有两个环节：不为恶与不为善。如果把人的这四种道德倾向分成两组的话，为善与不为恶显然是一组，而不为善与为恶则是另一组。为善是积极的道德作为，不为恶虽然是消极的道德要求，但却是对道德底线的守护。当然这种区分只是相对的，诸多道德规范都是以不为恶这种禁止性律令呈现的，诸如"不可杀人""不能说谎"等。在特殊情况下，不为恶本身就是为善，比如在一个道德沦落的时代，无德者得势，而那些能够洁身自好的人本身就是通过自身的坚持向社会展示着善的力量，正如阿伦特所言，"从道德上说，在关键时刻只有那些说'我不能……'的人才是可靠的"①。与不为恶类似，不为善也是一种消极状态，显然不同于"积极状态"的为恶。看到他人处在危难之中不伸出援手，无论在程度上还是在性质上，都不同于通过自己的行为将他人置于受苦受难的境地。即使如此，从道德图谱上看，不为善更接近恶，大体上可以归到恶这一谱系之中。如前所论，道德冷漠是对他人道德急需的漠然与漠视。他人的道德急需，或者说一种正在发生的苦难，很多情况下都是由第三人的作恶引发的，在这个意义上，不为善一方面是对受害者的冷漠，另一方面也是对为恶者的默许和纵容，是"间接为恶"。正如鲍曼所论，"邪恶并不限于战争和极权主义意识形态。

---

① ［美］汉娜·阿伦特：《责任与判断》，陈联营译，上海人民出版社 2011 年版，第62 页。

如今，恶经常现身于对他人苦难的无动于衷、拒绝理解他人，从显而易见的伦理注视中掉转眼睛"[1]。

在特定情况下，道德冷漠与为恶是合而为一的。一般情况下，他人的道德急需都是由道德急需承载者自身或第三人引发的，但也存在着另外一种情况：他人的道德急需是由冷漠者引发的。如果一个人意识不到自身言行对别人造成了伤害，这既是一种无意识的道德冷漠，也是一种无意识的背德；如果意识到了自身言行对他人造成的伤害，依然放任这种伤害的发生，没有补救措施，则既是有意识的道德冷漠，也是一种有意识的为恶。因此，在这种情况下，道德冷漠与为恶是一体的。

道德冷漠与为恶可以互相转化。虽然不为善不等于一定为恶，但不为善与直接为恶之间的距离其实只是一步之遥。显而易见，一个道德盲视的人比一个有道德敏感性的人更可能伤害他人。一个深度道德麻木的人，可以说其"道德器官"已经失灵，失去了道德的标尺，其行为只以自身为标准，为了自身利益，伤害他人根本不会犹豫。此外，有意识的道德冷漠常常伴随着道德推卸这一心理过程，为恶也有类似的心理过程。也就是说，一个能够在有意识的道德冷漠中熟练使用道德推卸机制的人，因为具备了道德推卸的能力，更能够为自己的恶行进行辩护，将自己的为恶行为合理化，所以更容易为恶。反过来，直接为恶也可以向道德冷漠转化。为恶如果是无意识的，为恶与一种特殊形态的道德冷漠是一体的；为恶如果是有意识的，为恶的过程一定伴随着有意识的道德冷漠；为恶的持续过程，也是道德感逐渐死亡的过程，这个过程的终点就是彻底的道德麻木。

道德冷漠是恶行的构成要素。也就是说，为恶之中必有道德冷漠，道德冷漠为恶行"清除障碍"并提供"掩护"。人之所以为人，就是因为人有道德，道德是人区别于动物的特异性。一个人的道德虽然主要是后天习得的，

---

① Zygmunt Bauman, Leonidas Donskis, Moral Blindness：The Loss of Sensitivity in Liquid Modernity，Cambridge：Polity Press，2013，p. 9.

但却有一个先天的基础——道德本能。马陶谢克（Mark Matousek）的研究发现，道德有生理基础，即在大脑中存在"镜像神经元"，在他人与自我之间建立起一种情感通道，让我们不通过推理，而是直接以模仿的方式去感受他人，"目睹他人的痛苦或厌恶会让一个人几乎处于同样的痛苦或厌恶之中"[①]。阿伦特把人所具有的这种本能性情感视为"动物性的同情"[②]。镜像神经元及动物性同情的存在，为阻止人去为恶设置了一个本能性的"底线装置"，防止人堕落到底线之下，滑向动物性野蛮。人要为恶，必须压抑、摒弃这种本能性的情感，必须使自己的心肠硬起来，必须有不同层次的道德冷漠。即使极恶之人，也要为自己的恶行找点理由。这个找理由的过程，也就是通过道德推卸达至有意识道德冷漠和彻底的道德麻木的过程。鲍曼关于大屠杀的研究，就是要揭示那些普通的德国人，是如何压抑道德本能并变得冷漠、冷酷、无情的。他找到的三个机制是：暴力被赋予权威、行动的例行化、受害者的非人性化[③]。暴力被赋予权威，就是为恶行找到堂皇的理由，对恶行进行神圣化；行动的例行化，就是用社会角色来取代人，用规章制度来取代道德判断，使恶行成为社会角色的功能、规章制度的要求；受害者的非人性化，就是通过降低受害者的人性品质来降低为恶的负罪感。为恶之前、之中、之后所进行的这些心理推卸与社会过程，也是道德冷漠逐步形成与深化的过程。缺少这一过程，暴力等恶行是很难进行下去的。由此可见，道德冷漠不一定是直接为恶，但为恶之中一定有道德冷漠。

道德冷漠之恶还在于其是对人之自然本性的压抑与否定。如前所论，"动物性的同情"是人之自然本性。虽然我们不能说作为人之特异性的道德也是

---

① ［美］马克·马陶谢克：《底线：道德智慧的觉醒》，高园园译，重庆出版社 2013 年版，第 10 页。

② Hannah Arendt, Erichmann in Jerusalem: A Report on the Banality of Evil, New York: Viking Press, 1946, p. 106.

③ ［英］鲍曼：《现代性与大屠杀》，杨渝东、史建华译，译林出版社 2002 年版，第 29 页。

人的自然本性，但道德是以这种自然本性为基础的。按照倪梁康的研究，道德意识有三个来源，一个是源自内心的道德意识，一个是源自社会的道德意识，一个是源自超越的道德意识①。源自内心的道德意识是人的本性所固有的，孟子所说的恻隐之心、羞恶之心，以及阿伦特所说的"动物性的同情"就是这种道德意识。只有这种"自然德性"，对人类生活来说显然是不充分的，我们还需要约定性的社会道德和以信仰为参照的超越性道德。但自然德性是基础，没有这一基础，社会性道德和超越性道德都无法找到根基。而道德冷漠所压抑和否定的正是人与生俱来的自然德性。按照自然本性，当我们看到他人受难，恻隐之心自然而生，尽自己之力去满足受难者的道德急需是当然之事。而道德冷漠则是为人的这种天然本性覆盖上一层厚厚的幕布，使人看不到他人的道德急需；或者是为人的道德冲动装上逆向装置，使人即使意识到了他人的道德急需，却可以掉头而去。问题是"当我们关闭了关心冲动，也就意味着我们扰乱了作为人最为可贵的品质"②。

道德冷漠窒息的当然不仅仅是自然德性，而是通过对自然德性的否定，使社会道德和超越道德都失去人性根基，进而在整体上否定人的道德性。将人放在各类生命之中来看，道德是人异于禽兽的"那一点点品质"，失去这一点点品质，人也就失去了其存在的特异性。从人类自身关系来看，任何一个人都不是孤悬于世的生命，而是融他人于自身的关系性存在，是"与他人共在""为他人而在"的。道德冷漠否定的恰是人的这种本性，扭曲的是与他人之间的形而上关系。"如果与他人的关系被扭曲了，被败坏了，那么他人只能

---

① 倪梁康：《心的秩序：一种现象学心学研究的可能性》，江苏人民出版社 2010 年版，第 47—53 页。

② David E. Purpel, The Moral Spiritual Crisis in Education: A Curriculum for Justice and Compassion in Education, Massachusetts: Bergin and Garvey Publishers, INC. 1989, p. 42.

是地狱。"① 我们可以沿着萨特（Jean-Paul Sartre）的思路继续下去：如果他人是地狱，那我们是什么？我们不也是别人的地狱、自己的地狱吗？因此，道德冷漠表面上是对他人的漠视，实际上也是对自我和人性的漠视。普遍的道德冷漠给每个现代人都带来了折磨：人们彼此戒备，只能与非人化的物质相伴，不得不孤独寂寞地生活。

道德冷漠不会只停留在个体德性的层面上，一定会以各种方式获得社会表达。在吉尔·利波维茨基（M. Gilles Lipovetsky）眼里，我们已经进入"后道德社会"②。在费夫尔（R. W. Fevre）看来，现代社会则是一种"非道德化"③ 社会。无论是"后道德社会"，还是"非道德化"社会，其实都是指由普遍的道德冷漠积聚而成的社会道德风气的恶化。更可怕的是，社会道德风气恶化到一定的程度，就会以战争、屠杀，甚至种族灭绝等尖锐而极端的形式暴露出来。自二战以来，道德冷漠及其社会表达呈弥散之势，成了当今人类社会生活的"新常态"。一方面是科学技术的飞速发展，另一方面则是道德冷漠的普遍蔓延，这种落差达到一定程度，人类就会失去掌控技术工具的心灵与道德力量，预言新的全球性的战争和大屠杀并不是杞人忧天！

三、道德冷漠的"现代生产"

道德冷漠不是现代现象，前现代社会同样存在着道德冷漠现象。只是到了现代，道德冷漠有了更坚实的社会基础，有了一套体系完备的生产机制。

1. 科学技术的"结构性非道德"

现代社会是科技昌盛的社会，现代科技的发展极大地满足了我们的物质

---

① ［法］萨特：《他人就是地狱：萨特自由选择论集》，周煦良等译，陕西师范大学出版社 2003 年版，第 10 页。

② ［法］吉尔·利波维茨基：《责任的落寞：新民主时期的无痛伦理观》，倪复生、方仁杰译，中国人民大学出版社 2007 年版，第 33 页。

③ ［英］R. W. 费夫尔著，《西方文化的终结》，丁万江、曾艳译，江苏人民出版社 2004 年版，第 2 页。

欲望，消除了我们对世界的恐惧，使我们在自然面前成为"说一不二"的主人。正是因为科学的巨大能力，使科学成了希望的源泉，成了信仰，成了一定意义上的"上帝"："我们的社会已经变成了一个以专门的非个人性的知识为基础的世俗社会，这个社会赋予科学家和科学知识的地位，如同我们的前辈承认牧师和宗教教义所拥有的地位。"①

但现代科技本身存在着"结构性非道德"。所谓结构性非道德，就是现代科技对道德的排斥是内在的、结构性的。赫费（OtfriedHöffe）认为，科技的道德冷淡与中立至少表现在六个方面：（1）任何人都可使用，为科技的滥用提供了条件；（2）科技的运用可能疏远其原先目的；（3）可以为任何目的而发展技术；（4）技术包含着一种过剩潜力；（5）技术的个别化与孤立性（单个的技术也许是有益的，但多个技术同时运用，则可能是有害的）；（6）技术具有自我扩张性，会摆脱人的控制而成为"无主之锤"②。从这六个方面，我们可以清楚地看出科技在道德上的超然态度，一副在道德上"事不关己高高挂起"的轻松模样。

作为"另一个上帝"的科学技术容不下包括道德在内的任何责难与监督，虽然在迫不得已的情况下也会承认自己在道德方面的"可错性"，但改正错误的方式不是其他，而是科技本身："它将自己的恶行和罪过定义为自己（发展）不充分的结果，将由此导致的'问题'定义为需要更多的自身。"③ 用日常语言来说，就是"科技的问题要靠科技来解决"。我们可以理出这一声称的内在逻辑：科技带来问题——由更多的科技来解决——更多的科技带来更多的问题——需要更多的科技……这是一个封闭的循环，是一个自我确证的

---

① ［英］巴里·巴恩斯：《局外人看科学》，鲁旭东译，东方出版社 2001 年版，第 1 页。

② ［德］奥特弗利德著·赫费：《作为现代化之代价的道德——应用伦理学前沿问题研究》，邓安庆、朱更生译，上海译文出版社 2005 年版，第 111—113 页。

③ ［英］齐格蒙特·鲍曼：《后现代伦理学》，张成岗译，江苏人民出版社 2003 年版，第 220 页。

系统，道德无从置喙。

科技的"结构性非道德"会通过迁移而转化为人的道德冷漠，因为现代科技是现代人的幸福源泉，是现代人所信仰的"上帝"，其态度对现代人来说就是"绝对命令"。在正常情况下，人们都有道德感觉和道德判断，轻易不会去做有悖道德的事情。但如果科学要求人们去做这样的事情，人们就会毫不犹豫地去做，"米尔格兰姆实验"①已经验证了这一点。实验中的人不是没有道德，而是处在"道德休眠"状态，看着自己亲手为他人造成的痛苦而无动于衷。这些人之所以会进入"道德休眠"状态，是因为科学的权威与绝对性，科学实验如何要求，就如何做。

现代科技在"构造"（海德格尔语）世界的同时也在"构造"人。现代技术所"构造"的世界是一个"祛魅"的世界，一个没有意义、目的与灵性的"贫血"的物质世界。在这个世界里，道德属于需要"祛除"的"魅"，道德在这个世界里很难找到容身之地；同样，现代技术所"构造"的人，也是理性的、物质的，是消费者而不是道德主体，因为"技术世界是一个由需求所绘制的世界，……为赌徒、企业家和享乐主义者留下了空间——但没有为道德主体留下空间。在技术的世界里，道德自我引起对理性计算的忽略、对实

---

① 米尔格兰姆以进行科学实验的名义从社会上随机叫来市民参加实验。实验研究的是惩罚学习的效果。参与实验的市民扮演"教师"，让坐在另一个透明房间的被捆绑的"学生"背诵单词表：对了，出下一个题目；错了，则给予电击惩罚。电击的强度由15伏到450伏，每15伏为一档，30个按钮开关并成一排，且每一个按钮上都有标注，比如"危险——强烈的电击"等。随着电击强度的增大，"学生"越来越痛苦，惨叫声、哭喊声、求饶声不绝于耳（实际上这些都是表演，"学生"并没有真正受到电击，但"教师"并不知道，100%以为"学生"接受了电击）。研究者预料，这些有教养的市民不会有多少人会按下最高挡位的按钮，因为那样是非常残酷、残忍的。但实验结果却出人意料：三分之二的人不顾"学生"的痛苦从最低档一直按到最高档！见〔美〕汉娜·阿伦特等：《〈耶路撒冷的艾希曼〉：伦理的现代困境》，孙传钊编，吉林人民出版社2003年版，第190—199页。

际应用的鄙视和对快乐感觉的冷漠，因而是一个不受欢迎的异类"①。可以说，现代科技完成了对世界和人的双重"构造"。既然这个世界是一个科技自我确证的封闭世界，不需要道德置喙，那么，这个世界的人也是理性自证的人，同样无须道德插嘴。

2. 电子媒介与"苦难饱和"

现代科技对道德的排挤与压抑有多种直接形式，其中比较突出的是电子媒介技术。与印刷媒介突出词语概念和抽象思维不同，电子媒介借助影像强调戏剧化，"在这种强调中，电视新闻青睐灾难和人类悲剧，它唤起的不是净化或理解，而是很快会消失殆尽的滥情与怜悯情绪，以及对这些事件的伪仪式感和伪参与感"②。用桑塔格（S. Sontag）的话说，我们所处的电子媒介盛世是一个"奇观社会"③，所有的社会现实都要被电子媒介的大口咀嚼变成影像奇观吐出来，否则就不是真实的，就无法引起人们的兴趣。强调戏剧化的电子媒介遵循"语不惊人死不休""无奇观，毋宁死"的金科玉律，什么题材和内容最能达到这种效果呢？当然是苦难、灾难！

因此，无论什么时候，只要你打开电视、电脑，世界上的各种灾难和不幸就会走进你的客厅、卧室，伴你就餐，伴你入眠。苦难因此具有了日常性，融入了我们日常的世俗生活。但"犹如所有的传统事物，它们一旦'融入了世俗的日常生活'，就失去了所有的震撼力"④。即使是再具有同情心的人也会产生"同情疲劳"（Compassion fatigue）。因为日常性的另外一些表达方式就

————————

① ［英］齐格蒙特·鲍曼：《后现代伦理学》，张成岗译，江苏人民出版社 2003 年版，第 232—233 页。

② ［美］丹尼尔·贝尔：《资本主义文化矛盾》，严蓓雯译，江苏人民出版社 2007 年版，第 111 页。

③ ［美］苏珊·桑塔格：《关于他人的痛苦》，黄灿然译，上海译文出版社 2006 年版，第 100 页。

④ ［英］齐格蒙特·鲍曼：《被围困的社会》，郇建立译，江苏人民出版社 2005 年版，第 222 页。

是"如是性""理所当然性"，即"就是这样的"，不会追究"为什么是这样"。苦难的日常化使我们以为苦难是再正常不过的事情，不再去深究苦难产生的原因，当然也不会做出相应的反应。

日常化的苦难不是我们每日生活中剂量很小的"调味品"，而是我们每日生活的"正餐"，将我们喂得饱饱的，达到了一种"超饱和状态"。饱和伴生着麻木，苦难的饱和伴生着道德上的麻木不仁。为了激起已经麻木的情感，电子媒介必须加大刺激的强度，暴露更多、更严重的苦难，以至于形成一个变本加厉的"苦难循环"！结果是，以前令人厌恶、令人胆寒、令人发指的暴行、苦难，在电子媒介时代的人看来，只是小菜一碟。桑塔格对此有清醒的认识："我们被那类曾经带来震撼和引起义愤的影像所淹没，渐渐失去了反应的能力。同情已扩展至极限，正日趋僵化。"[①] 结果是善良、同情、怜悯等人类美好的道德价值不是被封闭、压抑，就是被弃若敝屣，无处可寻；而反人性的暴行、苦难、冷漠、麻木等随处可见。

电子媒介的戏剧化追求其实只是其娱乐本性的一种表现。"娱乐是电视上所有话语的超意识形态。不管什么内容，也不管采取什么视角，电视上的一切都是为了给我们提供娱乐。"[②] 电视的这种消遣与娱乐功能是生产者预设好的，我们购买的就是这种功能。作为"元媒介"（波兹曼语）的电视如此，其他电子媒介也大抵如此。实际上，电子媒介大量直接呈现血淋淋的灾难、苦难影像，本来就不是让我们同情的，而是让人们娱乐、消遣的，也就是说，苦难是作为消费品提供给大众的。他人的痛苦、别人的苦难成了人们就餐的作料，成了饭后的谈资，现代人的道德冷漠不是必然的吗？

3. 精细分工与道德"钝化"

现代分工对现代社会，尤其是对现代经济的贡献无法估量。同时，现代

---

① ［美］苏珊·桑塔格：《关于他人的痛苦》，黄灿然译，上海译文出版社 2006 年版，第 99 页。

② ［美］尼尔·波兹曼：《娱乐至死》，章艳译，广西师范大学出版社 2004 年版，第 112 页。

分工也使现代人从事无巨细的繁杂劳动中"脱域"（吉登斯语）出来，只专心做好自己的"那一份事情"，在一定意义上起到了解放人的作用。正是因为这种种好处，现代分工越来越细，已经推向了极致。

推向极致的现代分工，对现代人的损害也是推向极致的。精细分工在"解放"人的同时，也在"毁坏"人，用雅卡尔（A. Jacquard）的话说就是精细分工制造了"孤立的个体""残废的个体""失望的个体"①。"孤立的个体"是指精细分工使人们局限于自己的狭小专业领域，越来越难以与专业外的人进行沟通；"残废的个体"是指精细分工使人只具有专业特长，特长之外的基本能力严重衰退，变得"单面、残废"；"失望的个体"是指细碎的分工使多数人看不到自己在最终产品或某项任务中的作用，觉得自己可有可无、什么也没做，没有成就感。

精细分工导致人的变异，从而从不同的方向"钝化"着道德。"孤立的个体"阻断了人与人的交往，使个体"被自己皮肤包裹起来"，不易走出自己，走向他人，窒息了人的道德感。"残废的个体"当然包括"道德上的残废"，因为"如果一个人只让他自己服从于一种目的或一种活动，他实质上就会丧失他的人性"②。"失望的个体"同时也是"道德钝化"的个体。细碎的分工使个体既看不到自己的贡献，也看不到自己的过错与责任。巨大的成功是别人的，自己什么也没有做；反过来，巨大的错误，甚至是不可思议的罪恶也是别人的，自己的行为不过是这罪恶链条中微不足道的一环，发挥的作用很小，所以没有罪恶感。也就是说，精细分工几乎使每一件事情都需要很多人来共同完成，每个人都只能完成其中一个很小的部分，单个人的行为与最终结果之间的关系非常遥远、间接、脆弱，个体几乎无法看到自己行为与最终结果

① ［法］阿尔贝·雅卡尔：《科学的灾难？一个遗传学家的困惑》，阎雪梅译，广西师范大学出版社 2004 年版，第 20 页。

② ［英］巴里·巴恩斯著：《局外人看科学》，鲁旭东译，东方出版社 2001 年版，第 32 页。

之间的关系。如果最终结果是正面的，即使不能那么理直气壮，也还是有人会跳出来"邀功"；如果最终结果是负面的，避之唯恐不及，谁会承担责任？精细分工必然导致这样一种道德困境："有罪过，但无犯过者；有犯罪，但无罪犯；有罪状，但无认罪者！"[①]

精细分工还导致现代人价值感和安全感的丧失。"在现时代，人们是像沙粒一样被搅和在一起的……任何一个人都不是必不可少的。他不是他自己，他除了是一排插销中的一根插销以外，除了是有着一般有用性的物体之外，不具有什么真正的个性。"[②] 精细分工使每个人都成为一个有用的、可替代的物体，否定了一个人作为人的独特性和价值感，而独特性和价值感正是一个人承担道德责任的前提。试想，作为一个"物体"，"我"什么价值都没有，还有什么必要对他人负责、承担道德责任？每个人都是可替代的，每个人每时每刻都要面临着被替代的危险，不安全感是深入骨髓的。在不安全感的驱使下，人们觉得周围的每个人都是事实上或者潜在的替代自己的人。在这种情况下，人们有的只是对他人深深的戒备和敌意，哪里还有同情和道德的容身之地！

4. 现代组织的去道德化

现代社会有两个强势的组织类型，一个是官僚机构，一个是商业机构。尽管这两种机构在很多方面差别巨大，甚至互相抵触，但它们在对待道德上的态度却是完全一致的：摆脱道德的束缚，消除道德压力，使自身置于道德之外。

官僚机构，也就是所谓的科层制（bureaucracy）"已成为主导性的组织制度，并在事实上成了现代性的缩影。除非我们理解了这种制度形式，否则我

---

① ［英］齐格蒙特·鲍曼：《后现代伦理学》，张成岗译，江苏人民出版社 2003 年版，第 21 页。

② ［德］卡尔·雅斯贝斯：《时代的精神状况》，王德峰译，上海译文出版社 1997 年版，第 42—43 页。

们就无法理解今天的社会生活"①。那么，科层制有什么特点呢？

首先，科层制强调程序和规则，成文的规章制度在官僚体系中具有优先地位。对规章制度的严格遵守是官僚机构的意识形态，代表着个体对组织的忠诚，被赋予很高的荣誉。组织中个体行为的最终依据不是个人的良知，而是组织的纪律与规定，"唯有组织内的规则被作为正当性的源泉和保证，现在这已经变成了最高的美德，从而否定个人良知的权威性"②。也就是说，即使个人良知告诉组织要求做的事情是错的，但因为是组织的权威性，不但依然要去做，而且要做好、做得出色。在这种情况下，道德已经穿上了规则这一"紧身衣"，被规则扼住了咽喉，发挥不出什么作用了。

生活在科层制下的人，一开始也许会有良知的不安和内心的激烈冲突，但随着科层生活的持续，这种不安和冲突会慢慢消弭，直至成为完全按规章制度自动化行动的"机器人"。科层制下生活久了的人，逐渐感觉不到机构的外在勉强，而是主动排斥道德，将规章制度作为"掩体"，将一切道德要求挡在这一坚硬的掩体之外，自己则躲在制度和规则背后不肯现身，因为按规则和制度办事是最安全、最节省的方式。医生，作为一个人，不能见死不救，不能因为孕妇丈夫不签字而不给孕妇进行手术，但因为有制度和规则，医生就可以理直气壮地按规则和制度办事，至于孕妇和孩子的死活，则与我没有关系，也找不到我的责任，我是按规则办的！收费站的收费人员，作为一个人，不能因为救护车不交钱而眼看着难产的孕妇垂死挣扎，但制度和规则规定救护车过收费站必须交费，所以就可以眼睁睁看着孕妇难产，因为他们是按规则办事！因此，"处于官僚主义行为轨道里的人不再是负责任的道德主体，他们的道德自主性被剥夺了，并且他们被训练成了不执行（或相信）他

---

① ［美］彼得·布劳、马歇尔·梅耶：《现代社会中的科层制》，马戎等译，学林出版社 2001 年版，第 8 页。

② ［英］鲍曼：《现代性与大屠杀》，杨渝东、史建华译，译林出版社 2002 年版，第 30 页。

们道德判断的人"①。

其次，科层制将人功能化。在科层体系中没有个性丰富的人，只有标准的社会角色。有丰富个性的人往往是科层制运转的障碍，而标准的、功能化的、可替代的角色才是科层制顺利运转的保障。在一个等级森严、井然有序的官僚体系里，相互照面的不是一个个的人，而是一个又一个社会角色。社会角色就像一套千篇一律的"工作服"，穿上之后，我们的行为都是在它的支配下完成的，似乎与我们自己无关，即使犯下了错误，那也是职务错误、角色错误，与"工作服"后面的人没有关系。下班之后，我们脱下"工作服"，也就解脱了所有与之相关的责任与义务。也就是说，角色与人发生了分裂：作为人，我们或许还有怜悯和同情；作为社会角色，我们没有、也不允许有道德冲动。

商业机构在内部结构上也多采用科层化的组织方式，在以科层机构的特性排斥道德的同时，还有它独特的一道去道德化机制。现代商业自从从家庭中分离出来之后，就"在一片完全属于自己的全新空间中扎下了根，商业就没有了束缚。它现在可以不再为'道德责任'烦心，不仅如此，它还可以而且的确阻止了道德情感进入那些进行商业决策的烟雾缭绕的房间"②。商业的黄金律是效益，是利润，其他都是次要的、可牺牲的。"在商言商"，短短四个字，就彻底道出了商业对道德的彻底放弃。不是说商业机构完全不要道德，商业也有自己的商业伦理，但商业伦理的中心不在"伦理"，而在"商业"，这里的"伦理"也是为效益、利润服务的。商业伦理之外，一切与效益、利润相矛盾的情感、道德都是不合时宜的，哪怕是最人性的亲情，因为"商场无父子"。

---

① ［英］齐格蒙·鲍曼：《生活在碎片之中——论后现代道德》，郁建兴等译，学林出版社 2001 年版，第 304 页。

② ［英］R. W. 费夫尔：《西方文化的终结》，丁万江、曾艳译，江苏人民出版社 2004年版，序言第 4 页。

道德冷漠的现代生产机制除了以上四种以外，还包括城市化。都市是陌生人的世界，为了自我保护，冷漠成了都市人的处世之道①。另外，这些机制不是单独发挥作用的，而是综合在一起发挥作用的，分开阐述只是表达的需要。无论是电子媒介、精细分工，还是现代组织和城市化，里面都有科技的力量；电子媒介与城市化、精细分工与现代组织之间都是血脉相连，很难截然分开的。总之，不是哪一单一机制，而是这些机制的共同作用造就了现代社会、现代人的道德冷漠。

四、抵抗道德冷漠的道德教育

道德冷漠之恶如此之大，充分说明了抵抗道德冷漠的迫切性。当道德冷漠成为一种社会风气的时候，仅靠教育一己之力显然力不从心，抵抗道德冷漠需要全社会的共同努力。但教育应该是主动而积极的事业，需要在"众人皆醉"时"我独醒"，用自己的行动展现抵抗道德冷漠的领导力。

道德冷漠发生的内在机理给我们提供了思考道德教育的新视角。既然道德冷漠是对道德本能的压抑与窒息，要克服道德冷漠，道德教育的首要任务就是激发与培育道德本能。主要的道德本能有正反两个维度，一个是同情，一个是羞愧。同情本能使人可以从自我走向他人，去感受、体验他人的悲与喜，"正如自发的疼痛会推动人去除掉威胁他的生命的害物或纷扰一样，同情是意志决心去从他人的生活中清除痛苦的原因"②。而羞愧本能则阻止人为恶或不为善。羞愧来自于对自身言行的评价，如果自身言行不符合自己的道德标准，羞愧就会产生。羞愧是一种折磨人的体验，因为羞愧产生于"自己与自己为敌"，即做了反对、损害自己内在原则的事情。为了避免羞愧的折磨，

---

① 关于这一点，我在《论道德教育的城市遭遇》[载于《南京师大学报》（社会科学版）2007 年第 2 期] 一文中有详细论述，这里不再赘述。

② ［德］弗里德里希·包尔生：《伦理学体系》，何怀宏、廖申白译，中国社会科学出版社 1988 年版，第 513 页。

正常人一般会在事前避免不当言行，在事后进行弥补或改正。可以说，这一正一反两种道德本能，是人类克服道德冷漠和道德罪恶的"先天性装置"。

虽然同情是道德本能，或者说是道德的自然基础，但人是复杂的存在，除了道德本能，人还有其他本能，比如自利本能。自利本能如果病态发展成自私，就会压抑、窒息同情本能。基于此，道德教育首先要做的就是激发同情本能。之所以说激发同情，而不说教授同情，是因为同情作为本能，在很大程度上是不可教的，我们所要做的，就是唤醒每个人本来都具有的同情心，并创造条件使其得到生长发育。同情虽然不可教，但是可育。作为教育者的父母和教师，积极回应年轻一代的要求，与他们同甘共苦，就是对同情心的培育。儿童虽然有天然的同情心，但也容易以自我为中心，以至于忽略他人，包括无视同伴的痛苦与忧伤，成年人可以通过引导儿童注意他人的情感体验来激发并培育同情心。当然，比这种引导更重要的是，我们应该为年轻一代创造一个关怀性的生活环境，使他们在被关怀中去学着关心他人，在关心他人的过程中体会他人对自己的关心。如果年轻一代生活在一个以竞争和分等为特征的环境中，他们就会慢慢学会对竞争对手和"低等者"的漠视，这时候再进行专门的同情教育，显然是虚假且无效的。

对同情的培育可以将同情提升为仁慈（compassion）等道德品质。诸多学者对同情抱有警惕，认为同情并不稳定，更多的是一种情绪性冲动，来得快去得也快。因此，同情需要理性地调节和智慧地指导。而有理性调节和智慧指导的同情冲动就上升到仁慈的高度了。包尔生说："可以把仁慈规定为有助于阻止纷扰和创造有利的生活条件以此来提高周围人们的幸福的意志习惯和行为方式。"① 同情作为一种对他人痛苦的情感反应，可以有两个演化方向，一个是沉淀为仁慈的德性，另一个则是下堕为多愁善感（sentimentalism）。仁慈是以体认自身与他人的互依性为基础的理性与情感相结合的心灵倾向，

① ［德］弗里德里希·包尔生：《伦理学体系》，何怀宏、廖申白译，中国社会科学出版社1988年版，第514页。

在与他人"一起经受"的同时，采取行动努力去消除痛苦。而多愁善感则指向自身的情感，是一种由他人痛苦引发的"顾影自怜"，在感情的自我沉溺中悄然消除了对他人的责任①。教育的使命就是以儿童的同情本能为基础，培育年轻一代的仁慈品质，预防滑向多愁善感。培育仁慈，关键在于直面苦难。如果我们将教育视为一种道德努力，那么教育的存在在很大程度上是旨在减少不必要的人间苦难。教育本身就是仁慈的事业，以自己的仁慈来孕育受教育者的仁慈。现代教育的一个弊病在于过于沉迷于民族、国家骄傲和个人成就，忽略人类苦难，甚至为人类苦难煽风点火。这样的教育本身就是残忍的，因而在培育仁慈的人这项伟大的事业上贡献不足，也难怪有不少受过"良好教育"的所谓精英，却是那么冷漠、那么残忍！

如前所论，人是复杂的动物，一方面有羞愧这样预防作恶的"先天性装置"，另一方面又有自我中心、自私自利的可能性。如果一个人只顾自己利益，不顾他人的死活，他就进入了冷漠与无耻的境地。教育的任务就在于保护、唤醒儿童天生就有的羞愧感，并通过教育活动赋予这种形式化的情感以道德内容，用羞愧来抵御冷漠和无耻对年轻一代的威胁与侵袭。羞愧虽然是一种自然情感，但羞愧显然有后天纳入的内容。也就是说，羞愧感是天生的，但对什么感到羞愧，则可以通过后天的文化和教育进行塑造与建构。在一个物质至上的时代，大众文化所隐含的"笑贫不笑娼"之类的流俗对年轻一代的羞耻观有强大的塑造力，教育就是要与这些流俗对抗，在年轻一代的心灵中培育出"羞耻堤坝"。如前所论，羞愧很折磨人，但人可以从两个方向来摆脱羞愧，一个是通过道德推卸来抑制，另一个是通过弥补和改正来消除。教育和道德教育在这个"节骨眼"上可以发挥作用，即唤醒年轻一代对道德推卸机制的警惕与醒悟，阻断道德推卸的过程，扶助他们养成愿意弥补、改正

① David E. Purpel，The Moral Spiritual Crisis in Education：A Curriculum for Justice and Compassion in Education，Massachusetts：Bergin and Garvey Publishers，INC.，1989，pp. 40—44.

错误的心灵习惯。

道德冷漠是道德敏感性的丧失，因此，在抵抗道德冷漠的战斗中，对道德敏感性的培育就显得极为关键。道德敏感性就是意识到道德问题的存在或对道德问题做出反应的能力。道德哲学和道德教育理论过于关注道德判断，对道德敏感性却缺乏应有的重视。按照瑞斯特（Rest）等人的研究，人的道德能力由四个部分构成，即道德敏感、道德判断、道德动机和道德品格（moral character）[①]。在做出道德决定、采取道德行动的过程中，道德敏感性是第一步，没有这第一步，即意识不到或对道德问题没有反应，道德能力的另外三个构成部分就无从发挥作用。

培育道德敏感性应基于道德敏感性生长的基本规律。但目前学术界对道德敏感性的研究还比较薄弱，对道德敏感性生长的规律还不那么清楚。第一，道德敏感性与一个人的同情能力、换位思考能力有关，一个有同情心和换位思考能力的人，更可能对道德问题做出反应。因此，对学生同情能力、换位思考能力的培养也是对道德敏感性的培育。第二，道德辨识能力的培养。道德辨识能力是一种将道德问题与非道德问题区分开来的能力。如果说过去时代存在着过度道德化的倾向，那么，我们这个时代则有将道德问题"偏好化"的倾向，即将道德视为一种个人偏好，无关对错和是非。教育和道德教育的价值就在于抵抗时代流俗，在教育的全过程中引导受教育者区分道德问题与非道德问题，有意识地提升学生的道德辨识能力。第三，教育本身对道德问题的敏感性。道德教育从来都是与教育生活融为一体的，教育的道德品质决定了道德教育的品质。如果教育对道德问题有清醒和自觉的意识，不把道德问题与知识问题混淆，这就是对受教育者道德敏感性最好的培养。问题是现代教育缺乏道德视界（moral vision），过于强调知识、个人成功、竞争获胜，

---

① Jennifer Jordan, "Taking the First Step Toward a Moral Action: A Review of Moral Sensitivity Measurement Across Domains", The Journal of Genetic Psychology, 2007 (3): pp. 323—359.

被牺牲掉的则是道德与心灵。可以说，在很大程度上，正是教育自身的道德冷漠慢慢窒息了年轻一代的道德敏感性。

我们这个时代，理性盛行，很多人只对道德做理性的理解，认为道德与想象力无关。实际上，即使是理性，也依靠想象力，不借助想象力，连简单的理性思维都难以实现，"全部推理活动，包括使我们成为理性存在者的一切活动，都是在想象中实现的"①。在道德领域，想象力同样重要。首先，想象力是我们走向彼此的通道。正是借助想象力，我们可以体会到他人的感情和思想，可以站在他人的立场来看问题。想象力虽然不是道德的充分条件，但却是必要条件。没有想象力，我们无法体会、理解他人，道德也就无从谈起，道德冷漠是自然产物。其次，想象力是人回到自我、回到心灵的通道。人与动物的一个很大区别在于人有精神生活，有一个心灵空间。但这个精神与心灵空间是以想象力为基础建立的，正是借助于想象力，我们可以在内心与自己对话。这种对话的过程既是精神生活的过程，也是道德建构的过程。在内在对话中，我们才明了自己是一个什么样的人，什么可以做，什么不可以做。很多人因为缺乏想象力，很少与自己对话，内心一片荒芜，对自己都很冷漠，对他人当然更冷漠。最后，面对一个具体的道德情景，想象力具有两个功能，一个是前瞻功能，一个是矫正功能。前瞻功能在于在做出判断、采取行动之前，对可能性前景与后果在想象中进行预演；矫正功能则是在事后对自己的行动进行反思，以利于改正错误。显然，想象力的这两个功能对保持道德敏感性、克服道德冷漠都是不可或缺的。

培养想象力，努斯鲍姆（Martha C. Nussbaum）认为最有效的方法是游戏和文学艺术②。在本源意义上，教育与闲暇、游戏相近，教育就是人在没有

---

① ［美］斯蒂文·费什米尔：《杜威与道德想象力——伦理学中的实用主义》，徐鹏、马如俊译，北京大学出版社 2010 年版，第 98 页。

② ［美］玛莎·努斯鲍姆：《告别功利：人文教育忧思录》，肖聿译，新华出版社 2010 年版，第 105－134 页。

任何生存负担之下的自由探索与游戏活动。我们说劳动创造了人，又何尝不是游戏创造了人呢？从个体的角度看，每个人都是在游戏中长大的，而所有的游戏都有想象的参与，可以说都是"想象性游戏"。现代教育的一个重要缺陷就是缺乏对游戏价值的理解，使学校和学习失去了游戏性质，变得过于严肃、刻板，这对一代又一代人的想象力发展来说是非常严重的阻碍。文学艺术以想象力为基础，是想象力结出的果实，既可滋养同情心，又可带领我们走向心灵世界。可悲的是，现代教育是科学主导的教育，曾经在教育中占据主导地位的文学和艺术，在如今的教育中早已经边缘化。

如前所论，道德推卸在道德冷漠的形成中起着重要作用，为了预防道德冷漠，道德教育就很有必要阻断道德推卸的心理机制。道德推卸的核心在于自我中心，即将自身利益考虑凌驾于他人的道德急需之上。道德教育不否认人的自我利益，但应该启发年轻一代体悟道德也是他们的"自我利益"，甚至是最为重要的"自我利益"，失去了道德，也就意味着失去了人最为珍贵的维度，响应他人的道德急需，也是对自身道德品性的维护。至于如何抵抗道德推卸心理，我们可以参考津巴多（Philip G. Zimbardo）的抵抗不良影响的十个步骤：（1）"我犯错误了"；（2）"我会很警觉"；（3）"我会负责任"；（4）"我会坚持自己的独特性"；（5）"我会尊敬公正的权威人士，反抗不义者"；（6）"我希望被群体接受，但也珍视我的独立性"；（7）"我会对架构化信息保持警觉心"；（8）"我会平衡我的时间观"；（9）"我不会为了安全感的幻觉而牺牲个人或公民自由"；（10）"我会反对不公正的系统"[①]。这十个步骤是针对个人提出的，旨在指导个人如何通过自己的努力抵抗外在环境压力。从教育和道德教育的角度看，这十个步骤非常具有启发意义，教育者所要做的，就是要帮助年轻一代养成这些心灵习惯，形成抵抗道德推卸心理的强大力量。

---

① ［美］菲利普·津巴多：《路西法效应：好人是如何变成恶魔的》，孙佩妏、陈雅馨译，生活·读书·新知三联书店 2010 年版，第 499—509 页。

第二章　意志薄弱及其克服

一、一个"卡脖子"的问题

意志薄弱是生活中的常见现象，即使是意志异常坚强的人，也会有意志薄弱的时刻。因此，不是所有意志薄弱都是道德上的，我们在诸多与道德无关的领域同样会有意志薄弱问题，但道德上的意志薄弱是意志薄弱的"多发区"，个体的道德成长可以说就是在克服意志薄弱的过程中完成的。比如公正，我们要做到公正处事并形成公正德性，就要与各种诱惑抗争，克服私人、亲近考虑，敢于承担公正处事所带来的压力、困难与代价。在这一过程中，些许的意志薄弱都会使我们对公正德性的追求前功尽弃。同样，在诚实德性的形成中，也要面临意志薄弱的挑战，如果不能克服意志薄弱，我们就会走向诚实的反面。勇敢德性更是建立于对意志薄弱的克服之上的，因为勇敢是面对危险的德性，勇敢不是对危险不恐惧，而是对恐惧的克服，勇敢所体现的，正是意志的力量，正是对意志薄弱的超越。对道德伪善的研究也发现，意志薄弱与道德伪善也是交织在一起的。人们所思与所言、所言与所行的不一致既可能是意志薄弱导致的，也可能是故意欺骗导致的。后者是道德伪善，前者不是，但前者有走向后者的可能，因为意志薄弱可以向故意欺骗转化①。意志问题在德性形成中为什么如此关键呢？其实也不难理解。人是道德存在，必须有道德追求，否则就做不成人。但做人是向上提升运动，时刻需要意志努力以防下坠，那么不能向上、不愿意向上、不能坚持向上，即意志薄弱，就成就不了德性，甚至是做不成人。由此看来，意志薄弱是德性发展上的一个"卡脖子"式的问题，过了这一关，我们就可成就德性；过不了这一关，我们就无法成就真实的德性，甚至做不成人。

由此看来，意志薄弱，或者说如何克服意志薄弱应该是道德教育研究的一个焦点话题。但吊诡的是，道德教育研究对意志薄弱却鲜有研究。在中文教育文献中，只有零星的关于意志薄弱之反题，即意志品质培养的研究，而且多是来自体育学科的。在英文文献中，关于意志薄弱的研究文献十分丰富，但绝大多数来自行动理论和伦理学，来自道德教育领域的也极为稀少。既然意志薄弱是德性形成与发展上的"卡脖子"式的问题，那么显然也是道德教育理论的"卡脖子"式的问题。因为道德教育理论如果不关注意志薄弱问题，不能帮助实践者去解决意志薄弱问题，道德教育理论走向实践的路就被卡住了。比如，科尔伯格的认知发展道德教育理论，聚焦的就是道德认知的发展，我们虽然不能苛求这一理论的全知全能，但我们都明了儿童从道德认知的发展到做出相应的道德行动、成就相应的品德，中间有多少变数、有多远的距离，甚至情境性的、一瞬间的意志薄弱就可以盖过一整套的道德认知建构。

如果道德教育理论从根本上讲是一种纯粹的理论形态，没有走向实践的需要，那么对意志薄弱的忽视也就不是什么问题。但问题是道德教育理论从根本上讲是一种必须具有实践品性的理论，走向实践是其存在价值的体现。既然如此，为什么道德教育理论整体上如此忽视意志薄弱问题呢？原因是多方面的。首先，道德教育理论往往是方向性的、思路性的，而意志薄弱却是

---

① 高德胜：《道德伪善的教育学思考》，《全球教育展望》2018 年第 11 期，第 28—42 页。

一个具体问题。方向性的、思路性的道德教育理论总是不能"弯下腰来"关注意志薄弱这一类具体问题。其次，现代学校的存在形态是认知性的，认知是教育的核心，认知之外的情感、意志都是次要问题。受此影响，道德教育理论也将主要注意力投向道德认知。因此，明显有别于认知的意志薄弱被忽略也就不难理解了。再次，在一个测量化的时代，可观测、可度量才是重要的。致力于道德知识、道德认知的教与学，很容易见到客观化的"效果"，与此相反，在克服意志薄弱上下功夫，则很难见到"成效"。

既然意志薄弱是德性形成与发展、道德教育理论的"卡脖子"问题，无论如何都要面对。本章尝试从理解争议颇多的意志薄弱概念开始，在综述行动理论和伦理学已有研究的基础上，加入道德教育视野的理解；再从意志薄弱与恶的距离出发探索意志薄弱的性质与危害；然后以意志薄弱的概念、性质、危害为基础，提出有针对性地克服意志薄弱的教育思路。

二、作为"概念串"的意志薄弱

意志薄弱是日常现象，我们每个人都有切身体会，但要说清楚其是什么，又如此困难。意志薄弱，描述的是意志（will）的一种状态，但我们又不能以意志来判断意志，因为意志总是与判断、意图、行动密切相关，没有这些相关因素，意志是难以形成的，更不要说状态了。因此，对意志状态的判定，总要参考判断、意图和行动。问题是，判断、意图与行动又是如此不同，不同的参照，不同的意志状态，就会产生不同的意志薄弱概念。

1. 以判断为标准

意志薄弱的简单描述是"该做而未做"，起点在于"该做"。如果没有这个"该做"，意志薄弱也就无从发生了。显然，"该做"包含着判断，即按照一定的标准做某事是应该的。这里的"该"意味着价值规范，那么这里的判断也就不是单纯的事实判断，而是包含着价值的价值判断。当然，价值判断不可能没有事实基础，价值判断往往是基于事实的综合判断。以"欺凌现象的在场者"为例，"看到同学受到欺凌，我想去制止，但又担心能力不够、会受到攻击而犹豫不决最终作罢"。在这里，"同学受到欺凌"是事实判断，而"欺凌是不义的行为"则是价值判断。基于事实的价值判断让"我"产生了去制止的想法，但因为意志薄弱而未能采取行动。

可见，判断是意志薄弱现象不可缺少的一个环节，不少学者从判断入手来界定意志薄弱，即不按判断行事。从柏拉图对话中可知，在崇尚理性的雅典城邦，普通大众就是从违背判断的角度去理解那时的意志薄弱"akrasia"①的。但苏格拉底认为一般人所以为的"akrasia"是一个误解，人们之所以"做不该做"或"不做该做"的事，是因为将快乐与好事混淆起来，但实际上，好事都是能带来快乐的。由此推论，不做该做（或做了不该做）的事，不是因为意志薄弱，而是因为无知。在苏格拉底看来，知善必行善，知恶必去恶；知善不行善，知恶不去恶不是真知，而是假知，即无知②。以今天的眼光来看，苏格拉底真诚而又天真，相信理性与知识的绝对力量，人不行善或去作恶，不是因为意志薄弱，而是因为无知，即不知道什么是好的，什么是快乐的。

亚里士多德对苏格拉底就这一问题的思考既有继承又有修正。继承在于他与苏格拉底一样信奉理性和知识的力量；修正在于他承认 akrasia 的存在，即存在着知善不行、知恶为恶的情况。既然理性与知识是强大的，akrasia 如何可能呢？亚里士多德的解释是不节制的人只是有潜在的知识，即（1）有知识但不运用知识；（2）有普遍性知识，但不能运用于特殊情况（有大前提知识，不能运用于小前提，也就得不出正确的结论）；（3）处在睡眠、醉汉或疯子的状态③。也就是说，亚里士多德虽然承认 akrasia 的存在，但他依然是在

① 那时还没有"意志"这个概念，当然也就没有"意志薄弱"概念，akrasia（不节制）类似于今天的意志薄弱。

② ［古希腊］柏拉图：《普罗塔戈拉》，刘小枫译，载刘小枫编，《柏拉图四书》，华夏出版社 2015 年版，第 138 页。

③ ［古希腊］亚里士多德：《尼各马可伦理学》，廖申白译，商务印书馆 2003 年版，第 197—199 页。

苏格拉底的思想框架里打转，一方面相信理性和知识的力量，另一方面又力求去解释理性和知识为什么不能发挥作用。但亚里士多德在 akrasia 或意志薄弱问题上的贡献还是超出了苏格拉底。苏格拉底的思考虽然真诚，但失于简单，即要么知善行善，要么就是无知，现实与人性如此复杂，不是这种二元框架所能解释得通的。亚里士多德的贡献在于指出了理性判断与行为之间脱节的可能性，为后人思考意志薄弱标识了特定的方向、留下了空间。

戴维森（Donald Davidson）沿着苏格拉底和亚里士多德的思路，用现代语言将意志薄弱表述为："如果一个当事人不遵循自己的较佳判断去做事，并且是有意这样做的，那么我们说他的意志是薄弱的。"① 之所以说戴维森是用现代语言来表述意志薄弱，在于他不再用苏格拉底和亚里士多德所使用的"知识"或"无知"（"知识"在现代已经有了与古典时期不同的意涵，"知识"已经不再直接与判断相联系，不再等同于判断），而是将"知识"转换为判断。说他依然是在苏格拉底所开创的方向上去理解意志薄弱，是因为他的这一理解同样是以理性判断为标准去衡量意志薄弱的。他的这一理解，出发点是判断，即我们关于某事形成了一个较佳判断；落脚点则是这一较佳判断并未得到落实，意志薄弱就产生于判断及其实施的落差上。在意志薄弱的这一界定中，戴维森有一个未加说明的预设，即人是理性存在，既然做出了较佳判断，就应该根据判断行事，也就是说判断就是行动意愿，有判断就应该有行动意愿。

有判断无意愿、无行动意义上的意志薄弱，显然不限于道德领域，戴维森对意志薄弱的思考其实不是伦理学的视角，而是行动理论的视角②。道德领

---

① ［美］唐纳德·戴维森：《真理、意义与方法——戴维森哲学文选》，牟博译，商务印书馆 2008 年版，第 462 页。

② Hans-Ulrich Baumgarten, *Acting Against Better Knowledge*：*On the Problem of the Weakness of the Will in Plato*，*Davidson*，*and Kant*，The Journal of Value Inquiry, No36，2002，pp. 235—252.

域的意志薄弱，从性质上看是有判断、无善意或者是善意不够强大（说到善意，一般是指人际性的，但善意也可以是指向个人自己的。我们在个人问题上有判断无意愿和行动，也可以说是对自己无善意或善意不强）。即便如此，也要看到此类意志薄弱者的积极面，即虽然是无善意或善意不强以至于不足以驱动行动，但理性和是非判断犹在，知道什么是好的、对的，什么是坏的、错的。以"欺凌现象的在场者"为例，虽然此在场者因为意志薄弱没有采取行动去制止欺凌行为，但在内心是有判断的，能够认识到欺凌的不道德性。

2. 以意愿或决心为标准

戴维森对意志薄弱的界定影响甚远，可以说是当代意志薄弱研究的一个新起点。但这一界定的问题也是明显的。首先，判断与意愿并不能等同，二者有一致的时候，但不一致的时候更多。我们在很多情况下都有一个较佳判断，知道做什么是对的、好的，但却根本没有去这样做的意愿。如果只有判断而没有行动意愿或决心，实际上意味着意志尚未介入，意志薄弱也就无从谈起。其次，这一理解不符合"大众心理学"，即多数人对意志薄弱的理解。霍尔顿（Richard Holton）说，苏格拉底、戴维森等人对意志薄弱的理解都是精英主义的，具有误导性。他们将意志薄弱理解为能够选择好的时候却选择了坏的，但任何一个未受理论干扰的人都不会做如此理解，而是将意志薄弱理解为不够坚定，不能坚持自己的意愿，太容易偏离自己选定的道路①。在这个意义上，鲍伽藤（Hans-Ulrich Baumgarten）说，戴维森虽然声名远播，但在解决 akrasia 问题上并没有什么实质性贡献，因为他的方案是基于错误的假设②。

---

① Richard Holton，*Intention and Weakness of Will*，The Journal of Philosophy，No 5，1999，pp. 241—262.

② Hans-Ulrich Baumgarten，*Acting Against Better Knowledge：On the Problem of the Weakness of the Will in Plato*，*Davidson*，*and Kant*，The Journal of Value Inquiry，No36，2002，pp. 235—252.

还以"欺凌现象中的在场者"为例，如果这个在场者虽然在内心认为欺凌是错误的，但他根本就没有形成去制止欺凌的意愿和决心，我们就不能说他是意志薄弱的，因为他根本就没有形成去制止欺凌的意志。因此，麦金太尔（Alison McIntyre）认为，最能体现意志薄弱的不是不能按照较佳判断行动，而是不能按意愿（intention）或决心（resolution）行动[①]。也就是说，麦金太尔是用意愿或决心作为标准来衡量意志薄弱的。在这个问题上，霍尔顿不但与麦金太尔是一致的，而且与"大众心理学"也是一致的。霍尔顿发现，与判断离行动较远不同，意愿与行动的距离相对较近。在他看来，意愿就是指向未来行动的，是未来指向的（future-directed intention），我们形成一个意愿，就是决心去行动，意愿因此具有控制性和稳定性[②]。因为我们是有限存在，思考、选择是耗时耗力的，不可能总是犹豫不决。

　　用意愿作为标准来解释意志薄弱虽然是在批判以戴维森为代表的理性主义路线的基础上发展出来的，但也并不是空穴来风，也有其思想史的根源。柏拉图在《理想国》（《理想国》是柏拉图思想成熟期的作品，更能体现柏拉图而不是苏格拉底的思想）中将人的灵魂三分（理性、欲望、激情），阐明理性不是绝对的，有被欲望和激情支配的可能，也即 akrasia 的存在完全是可能的，因为人所欲求的不一定是好的、善的。霍布斯（Thomas Hobbes）和休谟（David Hume）沿着柏拉图开创的这条思路思考意志与意志薄弱。前者认为驱动人行为的是欲望或厌恶，所谓意志不是别的，只是引发我们行动的欲望或厌恶；所谓意志薄弱，就是短视，不能考虑长远后果，不能参照长远欲求形成意愿。后者认为理性和观察只是我们行为的背景，欲望和激情才是引发我们行动的力量；所谓意志薄弱，其实就是不精明或愚蠢，由无知、错误

---

① Alison McIntyre, *What Is Wrong with Weakness of Will*? The Journal of Philosophy，No 6，2006，pp. 284—311.

② Richard Holton, *Intention and Weakness of Will*，The Journal of Philosophy，No 5，1999，pp. 241—262.

计算、强烈的现实欲望引发①。到了康德（Immanuel Kant）那里，已经不再从欲望、欲求的角度去理解意志，而是从选择、意图和义务的角度理解意志；所谓意志薄弱，就是被自然倾向驱动，放弃了义务和道德法则（后文还会论及）②。

从意愿、决心的角度去理解意志薄弱，确实更贴近我们普通人的理解，也更符合逻辑。以"超重者吃肉"为例，一个超重的人，虽然知道不节制地吃肉对控制由超重引发的身体问题没有益处，也知道应该控制肉食，但却从来没有节制肉食的意愿或决心。在这种情况下，我们顶多说这个人饮食方式不健康、饮食习惯不好，很难说他是意志薄弱，因为他就没有节制肉食的意愿和决心，没有意志，也就谈不上薄弱。反过来，如果他已经下定决心节制饮食，但一见到肉食，原来的决心就烟消云散了，那他才是意志薄弱。引入意愿和决心，才抓住了意志薄弱的要害。

以意愿为标准来界定意志薄弱优势明显，那么如何处置有判断无行动这一问题呢？麦金太尔将有判断无行动与有意愿无行动区分开来，前者是 akrasia（不节制），后者才是意志薄弱③。比如，超重的人明明知道过量食肉对身体不好，却没有控制肉食的意愿与决心，虽然不是意志薄弱，却是不节制。这种区分也有不合情理之处：对于前者，如果是指向个人自我的，比如在"超重者吃肉"事例中，定义为不节制是说得通的；如果是指向人际的，比如"欺凌行为的在场者"，定义为不节制就说不通了（如何解释这一矛盾现象，

———————

① Thomas E. and Hill JR. , *Kant on Weakness of Will*，InTobias Hoffmann（Ed），Weakness of Will from Plato to the Present，Washington：Catholic University of America Press，2011，pp. 210－230.

② Thomas E. and Hill JR. , *Kant on Weakness of Will*，InTobias Hoffmann（Ed），Weakness of Will from Plato to the Present，Washington：Catholic University of America Press，2011，pp. 210－230.

③ Alison McIntyre, *What Is Wrong with Weakness of Will?* The Journal of Philosophy，No 6，2006，pp. 284－311.

后文还会论及）。

如果说有判断无行动是有判断、无善意和善行的话，那么有意愿和决心、无行动则是有善意（对人对己）、无善行。有人认为前者是意志薄弱，有人则不承认。且不论这二者是否都属于意志薄弱，有一点是可以明确的，那就是二者在性质上确实有所不同。前者虽然无善意，但理性判断和是非分辨都在；后者则更进一步，不仅有判断和是非，也有善意。二者的共同点也是明显的，即都没有行动。

3. 以行动为标准

衡量意志薄弱，有人以判断为标准，有人以意愿为标准，但其实最终的标准还是行动。行动是衡量判断与意愿的标准，判断与意愿如果付诸行动，就不存在意志薄弱问题，没有付诸行动则是意志薄弱。窦可特（Mathieu Doucet）和特瑞（John Turri）将判断和意愿都归为心理因素，都属于"心理承诺"（psychological commitment）。心理承诺都带有实践指向，因此也都是"实践承诺"（practical commitment）。意志薄弱就是心理或实践承诺未能化为行动，就是承诺的未能兑现①。也就是说，如果作为承诺的判断或意愿得到了落实、化为了行动，也就不存在意志薄弱的问题。

果真如此吗？有了行动真的就意味着克服意志薄弱吗？还以"欺凌行为的在场者"为例，见到欺凌，在场者在道德判断的基础上下决心去阻止欺凌行为，采取语言劝阻的行为，说："不要欺负他，这样做是不对的！"但欺凌者十分嚣张，回复道："少管闲事，否则连你一块打！"慑于威压，在场者由此噤声，不再干预，任由欺凌发生。在这一过程中，在场者虽然有了行动，但不能坚持，一遇到行动阻碍，就放弃行动，显然也是意志薄弱。

在指向自身的行动事例中，意志薄弱的特性能够得到更为充分的暴露。以"超重者吃肉"为例，超重者不但有判断、有决心，也付诸了行动，比如

---

① Mathieu Doucet and John Turri, *Non-psychological Weakness of Will：self-control，Stereotypes，and Consequences*，Synthese，No 191，2014，pp. 3935—3954.

节制肉食 1 天、3 天或一周，然后就经不起诱惑，又开始像节食之前那样吃肉了。超重者虽然有了行动，但不能坚持，显然也是意志薄弱。

有行动但不能坚持、不能持久所体现的意志薄弱，也是符合"大众心理学"的，不能坚持、不能持久去做决心要做的事，是社会大众对意志薄弱理解的一种重要维度①。前两种意志薄弱发生在内在心理世界，意志薄弱者自身可以有真切的体验，而外人只能从其表情、身体状态去推测不能坚持。意义上的意志薄弱则已外显、暴露于客观世界，意志薄弱者本人和他人都可以直接观察到。表面上看是行动不能坚持、持久，似乎是行动上的软弱，但实际上反映的是行动背后意志上的软弱。也就是说，意志薄弱通过行动暴露无遗。

不能坚持意义上的意志薄弱，既有善意，也有善行，只是善行不坚定、易动摇。即使如此，这种意义上的意志薄弱与前两种相比，还是有所进步，即有了行动尝试。虽然这种尝试还是被薄弱的意志所击败，但毕竟走到了有所行动这一步。有所行动，从积极的角度看，是克服意志薄弱的一种尝试，在尝试的那一刻，实际上是克服了意志薄弱的；又因为这种尝试最终以失败而告终，从消极的角度看，还是意志薄弱占据了上风。由此看来，到了这一步，后续如何发展，存在着多种可能性。一种可能性是因为不能坚持，所以感到后悔，再加上有所尝试所积累的经验，后续还会积极尝试直至真正克服意志薄弱；另一种可能则是为自己的意志薄弱寻找理由，使其合理化，由此走向意志薄弱的固化。

4. 以做人为标准

以意愿或决心为标准来理解意志薄弱是当代成就，很多意愿论者认为这是理解意志薄弱问题上的一个理论进步，如前所论，麦金太尔甚至以有无意愿为标准，将 akrasia（不节制）与意志薄弱区分开来。问题是，意愿标准虽然更加清晰、更加符合"大众心理学"，但其依然是一个内在心理因素，即行

① Ali YousefiHeris, *The Ordinary Concept of Weakness of Will*, Phenomenology and the Cognitive Sciences, vol 19, No 1, 2020, pp. 123—139.

为者自身的内在心理活动。衡量是否存在心理薄弱现象，行为者并不只是以自己的内在心理标准来自行判断，还有一个他人判断的问题。以"超重者吃肉"为例，如果他从未下定决心去节食，从判断论的角度看，他存在意志薄弱；从意愿论的角度看，他并不存在意志薄弱。但如果他因不节食，导致超重问题越来越严重，并由此引发一系列健康问题，认识他的人也会认为他是意志薄弱的。

意愿论虽然抓住了意愿和决心在意志薄弱中的关键作用，但依然存有漏洞，客观看来，即使你没有下定决心，如果因为不按较佳判断行事并产生了不良后果，别人依然认为你是意志薄弱的。别人为什么会有这样的判断呢？一个重要的原因是，意愿论者过于突出意愿的作用，实际上，面对一个该做之事，你不能形成意愿和承诺，本身就是意志薄弱的体现。无论是历史悠久的判断论也好，还是当代发展起来的意愿论也好，都过于强调执行环节，忽视了意愿形成环节。知道什么是对的、什么是错的，却不能形成做或不做的意愿，不能下定决心，本身就是意志薄弱。也就是说，执行环节存在意志薄弱问题，意愿形成环节同样存在意志薄弱问题。

另一个原因则在于，有没有意愿和决心往往是一个人内在的心理过程，对此，别人往往是无从得知的，别人只看你行为的结果，只从心理因素之外的客观结果来判断你是否存在意志薄弱。如果你下定决心做一件事，但却没有去做，从内在心理过程来说，这是典型的意志薄弱，但如果结果还不错，那别人就不会认为你是意志薄弱；反过来，如果结果不好，别人就认为你是意志薄弱的。比如，一个第二天有重要考试的学生，头天晚上下定决心在家复习应考，但经不起同学诱惑，晚上还是出去聚会了。从这个学生自身来看，已经是典型的意志薄弱了。但如果第二天考试考得还很好，别人就不认为他是意志薄弱，第二天考试如果考得不好，别人就认为他是意志薄弱的。

由此看来，意志薄弱虽然主要是一个心理过程或心理问题，但别人却是要看客观结果的。在很大程度上，别人是不看你有没有意愿或决心的，只看你的行为（做或不做）产生了什么结果。结果不好，即使你没有下什么决心，在别人眼里，你仍然是意志薄弱的。

从客观结果来判定意志是否薄弱，对当事人是否公正呢？或者说，别人是否有权利去做如此判断呢？如前所论，窦可特和特瑞将判断和意愿都归为心理承诺，非常具有启发性。但他们还是忽略了另外一个承诺，即做人的承诺。面对一个消极诱惑，一个人即使没有做出承诺，但如果真的做了坏事，我们也说他是意志薄弱的。我们这样判定是有依据的，即他做人的承诺。我们是道德存在，都有做人的道德承诺。在这一做人承诺的大背景下，在面对具体问题，如果没有承诺，也就不存在违背具体承诺的问题，但如果行为违背了做人的道德承诺，那依然是意志薄弱。也就是说，面对具体事务时，我们有无具体的承诺不是判断的唯一标准，有时候还要参照做人承诺。因为做人承诺的存在，有时候我们虽然没有具体承诺、或没有违背具体承诺，但因为行为不符合做人的基本承诺，也就形成了违背承诺意义上的意志薄弱。比如，一个超重者从未有节食的意愿和决心，从意愿论来看，他不存在意志薄弱；但我们看着他对自己的身体如此不负责任，违背了做人要自律、对己负责的基本承诺，因而是意志薄弱的。

对意志薄弱的理解，从对较佳判断的违反，到对意愿与决心的违反，再到对判断与意愿的双重违反，可以说是层层推进的。但每一次推进都不是对前一个层次的否定，而是包含着前一个层次的累积。正是在这个意义上，霍瑞思（Ali YousefiHeri）说意志薄弱不是单一标准、单层的概念，而是一个"概念串"（cluster concept）①。当然，这个"概念串"也应该"串"上行动和做人意义上的意志薄弱概念。

---

① Ali YousefiHeris, *The Ordinary Concept of Weakness of Will*, Phenomenology and the Cognitive Sciences, vol 19, No 1, 2020, pp. 123—139.

三、意志薄弱与恶的距离

明了以什么为标准来衡量意志薄弱之后，随之而来的问题是意志薄弱的性质问题。因为意志薄弱阻碍我们做正确的事情，所以很多人将意志薄弱直接等同于恶，比如，吴元发以意志薄弱来解释欺凌者，明显是将欺凌者作恶的恶意与意志薄弱混同起来①。一个迫切的问题就是，意志薄弱真的就是恶吗？如果意志薄弱不是恶，那其与恶到底是什么关系？

1. 薄弱的是什么

在意志薄弱中，"薄弱"是性质或状态判断，意志（will）是薄弱这一性质或状态的主体。要理解意志薄弱的性质，要先弄清"薄弱的是什么"或"什么是薄弱的"。显然，在意志薄弱中，薄弱的不是别的，而是意志；不是别的什么薄弱，而是意志本身的薄弱。

可以直接从哲学上的意志概念来对"薄弱的是什么"进行阐释。既然前面对意志薄弱有不同标准的分析，我们可以暂时放下哲学上的意志概念，先看各种意志薄弱概念中"薄弱的到底是什么"。

霍瑞思虽然承认意志薄弱是一个"概念串"，是几种层次概念的串联，但他还是提出要确定意志薄弱概念的核心，即是以违反判断为核心还是以违背意愿为核心②。如前所论，由于我们补充了另外两种衡量标准，可以沿着霍瑞思的思路继续往下问，即到底是以违反判断、意愿、行为还是做人为核心？揭示了意志薄弱的核心，我们也就大体上能够把握"薄弱的是什么"了。

如前所述，判断是基础，而且与意志薄弱相关的判断都是带有倾向性的

---

① 吴元发：《知识与德行的断裂：校园欺凌者何以知善而不为善——从学生意志薄弱现象看校园欺凌事件》，《教育发展研究》2018年第12期，第34—41页。

② Ali YousefiHeris, *The Ordinary Concept of Weakness of Will*, Phenomenology and the Cognitive Sciences, vol 19, No 1, 2020, pp. 123—139.

价值判断。价值判断本身就包含着应当和行动指向①，促使我们形成行动意愿。从这个角度看，判断的意义在于以判断为出发点去形成意愿，那么在意志薄弱问题中，判断的意义要低于意愿。也正是这个原因，使得一些意愿论者不承认对判断的违反属于意志薄弱。但从做人的角度看，有判断而无意愿本身就是意志薄弱的体现，即在意愿形成这一阶段的意志薄弱。意愿形成阶段的意志薄弱，再一次证明了意愿相对于判断的核心地位，即从能否形成意愿的角度来衡量意志薄弱。以行为为标准的意志薄弱，实际上背后仍然是意愿，即意愿不够强烈，所以行为不够坚定、坚决。行为不坚定、坚决是意志不坚定、坚决的外化，根本上还是意愿问题。由此看来，两者相比，意愿更重要，行为只是意愿的载体。做人意义上的意志薄弱，即对整体上做人承诺的违背，这里的承诺，其实就是做人的意愿与努力。

总而言之，意志薄弱虽然是"概念串"，但核心依然是对意愿的违背。那么，由此推论，意志薄弱中，薄弱的不是别的，主要是意愿。

从字面上看，既然是意志薄弱，薄弱的当然是意志，但从意志薄弱概念中得出的却是意愿。那么，意志与意愿是什么关系？意志不是古典概念，阿伦特说，"意志能力不为古希腊人所知，它是作为经验的结果被发现的，我们几乎没有在基督纪元的第一个世纪之前听到过意志这个概念"②。在阿伦特看来，"意志是朝向将来的心思""意志始终是想做某事"③。这与康德将意志界定为自由选择能力是相通的。选择当然是朝向尚未发生的事情，即在多种可能性中确定自己想要的。康德将意志（自由选择的能力）理解为（1）目标事

---

① 杨国荣：《论意志软弱》，《哲学研究》2012 年第 8 期，第 98—106 页。

② ［美］汉娜·阿伦特：《精神生活·意志》，姜志辉译，江苏教育出版社 2006 年版，第 1 页。

③ ［美］汉娜·阿伦特：《精神生活·意志》，姜志辉译，江苏教育出版社 2006 年版，第 10 页，第 39 页。

物，（2）实现目标的意愿，（3）实现意愿的动力与决心（不偏离、不放弃）[1]。概括来说，所谓意志就是"想（意愿）""做某事（目标）""且不偏离、不放弃"。由此看来，如果省略不言自明的目标，意志中剩下的成分就是意愿。当然，意愿有正反两个维度，一个是"想要"，一个是"不偏离、不放弃"的决心。也就是说，意愿是意志省略目标的表达方式，二者是一致的、一体的。

既然意志即"想做某事"，那么这"某事"的性质就很重要。我们说某人或自身意志薄弱的时候，是带着遗憾、带着"怒人（己）不争"的情绪的，这说明如果意志坚强，也就没有这些负面情感了。由此看来，意志薄弱中想做的"某事"在性质上是好的，如果是不好的，我们因为意志问题而未去做，那倒没有什么遗憾和后悔之情了。比如，一个学生本来想去欺负另一个同学，但在实施的时候，因为担心遭到老师的惩罚而放弃了，我们不会用意志薄弱来界定他的这一心理过程，而是说他克服了不良意图或战胜了邪念。"薄弱"是一个有负向价值的用语，从反面标定了意愿或意志的正向价值。正是在这个意义上，康德将意志薄弱中的意愿视为对人对己的"善意"（good will），即做正确、正当事情的真诚承诺与努力[2]。也就是说，意志薄弱中薄弱的不是别的，而是善意。所谓意志薄弱，其实也就是虽有对人对己的善意，但善意不足、不强，还不足以驱动行动或保证行动的坚定性。这也印证了前文对不同标准意志薄弱概念的分析：以判断为标准的意志薄弱是无善意；以意愿为标准的意志薄弱是善意不强；以行动为标准的意志薄弱则是善意不够坚定；以做人为标准的意志薄弱则是做人意义上的普遍善意不能贯彻于特殊情境。

---

[1]　Hans-Ulrich Baumgarten，*Acting Against Better Knowledge*：*On the Problem of the Weakness of the Will in Plato*，*Davidson*，*and Kant*，The Journal of Value Inquiry，No36，2002，pp. 235—252.

[2]　Thomas E. and Hill JR.，*Kant on Weakness of Will*，InTobias Hoffmann（Ed），Weakness of Will from Plato to the Present，Washington：Catholic University of America Press，2011，pp. 210—230.

2. 薄弱不是恶意

总有人将意志薄弱当成恶或作恶本身，根据以上分析，二者是明显不同的。还以欺凌现象为例，在一个欺凌事件中，欺凌者有欺凌他人的意愿并将其付诸实施。在场者可能有两种类型，一种是看热闹者，将被欺凌者的痛苦当作娱乐；一种是有阻止意愿却没有阻止行为，即意志薄弱者。意志薄弱者对被欺凌者抱有善意，虽然这一善意并未得到表达和实现；欺凌者和看热闹者与意志薄弱者截然不同，他们都对被欺凌者抱有恶意。欺凌者的恶意是欺凌，也即让被欺凌者痛苦；看热闹者的恶意则是乐见被欺凌者的痛苦，将他们的痛苦当作娱乐。由此可见，意志薄弱者与作恶者（欺凌者是直接作恶者，看热闹者是间接作恶者，是帮凶）的意愿性质截然不同，一个是善意，一个是恶意。将作恶者等同于意志薄弱者，是为作恶者开脱或洗白；将意志薄弱者等同于作恶者则是对意志薄弱者的冤枉或误责。在这一点上，康德不像苏格拉底那样"天真"，毫不隐讳地指出，作恶行为有两个基本原则：（1）由自由意志决定的，（2）对抗道德律①。这两个原则，其实也可以合并为一个原则，即恶意原则，作恶是在善与恶之间选择了恶。因此，将带有善意的意志薄弱与恶意满满的作恶混为一谈，显然是错误的。

意志薄弱者有善意，但问题出在善意不强，不足以使这善意化为坚定的行动。类似的现象在恶意中也有。一个恶意，可以是强烈的，直接导致作恶行为（强而行）；也可能是较弱的，还不足以化为行为（弱而不行）。前者是恶意与恶行的一体，后者类似于意志薄弱，但我们不将这种现象归为意志薄弱，主要原因是：在这种薄弱中，薄弱的不是善意，而是恶意。而且，恶意不强，弱而不行，恶意得到了阻止，不是什么值得遗憾、后悔的事情，而是值得庆幸的事情。从这个角度看，这里的薄弱起到的是阻止恶的作用，从善

---

① Hans-Ulrich Baumgarten, *Acting Against Better Knowledge*: *On the Problem of the Weakness of the Will in Plato*, *Davidson*, *and Kant*, The Journal of Value Inquiry, No36, 2002，pp. 235—252.

的角度看，是弱（恶意的弱）而强（道德意义上的强）。

总之，意志薄弱虽然是善意不强，但还是选择了道德法则，还处在善的领域；作恶则是选择了恶的法则，已经不在善的领域而进入了恶的领域。

3. 意志薄弱离恶有多远

既然意志薄弱与恶有如此明显的区别，为什么还有那么多人将意志薄弱与作恶混同起来呢？一个很重要的原因是，意志薄弱虽然不是恶，但与恶的距离如此之近，很容易转化为恶。

康德说，人有"向恶的能力"（根本恶），原因在于（1）人性的软弱，（2）人心的不纯，（3）人心的恶劣[①]。也就是说，在康德那里，人性的软弱，即"我所愿意的，我并不做"是人们作恶的一个原因。需要再一次澄清的是，意志薄弱是作恶的一个原因，并不等于意志薄弱就是作恶本身。康德虽然将意志薄弱视为作恶的一个原因，他还是清楚这个原因与另外两个原因的本质性区别。在康德看来，在意志薄弱状态下的人，还是无条件承诺道德法则，对道德法则没有怀疑，虽然不能完全按道德法则行事，但总有内疚或后悔。"不纯者"对道德法则抱有工具态度，合用则用，不合用则弃。"恶劣者"又更进一步，已经放弃道德法则，反道德法则而行，恶意充盈[②]。

康德在意志薄弱问题上比较客观，既指出了其与不纯、恶劣的根本区别，也承认其是作恶的一个原因，即有走向恶、向恶转化的可能，也就是说，意志薄弱虽然不是恶，但与恶的距离并不远。如前所论，在意志薄弱中薄弱的是善意，即"不能做正确的事情"。还以"欺凌行为的在场者"为例，本该阻止欺凌行为的发生，却因为意志薄弱而未能采取行动，这里意志薄弱的性质

---

① ［德］康德，《单纯理性限度内的宗教》，李秋零译，中国人民大学出版社第 2003 年版，第 14 页。

② Thomas E. and Hill JR., *Kant on Weakness of Will*, InTobias Hoffmann（Ed），*Weakness of Will from Plato to the Present*，Washington：Catholic University of America Press，2011，pp. 210—230.

与欺凌作恶行为的性质是有本质不同的，但在客观上却起到了助恶的作用。在欺凌发生的过程中，沉默的在场者事实上起到了"观众"的作用，欺凌者因为"观众"的存在而使自己的恶意得到更大的扩张，因为"观众"的存在可以给予被欺凌者更大的痛苦。而且，欺凌者"知道"在场者可能有不满，却不敢阻拦，也就是说，在场者的意志薄弱是欺凌者可资利用的"心理资源"。从意志薄弱者的角度看，则是因为意志薄弱而使自身善意没能得到实施，实际上也是失去了一次使自身德性得到提升的机会。善意被压抑虽然并不意味着就是恶，但善意一次次被压抑就会有累积效应，就会转化为恶。

意志薄弱与恶的距离很近的另一个含义是意志薄弱发生之后，有诸多走向恶的方式。意志薄弱发生之后，如果善意比较强（虽然还没有强到推动行动），我们就会感到后悔。后悔是一种"反事实情感"（counterfactual emotion）①，即宁愿事情没有发生的情感。正是后悔的这种性质使得后悔具有错误修正力量，当类似的情况再次出现时我们可以有另外的选择，不再犯同样的错误。但后悔也是一种折磨人的情感，表面上看是对已经发生的事实的否定，实际上也是对我们自己的否定。为了逃避后悔的折磨，我们可能用另外的心理机制来消除后悔给我们带来的消极情绪，比如合理化。合理化是一种常用的心理机制，在错误或意志薄弱发生之后，为了求得心理上的平衡，我们也会找出各种理由为自己的行为开脱，以使自己的行为变得可以接受。合理化与意志薄弱常常是伴生的心理过程。如果说后悔针对的是意志薄弱中的"薄弱"，即对自己的薄弱不满；而合理化因为是为自己开脱，不从"薄弱"着力，而从善意入手，通过压抑、改变善意来求得平衡。通过合理化过程，善意被压抑、否定、放弃，也就为恶意的进入留下了通道和空间。

如前所论，做人是向上提升的过程，时刻需要意志努力。如果说意志努力是一种向上的拉力，那么意志薄弱则是一种向下的坠力。在具体问题上，

---

① Mathieu Doucet, *What is the link between regret and weakness of will?* Philosophical Psychology，vol 29，No 3，pp. 448—461.

存在着善与恶之间的"空白地带"，不一定非善即恶。但在做人问题上，则不存在这种中间地带。虽然意志薄弱是不可避免的现象，每个人都会有意志薄弱的时候，但如果我们在做人这一整体性、根本性的问题上意志薄弱，就会滑向恶的深渊。

4. 为什么会意志薄弱

康德关于"根本恶"的理解深富洞见，即人意识到了道德法则，却可以选择恶①。正是这种"选择余地"的存在，道德选择的道德性才得以彰显。如果我们只能选择道德法则，没有选择恶的能力，那么选择本身的道德性也就不存在了。同样，如果不存在意志薄弱，我们的意志总是坚强的，那么我们行为的道德性也会降低。也就是说，经过意志薄弱淬炼的意志才是真正坚强的。从这个意义上看，意志薄弱虽然是一个"卡脖子"的问题，但其存在既有客观性，也有道德意义。

之所以存在意志薄弱，首先是思（判断与意愿）与行之间的"时间差"。杨国荣指出，在思与行之间至少存在三种时间距离，即从判断到行动的时间距离、行动选择与行动本身的时间距离、当下意欲与未来远虑之间的时间距离②。按照前文对意志薄弱的理解，从判断到意愿和行动、从意愿到行动、从行动到行动的坚持、从具体行为到整体做人都有一个"时间差"或时间距离，而这恰是意志薄弱可以乘虚而入的"良机"。霍尔顿也有类似的观点，他认为意志总是指向目标事物，总是指向未来的（future-directed），在意志与意志的实现之间总有时间缝隙，而这缝隙，就是意志薄弱得以生长的土壤③。正是意志到意志实现之间的"时间差"，使得意志向其他影响敞开，其他心理或环

---

① ［美］理查德·J. 伯恩斯坦：《根本恶》，王钦、朱康译，译林出版社 2015 年版第 39 页。

② 杨国荣：《论意志软弱》，《哲学研究》2012 年第 8 期，第 98—106 页。

③ Richard Holton，*Intention and Weakness of Will*，The Journal of Philosophy，No 5，1999，pp. 241—262.

境因素可以对意志施加这样那样的影响力，如果意志本身力量不足，受到影响或阻碍的可能性就更大了，意志薄弱发生的概率也相应提升。

人是复杂存在，思也好，行也罢，都不是单一因素所能决定的，既受多种内在力量的驱使，也受思和行所嵌入的环境的影响。在形成判断或意愿的那一刻，驱动我们生命的并不单是意愿，其他力量也在起作用。习惯就是这样的力量。身心习惯一旦形成，就具有强大的重复力量，我们当下的判断或意愿如果与固有习惯相冲突，如果习惯的力量强于意愿的力量，意志薄弱就发生了。海斯（Julia Haas）将这种由习惯导致的意志薄弱称为"习惯性意志薄弱"（habitual weakness of will）①。恐惧也是类似的心理力量。比如，"欺凌现象中的在场者"虽然有阻止欺凌行为的意愿，但是因为恐惧而放弃了意愿的实现。

恐惧虽然是内在心理活动，但这种内在心理活动已经有了外在力量的渗入。恐惧是指向外在力量的，是对外在力量的恐惧。也就是说，我们的内在心理活动，不是完全与外界隔离的，其中总有环境因素、他人力量的渗入。比如，我们形成了一个意愿，但如果这一意愿与外在权威有所冲突，往往就会受到外在权威的"修剪"，这就是"修剪性意志薄弱"（pruning-based weakness of will）②。同时，我们的意愿都具有时空性，时间与空间的变化以及诸多偶然因素，都会影响我们意愿的实现。比如，一个超重的学生，恰好进入了一所伙食很好的学校，节食意愿的实现就会更加困难。

道德上的意志薄弱还与道德本身的性质相关。按照康德的理论，我们的道德义务分为两类，一类是纯粹义务（perfect duties），一般是禁止性的，在执行中不允许变动，比如不许杀人；另一类是非纯粹义务（imperfect du-

---

① Julia Haas, *An empirical solution to the puzzle of weakness of will*, Synthese, No 195，2018，pp. 5175－5195.

② Julia Haas, *An empirical solution to the puzzle of weakness of will*, Synthese, No 195，2018，pp. 5175－5195.

ties），是规范性的、目标性的积极义务，在执行上没有固定要求，允许根据具体情况进行调整和变通①。意志薄弱多发生于非纯粹义务上，即很多价值只是规范性的、方向性的，具体如何执行要靠自己选择，这就为意志薄弱的发生留下了缝隙。比如自我完善是一个非纯粹性义务，我们作为人都应该力求自我完善，但如何自我完善则没有具体要求，要靠每个人去探索、去努力。在这样一个探索、努力过程中，意志薄弱的发生是难免的。

意志薄弱常常发生于指向目标的意愿和及时欲求之间的矛盾。目标意愿与及时欲求的矛盾，其代价是意志薄弱，但也并不是全无积极意义。没有目标意愿，人就没有是非判断和价值方向，容易被本能和冲动所控制，导致生活的堕落与混乱。如果没有及时欲求，只朝向目标，人就会失去对当下的敏感，失去与世界的直接联系，不能享受当下，过得僵化而无趣。意志薄弱就产生于这种矛盾性张力之中。如果意愿一旦确定，就一定得到落实，完全不存在意志薄弱，那我们离机器人也就不远了。

四、意志薄弱的克服

人是不完善的存在，从根本上讲，意志薄弱与"根本恶"一样都是不能完全克服的。不能完全克服与不去克服是两回事，我们的德性正是在与意志薄弱的斗争中得到发展和提升的。对成年人来说，意志薄弱的克服主要靠自身的力量；对未成年人来说，一方面要靠他们自身的力量，另一方面要靠家庭和学校的帮助。如前所论，意志薄弱是个人道德发展中"卡脖子"式的问题，学校教育帮助学生克服意志薄弱，其实就是扶助他们的道德发展，就是道德教育。

1. "伦理品味"的培养

如前所论，在意志薄弱问题中，对人对己的善意具有核心意义，意志薄

---

① Mark D. White, *Multiple Utilities and Weakness of Will：A Kantian Perspective*，Review of Social Economy，vol64，No 1，2006，pp. 1－20.

弱的发生，归根结底在于善意不强，如果善意足够强大，某一方面或整体做人上的意志薄弱也就得到了最大程度的克服。意志薄弱虽然总体上是消极的，但其积极的意义在于善意（以判断为标准的意志薄弱除外）的存在。也就是说，意志薄弱比没有善意却有恶意的"意志强硬"还是好很多。由此看来，首先要有善意，才谈得上意志薄弱，否则就不存在意志薄弱，更谈不上对意志薄弱的克服。

如何才能让年轻一代心中的善意得到发育和壮大呢？柏拉图在《理想国》提供的思路很有启发意义。在柏拉图看来，对尚未成熟的人来说，要培养他们的内心和谐，以达到自发、本能性地知道什么是值得做的，什么是可耻的，进而形成"近善远恶"的禀赋①。亚里士多德将道德德性理解为情感品质，即恰当地处理快乐与痛苦的品质，一个真正有德性的人喜欢做道德的事，能够从中体会到极大的快乐。不是物质与肉体快乐，而是能够从善意与德性中体会到巨大的快乐，用今天的话说就是有正确的伦理品味。教育，就是要提升孩子的伦理品味，"我们应该从小就培养起对该快乐的事物的快乐感情和对该痛苦的事物的痛苦感情，这才是正确的教育"②。提升了伦理品味，做了该做的事情，就会感到巨大的快乐；该做的没有做，就会感到痛苦。由此看来，伦理品味的提升带来的不单是善意的增强，还是克服意志薄弱的能力。

中国传统儒家思想在意志培养方面与西方古典教育思想可以说是"心意相通"的。比如，儒家有"杀身成仁"的观念，牺牲自己需要多大的意志？但为什么能够做到呢？根本原因在于对"仁"这一价值的追求。在汉语中，意志本身就有志向的意义，所谓意志就是使志向得以实现的意愿。"杀身成仁"中的"仁"就是志向或道德志向。而做到以"仁"为志向的基本方法则是"正心诚意"。所谓正心，就是端正动机，以善为追求，与恶斗争。正心有相辅相成的正反两面，正面是有志于仁，反面则是通过克己、修己、正身来

---

① 余纪元：《〈理想国〉讲演录》，中国人民大学出版社 2011 年版，第 69 页。
② 余纪元：《亚里士多德伦理学》，中国人民大学出版社 2011 年版，第 85 页。

摒弃恶。所谓诚意，就是道德真诚，不伪善、不自欺。① 朱子说："诚者，实也。意者，心之所发也。实其心之所发，欲其一于善而无自欺也。"② 由此看来，正心就是将自己的生命力贯注于善，诚意则是真实面对自己，发自内心地追求善。

如何才能提高伦理品味呢？个人努力是前提，即要有善良心性，有道德志向。在此基础上，教育者可以通过熏陶、习惯培养、意志品质锻炼等方法给予个体以辅助与支持。习惯培养下文专门再论，这里先论熏陶和意志品质锻炼。人的成长不是孤立的，而是通过与外在的互动完成的。自身心性当然重要，滋养心灵、与之互动的成长环境的重要性也是不言自明的。正如呼吸，呼吸的能力当然关键，我们从环境中吸收到的氧气质量则同样重要。所谓熏陶，就是以高品质的生活环境给予学生以静悄悄的影响，使学生在不自觉中受到滋养。由此看来，要通过环境来熏陶学生的心性，学校生活隐含的道德品质就是关键。杜威关于学校是一种简化的社会生活的思想，与通过熏陶培养学生的心性的思路是一致的：学校向儿童提供的是一种经过简化处理的生活，力求消除存在于社会环境中的无价值事物，尽量给予儿童以适当而正向的教育引导③。我们一般都把"教育引导"理解为有意识的教导，其实良善环境的熏陶也是一种教育引导，一种悄悄发生的教育引导。

在古典教育中文艺都占有一席之地，根本原因在于文艺有熏陶心灵的巨大作用。柏拉图在《理想国》中对诗（当时的长篇叙事作品，不同于今天的诗歌）如此介意，甚至提出要对诗进行道德审查。我们如果由此只读出他对诗的戒备与敌意，肯定还是不够的。实际上，他对诗的批评，正反映出他认

---

① 沈永福：《论传统儒家道德意志的修养方法》，《道德与文明》2011 年第 6 期，第 58—62 页。

② 朱熹：《四书章句集注》，中华书局 2018 年版，第 5 页。

③ ［美］约翰·杜威：《民主主义与教育》，林宝山译，台北五南图书出版公司 1989 年版，第 20 页。

识到以诗为代表的文艺作品对人的心灵具有熏陶作用，对人的伦理品味具有塑造与提升的作用。从教育史上看，在中西方古代教育中，文学艺术教育都具有举足轻重的地位，根本的原因在于文学艺术所具有的化育心灵的作用。

古代教育中体育与文艺教育一样具有举足轻重的地位，根本原因就在于体育不但是对身体的锻炼，还是对意志品质的培养。当然，体育所培养的意志品质是一般意义上的意志品质，不是或主要不是道德上的意志品质。这就要求我们在充分重视和发挥体育在意志品质培养上的作用之外，还要探索其他意志品质培养的方式，尤其是道德意志品质的培养方式。道德勇气（moral courage）是道德上意志薄弱的对立面，未成年人的道德勇气正是克服意志薄弱的力量。在一个普遍消费和娱乐的时代，如何培养年轻一代的道德勇气，是一个重大的教育课题。

2. 习惯形成与习惯改变

如前所论，当判断、意愿与习惯发生冲突的时候，习惯就可能成为阻碍力量导致意志薄弱的发生。比如，一个学生下决心静心学习，但过去形成的总是想看手机的习惯是这一决心的干扰力量，如果三几分钟就去看一下手机，看着看着就把静心学习的事忘记了，意志薄弱也就发生了。但这不是习惯与意志薄弱关系的全部，好的习惯也可以是克服意志薄弱的力量。比如，一个有良好卫生习惯的学生，晚上已经极度疲劳，不想刷牙，想直接躺下睡觉，但牢固的习惯还是促使他克服了惰性，因为不刷牙就会不舒服，觉也睡不踏实。习惯的作用还不止于此，有时候某一强大的习惯将我们的意愿直接化为行动，不给意志薄弱留下任何插入的缝隙。我们可以设想这样一个情境：一个有诚实习惯和信念的学生，在考场上发现监考松懈且有人在作弊，虽然震惊，但也会毫无心理挣扎，依然坚持诚实考试，因为对他来说，考试作弊从来就不是一种可以考虑的选择。

习惯为什么具有如此强大的力量呢？我们可以从本能那里得到一些线索。如果没有受到阻碍，本能一般就会自然发挥作用，这中间不需要思考和意志努力；如果受到了阻碍，本能总是以这样或那样的方式顽强地表现出来。习惯是人的"第二自然"（the second nature），一旦形成，就具有本能一样的作用，就会不需要意志努力而自动发挥作用。在当代语境中，习惯是一个被行为主义所败坏的概念，一说起习惯，我们总是习惯性地将其当作行为习惯，习惯已经外在化①。实际上，习惯的涵义要宽泛得多，我们的德性、思考、情感之中都有习惯，可以说我们的心性就是过去生活所形成的习惯，是心灵的习惯或做人的习惯。如果学生有一个好的心性，或者说有一个良好的心灵习惯，在很多问题上也就没有那么多内在冲突与犹豫，意志薄弱也就没有了发生的空间。

既然不良习惯可以导致意志薄弱，好习惯可以克服或使意志薄弱无从发生，那么从克服意志薄弱的需要出发，教育就可以从两个方面入手，即改变不良习惯、培养良好习惯。每一个进入学校的儿童，本身就已经是一个"习惯丛"。"习惯丛"中的习惯，有好有坏，学校教育就是巩固好习惯、改变坏习惯。比如，成长中的儿童总是习惯于从自我的小世界出发去看问题，学校教育的任务就是在承认儿童的基本习惯的基础上，引导他们超越自我，形成从更宽广的世界出发去看问题的习惯。因为习惯形成于人与环境的互动过程，所以学校可以通过改变环境的方式来培养儿童的好习惯；笃行是习惯形成的基本机制，学校教育则可以通过与学生一起笃行去形成好习惯；良好的心灵习惯是通过思考和情感体验形成的，学校则可以通过培养思考能力和丰富情感体验的方式来形成心灵习惯②。

高尔维特泽尔（Peter M. Gollwitzer）发现了一个专门针对意志薄弱的习惯，即形成执行意愿（implementation intention）的习惯③。意志薄弱的发生

① 高德胜：《习惯与习惯培养的再思考》，《教育学报》2019 年第 3 期，第 23—33 页。
② 高德胜：《习惯与习惯培养的再思考》，《教育学报》2019 年第 3 期，第 23—33 页。
③ Peter M. Gollwitzer, *Weakness of The Will：Is a Quick Fix Possible*? Motivation Emotion，No 38，2014，pp. 305—322.

在于意愿和执行之间的时间距离，即从意愿到执行这一过程中的诸多变量都会延宕意愿的实现。如果我们形成这样一个习惯，即一旦形成一个意愿，同时形成一个执行意愿：一旦什么条件出现，就要采取什么行动，或者确定何时、何地、以何种方式使意愿得以落实。可以说，执行意愿是一种"配套"性意愿，有了这一配套性意愿，意愿性目标实现的路径和方式都得以确定，因意志薄弱而放弃目标的可能性也就变小了。

3. 道德素养的提升

很多情况下，意志薄弱的发生还是道德素养不够，如若像孔子那样"从心所欲不逾矩"，意志薄弱也就很少有发生的空间了。意志薄弱的发生，用日常语言来说，就是一种"心有余，力不足"的状态，即我们有一定的价值判断和善意，却因为素养不足，不能使之得到贯彻。当然，按照前文所论，有判断无意愿，其实也是一种"力不足"。既然意志薄弱是一种"力不足"，那么意志薄弱的克服就要从补充力量（道德素养）入手。

道德素养（moral literacy）也是一个多层概念。第一层意义上的道德素养属于"道德脱盲"，即辨识道德问题的能力与基本的是非观念。第二层意义上的道德素养则是经过生活过程所形成的"德性之知"或个人道德修养，类似于杜威所说的"道德观念"（moral ideas)[1]。第三层次则是"抱负（aspiration）的道德"[2]或理想形态的道德。在克服意志薄弱问题上，道德素养的三个层次各有作用。道德素养的第一层次，使我们能够辨识道德问题的存在，可以在道德判断的层次上发挥作用。道德素养的第二层次，是与自我融为一体的道德修养，是可以直接决定行为的"道德观念"，是意愿与行为的结合体，不给意志薄弱留下渗入的空间。道德素养的第三层次，虽然不易实现，

---

[1] John Dewey, *Moral principles in education*, Carbondale, IL：Southern Illinois University Press，1909，p. 1.

[2] ［法］亨利·柏格森：《道德与宗教的两个来源》，王作虹、成穷译，贵州人民出版社 2000 年版，第 30 页。

但却有不容忽视的道德感召力，是克服意志薄弱的精神力量。

从道德素养的层次来看，"德性之知"最为重要，因为意志薄弱常常发生在知与行的分离间，而"德性之知"则是知行统一的，不给意志薄弱以可乘之机。一个人的"德性之知"主要不是来自书本或他人教导，而是来自自己的生活体验。从这个角度来看，生活德育，即通过学生生活的道德品质来进行道德教育，具有很大的优势，因为通过生活过程而获得的教益更多的是"德性之知"。且不论家庭生活的道德品质如何，学校生活的道德品质如能有一个较高的水准，就是对学生的一种巨大的暗示力量。同时，一个有较高道德水准的学校，也可以理直气壮地向学生提出较高的道德要求。再加上学生自身的道德选择和道德努力，就可以较好地实现"德性之知"的培养①。

道德素养的第一层次，即道德脱盲意义上的道德素养，虽然不是知行一体的，甚至是意志薄弱（知道道德上应该如何，却没有去做的意愿或意愿不强）的"多发区"，依然有其意义。知道道德问题的存在，这是解决问题的一个开端。即使有意志薄弱的存在，这也是道德成长所必须付出的"代价"，未成年人正是在意志薄弱的产生与克服这样的循环过程中实现道德成长的。人是复杂多维的存在，不能只以行为来衡量，即使是不能立即转化为"德性之知"，对人来说也是一种素养。更何况，道德知识转化为个人德性的路径始终是畅通的。此外，道德知识的意义还在于对"德性之知"不足的弥补。我们在生活中所形成的"德性之知"受直接生活的影响，有这样那样的局限性，甚至也有道德偏见等不良成分，没有道德知识的映照，一方面我们很难去检讨自身的"德性之知"，另一方面，在遇到新的道德问题、在已有道德观念不够用的时候，道德知识则是我们德性的"新的增长点"。正是基于这些考虑，专门的德育课程在道德教育中的作用不容忽视。无论有多少责难，多少阻碍，开设专门德育课程的信念都不容动摇。当然，专门德育课程的生命力与合法

① 高德胜：《再论道德学习在生活中是如何发生的》，《中国教育科学》2019年第2期，第51—61页。

性的增强，不在于道德知识的教学，而在于如何融入儿童经验、"接上童气"，将道德知识转化为学生的"德性之知"①。

柏格森指出，抱负的道德与来自群体规范的道德不同，是道德英雄人物超越群体的封闭性站在人类高度上的抱负和创造。抱负的道德，来自人性的深处，是摒除了个人、群体、地方偏见的道德②。这种道德，或者说是道德理解，其实并非为道德英雄人物所"专有"，普通人也是有所感悟、心向往之的。由于其所具有的感召力，抱负的道德可以促使道德知识向德性的转化；由于其所具有的高境界，又是我们"德性之知"的一个高度参照。在一个普遍拒绝崇高的时代，通过人文艺术教育，使年轻一代能感受伟大心灵的跳动，体悟人性所能达到的道德高度，意义自不待言。

4. 意志薄弱之后的教育契机

人不是神，都有意志薄弱的时候。有这样那样的意志薄弱并不可怕，关键是意志薄弱发生之后，我们能从中获得什么。如前所论，意志薄弱发生之后，主体或者是感到后悔、内疚或羞耻，或者是为自己的意志薄弱找理由，使其合理化。后悔、内疚、羞耻又有两种发展方向，一种是由此形成强大的改过迁善的动力，为后续意志薄弱的克服创造条件；一种是忍受不了后悔、内疚的折磨转而去寻找借口，为自己的意志薄弱开脱。

有些人在意志薄弱发生之后，更可能产生后悔与内疚的情感，有些人则更可能给自己找借口。为什么会有这样的差别呢？根本原因在于道德诚实（诚意），即是否能够面对真实的自己，是否能够不自欺。由此出发，培养学生学会自省，能够与真实的自己对话，是克服意志薄弱的一个教育努力方向。

---

① 高德胜：《"接童气"与儿童经验的生长：小学道德与法治教材对儿童的处理》，《课程·教材·教法》，2018 第 8 期，第 11—20 页。

② ［法］亨利·柏格森：《道德与宗教的两个来源》，王作虹、成穷译，贵州人民出版社 2000 年版，第 30—40 页。

引导年轻一代学会"关心自己"，关心自己的心灵，是教育"本心"之所在①。可惜的是，现代教育过于关注外在世界，在很大程度上遗忘了教育的"本心"而不自知。

后悔、内疚是成为改过迁善的力量，还是走向为自己的行为寻找借口，关键靠主体自身。虽然存在着双向的可能，但教育还是要以积极的眼光看待年轻一代，相信他们中的多数人，在多数情况下，都能够化后悔与内疚为克服意志薄弱的力量。这种积极眼光看似简单，实则意义重大。因为这积极眼光实际是一种信任，一种托举他们走向正道的力量。信任之外，一种允许学生犯错误的教育氛围也很重要。我们每个人都是在犯错误中成长的，学生犯了一个错误，就被否定了，就会形成一种恐惧性的心理氛围，就会激发学生为自己的错误寻找借口，将学生推向反面。在美国的一个教室里有这样一个标语："每一个人都有犯错误的权利。"我们可以不赞同如此直接的表达，但不能不思考这类标语所体现出的教育观念。

当然，当学生存在意志薄弱问题时，给予适当引导也是很重要的。这种引导起到的是"拉学生一把"的作用，教育本来就有"伸手拉"（educere）②的含义。至于如何"伸手拉"，那是实践智慧，需要结合具体情境来具体实施。这里面的一个关键问题是，学生意志薄弱之后的后悔、内疚或者是合理化，往往是内在心理过程。教育者如果把握不了，即使是想去"伸手拉"也无从拉起。由此看来，师生交心的关键在于教师要成为学生信任的亲近之人，只有成为亲近之人才能了解学生的内在心理困惑，才有"伸手拉"的机会。当然，间接引导也有一定的意义，比如，教材和教学中关于意志坚强、诚实面对自己、改过迁善的他人叙事，都可以给学生以参考与示范。

---

① 高德胜，安冬：《关心你自己：不能失落的教育之"本心"》，《教育研究与实验》2018 年第 2 期，第 7—14 页。

② ［法］米歇尔·福柯：《主体解释学》，佘碧平译，上海人民出版社 2005 年版，第 145—141 页。

第三章 教育：道德恶的抵抗

　　教育是向善、为善的人类活动。正因为如此，教育也是去恶、除恶的活动，因为向善、为善与去恶、除恶是一体两面的。但纵观教育，尤其是现代教育，我们不难发现其对恶采取的是一种"鸵鸟"态度。教育话语，包括教育研究话语，被良善、德性、价值所充斥，恶、道德恶在教育话语中难觅踪影，似乎后者在教育领域不存在，或者即使存在，也是无关紧要的，不值得投入心力去关注、去研究。这种"鸵鸟"态度，与教育的虚荣有关。古今中外，无论教育的真实处境到底如何，人们对教育的赞誉从来都没有停止过。甚至，在教育地位最为低下的时候，对教育的虚赞却最为高调，诸如"太阳底下最光辉的职业"之类。长期处在这种赞誉之下的教育，或多或少地沾染了一些虚荣，阔谈良善，避谈丑恶。当然，教育对恶的这种"鸵鸟"态度，根本的原因在于我们对恶知之甚少。对恶避而不谈，不单发生在教育领域，也发生在哲学和伦理学领域。1945 年，阿伦特曾经预言，恶的问题将成为战后欧洲知识生活的基本问题，但事实并非如此，她的预言可悲地落空了[①]。这

---

　　① Susan Neiman，Evil in Modern Thought：An Alternative History of Philosophy，New Jersey：Princeton University Press，2002，p. 2.

里面有心理问题，即由于恶的可恶性，除非迫不得已，人们，包括人文社科学家，总是本能地回避与恶照面；也有无知的问题，即人对恶虽然有真实感知和切身体会，却缺乏关于恶的知识，对恶知之甚少，甚至是完全无知。教育领域少见对恶与道德恶的研究，关于恶的知识匮乏，结果就是即使想去面对恶、研究恶，却没有关于恶的知识与思想基础。就当代中国而言，改革开放之后，鉴于"左"倾教育对人的禁锢，学界大力呼吁教育和道德教育的发展性功能。在当时那种特定的历史条件下，不谈恶，突出教育和道德教育的发展性，当然是正确的。但长期如此，也为教育避谈恶、不关注恶，不发挥教育的去恶、除恶功能留下了生长的空间和土壤。

教育对恶的这种鸵鸟态度，后果不言而喻。显然，如果不努力去恶、除恶，向善、为善的努力就可能是白费功夫，因为这些努力的效果很容易被恶所抵消。而且，由于对恶缺乏敏感与警惕，自以为是向善、为善的活动都可能起到助恶的作用。更危险的是，恶不是外在于个人、外在于教育的一种客观化、对象化存在，而是内在于每个人、内在于教育的存在，对恶的回避与盲视，实际上就是对恶的纵容。在极端的情况下，作为善的事业的教育，甚至可以转化为作恶的工具，"教育善"甚至会变成"教育恶"。即使再犯阿伦特式的预言错误，我们还是要预言，对恶的探索与对善的探索一样应该成为今后教育研究的主题之一。

一、道德恶及其形态

恶（evil）在英语中的本意是"过多、过分、过限"（too much，exceeding due measure，over limits），在恶的日常概念中依然有所体现，英语中恶的日常意义就是对社会普遍接受的界限的偏离，就是对平常的、规则性的人类互动的破坏[①]。这与古汉语是相通的。《说文解字》对恶的解释是"过也。

---

① Renée Jeffery，Evil and International Relations：Human Suffering in an Age of Terror，New York：Palgrave Macmillan，2008，p. 14.

从心，亚声"，清代段玉裁的注解说，"过也。人有过曰恶。有过而人憎之亦曰恶"。汉语中的"过"不仅指过度、过分，还指过错、罪过，当然，过度、过分本身也是过错、罪过的一种表现。

过分也好，过错也好，都是对人之心灵与行为状态的描述与判断，也就是说，是人的过分或过错。不难看出，从词源的意义上看，恶与道德恶（moral evil）是一回事。这也与对恶的前宗教理解相一致。亚里士多德将恶与道德德性相对，认为恶就是道德德性的反面，"德性是与快乐和痛苦相关的、产生最好活动的品质，恶是与此相反的品质"[①]。中国传统伦理文化中历来有"性善""性恶"之争（这里不论这种论争的是非），将善与恶并置，业已表明对恶的理解也是限于道德范围的。孟子主张性善，在他那里，恶就是对本性、本心的迷失与放弃，恶即道德恶。荀子主张性恶，"所谓恶者，偏险悖乱也"（《荀子·性恶》），也是指人的心与行之状态、性质，恶与道德恶也是一致的。儒家伦理将恶与道德恶等同，从人的视野去审视恶的传统，绵延承继，直至今日。比如，新儒家代表之一唐君毅认为，恶就是贪欲的放任，"罪恶自人心之一念陷溺而来"[②]。

在西方，自古罗马后期，对恶的理解从道德恶的语境抽离而进入宗教语境，恶从一个伦理问题变成了一个神正论（Theodicy）问题。"恶的问题"（problem of evil）是神正论必须回答的核心问题，即既然上帝是全善全能的，恶为什么还能在人世间存在，甚至大行其道？有人说对这一明显悖论性问题的回答锻炼了欧洲人的心智，对欧洲人哲学思考的深度扩展意义重大。每一种回答，在宗教之外的人看来，都是有内在矛盾的，但在回答者自身看来则都是严密自洽的，因为他们有信仰，他们可以用信仰来化解内在的矛盾。神正论的一个思路就是将恶与全善、全能的上帝区分开来，将恶实体化，即撒

---

① ［古希腊］亚里士多德：《尼各马可伦理学》，廖申白译，商务印书馆2010年版，第40页。

② 唐君毅：《道德自我之建立》，广西师范大学出版社2005年版，第132页。

旦（Satan）是恶的化身，是与上帝对抗的力量。这是对善恶的一种二元论解释，即善来自于善，恶来自于恶。这种解释虽然撇清了恶与上帝的关联，但将撒旦（在旧约中只是上帝的使者）抬高到上帝的对立面，却损害了上帝的全知全能。拉丁神学派的德尔图良（Tertullian）就认为撒旦不是上帝的对手，撒旦也不是恶之源，恶来自于人与天使之罪（the sins of both humans and angels）。这一回答在维护了上帝的全能的同时，又损害了上帝，因为即使恶来自于人与天使之罪，那么全能的上帝为什么容许恶存在？他的解释，是上帝让恶存在，因为只有借助于恶，人才能理解善。奥古斯丁（Augustine）则更进一步，只从人的角度来解释恶，即"恶是善的匮乏"（evil as privation of good）。恶不是来自于上帝，而是来自于人自身，来自于人的意志，是人放弃了善，进而成就了恶，因此人应对恶负全部责任。这里的问题是，全善的上帝为什么会创造易被恶所感染的人？他的回答是恶易感染性是人向上帝忏悔的机会，是与上帝建立真正联系的关键。如果循此追问，人的恶易感染性来自于上帝，那么归根结底，恶还是来自于上帝①。

神正论关于恶之源的论证，越是接近近现代，越是指向人。也就是说，在神正论内部已经孕育了对神正论的突破。突破点是 1755 年的里斯本大地震。里斯本大地震在一定程度上动摇了神正论的根基，在神正论的框架内，这样的悲剧很难得到充分的解释。里斯本大地震让人们认识了一种不同的恶，即自然恶（natural evil）。这种非人力所导致、所控制的恶与源于人的道德恶（moral evil）性质完全不同。对自然恶，有限的人能做的极为有限，人首先应该面对的是道德恶。"卢梭是第一个将恶作为哲学问题的人。"② 实际上，在卢梭之前，莱布尼茨已经开启了关于恶的世俗化探索，与神正论的问题"全善、全能的上帝为什么容许恶的存在"不同，莱布尼茨的问题则是"理性的人为

---

① Renée Jeffery, Evil and International Relations: Human Suffering in an Age of Terror, New York: Palgrave Macmillan, 2008, p. 43.

② Ibid., p. 67.

什么会作恶"。与莱布尼茨一样，卢梭也认为恶不是来自于上帝，而是来自于人，"上帝使一切尽善，人的胡作非为搅乱了这一切，并使之成为恶"①。

康德完全走出了神正论的框架。他对恶的思考有两个极为重要的贡献，一个是对人的道德主体（moral agency）地位的确认，即人是道德主体，善恶问题是人的问题，无须借助上帝的参照。成为善的或是恶的，都是人自身的选择，人要为自己的这种选择负完全责任。"在道德意义上，在善或恶这两种状况之间，无论人是什么或将成为什么，都必须由人本身造就，或者必须是他本身已经造就的。"② "因此，道德为了自身起见，绝对不需要宗教。相反，借助于纯粹的实践理性，道德是自给自足的"③。以前的哲学家包括卢梭也说过恶是人的问题，但依然有维护上帝、为其开脱的意味，只有康德，直接明了地说，道德是人自身的事情，我们可以在人自身的世界里处理道德问题，根本不需要上帝和宗教的参照。

康德的另一个贡献则是提出"根本恶"（radical evil）概念。但"自康德使用'根本恶'这一表述之后，它已成为令人迷恋与困惑的根源。迷恋是因为我们发现，康德意识到一种超越传统概念的恶；困惑在于，它到底是什么意思?"④ 康德的根本恶超越传统的地方在于，从人性和人的自由的角度、从人的道德主体地位的角度来思考恶，完全没有神正论的负担。而且，在他看来，恶的根源，既不是人的自然倾向，也不是人的理性，而在于人的意志（will）。虽然自然倾向隐含着恶的可能，但在康德看来，恶不是来自于人的自然倾向，相反，人的自然倾向基本上是善的。康德宣称，"自然倾向就其本身来看是善的，也就是说，是无可指责的，企图根除倾向，不仅是徒劳的，而

---

① Ibid. ，p. 68.

② ［德］康德：《单纯理性限度内的宗教》，李秋零译，商务印书馆 2012 年版，第32 页。

③ 同上书，序言第 1 页。

④ ［美］理查德·J. 伯恩斯坦：《根本恶》，王钦、朱康译，译林出版社 2015 年版，第 12 页。

且是有害的和应予谴责的"①。理性使人意识到道德法则，或者说理性是人的道德器官，是人避恶向善的禀赋。人能够意识到道德法则，却又能够不遵守道德法则，关键点在于人的意志。选择遵守道德法则，就是选择了善；选择不遵守道德法则，就是选择了恶。康德认为，人是有自由选择能力的行动者，能够在遵守或不遵守道德法则之间做出选择，这是人之自由的体现，也是人承担责任的前提。如果没有这种选择自由，或者说人都能够自动化地遵守道德法则，那人就算不上自由行动者，算不上道德主体，也就不用承担道德责任。由此看来，人有选择恶的能力与可能性，这是康德思考恶的一个创新，也是对莱布尼茨"理性的人为什么会作恶"问题的解答。当然，康德对人性还是充分信任的，虽然他相信作为道德行动者的人需要具有选择恶的能力，但人在选择时不是无所偏向的，而是偏向于遵从道德法则。综上所述，人有趋善的禀赋，也能意识到道德法则，但并不总是选择道德法则，有漠视道德法则、采用恶的法则的可能、能力、实践，这就是根本恶。

康德根本恶的另一个重要维度在于"意图"或故意。康德判断一个行为是恶的或是善的，不看行为本身，而看行为是依据什么法则做出的。同样，判断一个人是好人还是坏人，不看其行动之性质，而是从这些行动中去推断其所遵循的法则是善的还是恶的。所谓恶人，就是不能把义务的思想或对法则的尊重变成一个行动的充分动因的人。在这个意义上，康德是道德严格主义者。比如，他对同情的理解就与我们对道德的直觉理解大相径庭。在他看来，一个人基于同情倾向愉快地帮助他人与一个人基于道德义务、遵循心中的道德法则去帮助人完全是两码事，前者不仅算不上道德，甚至是道德的反面。因为纯粹基于同情而助人，这时助人者优先考虑的是自己的同情心，是一种自我内在感情的满足，虽然从实际效果上看值得肯定，但从法则和义务

---

① ［德］康德：《单纯理性限度内的宗教》，李秋零译，商务印书馆 2012 年版，第45 页。

的角度看，却没有道德价值①。从理性出发，人能知善，即能够意识到道德法则，那么就应该行善，即按道德法则的要求行事。如果知善而不行善，或者说意识到了道德法则而不遵循道德法则，反而让恶的法则起主导作用，显然是主观意图或故意在起作用。虽然具体情境可能千差万别，但总起来看，恶都有人的意志选择，都有人的主观意图，都是一种故意。

恶或者说根本恶根源在哪里呢？康德依然是从人自身去找，而不是从外在或超验那里去找：一是"人性的脆弱"，即人意识到了道德法则，甚至有实行道德法则的意愿，但并不能总是依道德法则行事，体现出一种软弱性；二是"不洁"，即人的行为有多种动因，包括道德的与非道德的，且经常将这些不同性质的动因混淆；三是"人心的恶劣"，即用非道德法则代替道德法则②。康德从恶的根源的角度，再一次论证了关于恶的两个特性。一个是恶的根本性，即恶是与人性相连的，恶植根于人性深处。根本性的另一个含义是普遍性，即恶不是少数人的特性，不是一种脱离于人而独立存在的实体，而是与我们所有人都相关。也就是说，向恶的品性是每个人都有的，在最好的人那里也一样存在。另一个则是恶的意图性，即无论是人性的脆弱与不洁，还是人心的恶劣与败坏，都有人的意志在起作用，都是人的一种"选择"（不一定是清醒意识的选择）。

康德根本恶的概念对恶的理解具有里程碑式的意义，但到了现代，这一概念的解释力已经越来越显得捉襟见肘。如果说里斯本大地震促发了神正论的解体，那么奥斯威辛的大屠杀，则激发了对康德根本恶的怀疑。康德接续的古典传统，重新树立人的道德主体地位，认为无论是行善还是作恶，都是人自己的选择，都与人的主观意志、意图相关。而大屠杀却暴露出康德根本

---

① ［美］理查德·J. 伯恩斯坦：《根本恶》，王钦、朱康译，译林出版社 2015 年版，第 20 页。

② ［德］康德：《单纯理性限度内的宗教》，李秋零译，商务印书馆 2012 年版，第 14—15 页。

恶没有关注到的恶的新面相：一个是作恶的主体不限于人，而是一套机制或体制，其作恶的能力远远超出个体的人；另一个是作恶的意图与动机，在一些情况下，作恶者并没有明显的作恶意图。

基于对现代社会的洞察和对道德恶的敏感，阿伦特发现了另外一种截然不同的根本恶。阿伦特认为，西方思想中有一个先入之见，即从人性弱点、人的自私性中去寻找恶的根源，她发现了一种与人性弱点"没有任何关系的"根本恶："我不知道根本恶究竟是什么，但在我看来它与下述现象有关：把人变成多余的（不是把人作为手段以达到某种目的——这样的做法至少还保留了人之为人的本质，仅仅触犯到人性的尊严；相反，我说的是使人成为多余的东西）。一旦所有的不可预期性（在人类这里，不可预期性等同于自发性）被消除，这件事就发生了。反过来，所有这一切都源自（或者更好地说是伴随着）一个假象，即个体的人无所不能（不仅仅是权力的贪欲）。"①

阿伦特的根本恶思想，建立于她的独特人性观基础之上。第一，在她看来，人的本性不在其他，而在于人的复数性，即每个人都是不一样的，每一个人都不能用另外一个人来代替。从单个人来看，人也是复数性的，是"一而二"的，即表面上是"一"，但实际上是"二"，因为人有反思性，可以与自己对话，没有这种内在对话，人就会陷入一种"无思"状态，就会失去人之本性。从人际的角度来看也是如此。如果人与人趋同，可以互相替代，就会失去人的复数性，就会失去人之本性。第二，人具有不可预期性（自发性），即人是根据自己的思考对每一种情景做出判断的存在，不是完全可预测、机械应答式的存在。复数性的消失与不可预期性的消失是同一个过程。第三，与人的复数性消失，即与多数人的无关紧要和可替代性相反的是个别人、少数人的无所不能。这种结构，类似于一神教。在一神教中，唯一的神无所不能，而众人变得多余。同样，一个人或少数人无所不能，那么众人则

① ［美］理查德·J. 伯恩斯坦：《根本恶》，王钦、朱康译，译林出版社 2015 年版，第 253 页。

变得多余。阿伦特所指称的这种恶，之所以是根本的，一方面在于将人变成多余的，将人变成非人的存在，这本身就是对人性尊严的冒犯，本身就是一种巨恶；另一方面，变成多余的人，更容易被那所谓无所不能的人利用，成为对自身、对其他群体犯下滔天罪行的帮凶和"凶器"。

阿伦特是康德之后，对道德恶的思考最有贡献的哲学家。她的贡献不仅在于发现了完全不同于康德的另一种根本恶，还在于对"平庸的恶"的发现。阿伦特从艾希曼身上发现了一种新的恶的形态，即从作恶主体来看，作恶者不是十恶不赦的恶魔（moral monster），而是寻常人；从作恶动机来看，作恶者往往并没有康德根本恶所具有的明显的意图与动机，在受害者身上发生的那种伤害与痛苦并不是作恶者想要的结果；从作恶行为的发生来说，恶行没有任何难度，是如此的轻易可为，轻易到不需要任何特别的品性，我们每一个人都可为之。将恶与平庸相联系，用平庸来限定恶的性质，很容易导致一种误解，好像恶是无关紧要的。实际上，阿伦特只是用平庸来描绘作恶者及其作恶方式，并不否认这种恶的巨大危害。相反，她意在揭示一种"寻常人的不寻常之恶"（the extraordinary evil of ordinary people）[①]。在她看来，正是这种平庸之恶，才是惨绝人寰的大屠杀得以发生的社会土壤与人性基础。

这种恶之所以是平庸的，根本的原因在于作恶者的"无思"（thought-lessness）。阿伦特从苏格拉底那里得到启示，认为人是"一而二"的，即人可以与自己对话。从现实世界中脱离，进入一个想象的内心世界，与自己对话，就是阿伦特意义上的思考，也是人之为人的一个显著特性。思考，或者说内心对话，以记忆为基础，是对自己所作所为的一种再现，正是在这种再现中，我们受到了一次又一次的拷问：这是我的行为吗？符合我的自我认同吗？这样的事情我能做？在阿伦特那里，思考的过程也是人格建构的过程，没有思考，人格就建构不起来。"无思"就是不思考，就是没有内心对话，不

_____

① Renée Jeffery，Evil and International Relations：Human Suffering in an Age of Terror，New York：Palgrave Macmillan，2008，p. 118.

在内心面对自己，没有精神生活，只为生存的逻辑而活动。"无思"导致人的表面化，使人失去作为人应该有的深度，萎缩为一种生存生物；"无思"也使人失去道德约束，失去在内心告诉自己"我不能……"的能力。我们对"道德恶魔"厌恶至极、戒备有加，但"令人悲哀的真理乃是，大多数恶行是由那些人犯下的，他们从没有认真思考过要做好人还是要做坏人的问题"①。平庸的恶这一概念所要关注的，正是这些不思考也并不邪恶的普通人，他们没有作恶的特殊动机，却可以做出无限的恶，而且因为没有思考，并不清楚自己所作之恶，更谈不上内疚与良心的折磨。

鲍曼关于恶的思想深受阿伦特影响，关于作恶意图，他站在阿伦特这一边，而不是康德那一边，同样认为人们在没有邪恶意图的情况下可以做出邪恶的事情，犯下滔天罪行。在鲍曼看来，过去时代从人的情感、欲望等方面去探寻恶的根源，这种做法已经解释不了现代社会的作恶现象。诸多现代社会的恶本身不需要动机与情感，因为动机和情感一方面是奢侈而多余的，另一方面也是不可靠的。比如，在纳粹大屠杀过程中，再邪恶的心灵都有颤抖的时候，再罪恶的手都有举不起屠刀的时候，而运行良好的官僚体制却从来不会有这样软弱的时刻。但鲍曼不同意阿伦特关于"无思"的说法，他认为在现代官僚制度中如鱼得水的官员必须是"深思熟虑"的，他们需要排除一切无关因素的干扰，以最快速、最廉价、风险最小的方式去完成任务，事实上，官僚体制需要理性计算的大师。因此，"由官员执行和完成的灾难的特点与其说是陈腐，不如说是理性"②。正是在这个意义上，鲍曼界定了一种新型的恶，即"理性的恶"。

---

① ［美］汉娜·阿伦特：《责任与判断》，陈联营译，上海人民出版社2011年版，第146页。

② ［英］齐格蒙特·鲍曼：《流动的恐惧》，谷蕾、杨超等译，江苏人民出版社2012年版，第69页。

二、在恶的诸形态之间

人类生存与发展的历史始终是有恶的历史，但我们对恶的认识却很有限。鲍曼干脆说："'什么是邪恶？'这个问题无法回答，因为我们一般称之为'邪恶'的那类错事，我们既无法准确理解它，也无法把它说清楚，更勿论把它的存在令人满意地解释清楚了。我们将一件错事称为'邪恶'，正是因为它看不透、说不清、道不明。"① 这一观点在伯恩斯坦（Richard J. Bernstein）那里得到共鸣，后者同样怀疑有一种理论能够完整解释恶是什么，哲学家所要做的就是对恶的类型进行描述，而且这种描述也是有限的，一方面我们无法预料恶在将来会有什么样的新形式、新变体；另一方面，"存在着多种类型的恶，它们没有共同本质"②。

果真如此吗？如果各种类型的恶没有共同的本质，那么为什么都能用"恶"这一概念或术语来指称呢？这里面显然有逻辑矛盾。"多种类型的恶之间没有共同的本质"这一判断固然有其现实性，但如果我们被其所束缚，也就意味着失去了对恶进行深入理解的机会。事实上，如果我们能尝试梳理各种恶之间的关系，不但能够加深对已有类型的恶的思考，也有助于去探索恶的新形式、新变体。

如前所论，撇开宗教视野，从最宏观的维度看，存在两种类型的恶，即自然恶与道德恶。自然恶只是我们从人的感受与立场出发的一种比喻，如果超脱人的感受与立场，所谓自然恶是否存在，都可存疑。因为一些自然现象对人类造成了伤害，我们将自身的感受与情感投射到这些自然现象之中，称之为自然灾害、自然恶。其实，单纯从自然出发，这些所谓的自然灾害也许

---

① ［英］齐格蒙特·鲍曼：《流动的恐惧》，谷蕾、杨超等译，江苏人民出版社 2012 年版，第 60 页。

② ［美］理查德·J. 伯恩斯坦：《根本恶》，王钦、朱康译，译林出版社 2015 年版，第 275 页。

只是自然的自在演化而已，既无"主观意图"，也不可进行价值判断，无所谓善与恶。因此，我们可以撇开自然恶，只聚焦于道德恶。

如上所论，道德恶又有根本恶、平庸恶、理性恶等几种形态，其中根本恶又有康德的根本恶与阿伦特的根本恶之分。这些形态的恶，之所以"成型"，无非是从意图、主体、根源等维度抽出其某一方面的特征而已。比如康德的根本恶，重在人性和意志（意图），是从恶的根源性与意图性来加以界定的。阿伦特的根本恶与康德的根本恶完全不同，甚至格格不入，好像真的"没有共同的本质"，原因在于阿伦特不是从意图或根源的角度去界定根本恶的，而主要是从在人那里产生的后果（变得多余）去界定根本恶的。而阿伦特对平庸恶的界定，维度又有了变化，是从作恶主体的特性来对恶进行界定的。由此看来，这些恶的形态之所以看上去"没有共同的本质"，是因为界定标准、维度不同。

先看恶的主体，即谁是作恶者。从自然恶与道德恶的区分来看，自然和人都能作恶，都可以是作恶的主体。自然恶只是人的一种感情投射、感情附加，从无神论的角度看，自然没有意图，那些对人造成伤害的自然现象只是天然现象而已。从这个角度讲，将自然视为作恶主体，是冤枉自然。既然自然不是恶的主体，那么恶的主体只能是人。人有多种存在形态，包括个体的、群体的、人类的。显然，个体可以是作恶的主体，阿伦特的平庸恶，其主体就是个体的人。在恶的对象化思考中，个体作恶得到的关注最多，普通人作恶是平庸的恶，罪大恶极者则被冠之以"恶魔"称号。人是多维、多元的存在，从人诞生的那一天起，人就既是个体的，又是群体的。人有群体归属需要，有群体依附性，所以总是在下意识里预设群体比个体好、比个体善。如果我们说，群体可以为善，也可以作恶，虽然这是事实，但对很多人来说，并不那么容易接受。事实上，人类历史上的很多大恶、巨恶都是群体犯下的，是群体之恶。因此，与个体一样，群体也可以是作恶的主体。阿伦特意义上的根本恶，其主体虽然并不单一，但基本上可以算是群体。阿伦特的根本恶，即多数人变得多余，这变得多余的人，虽然是受害者，是别人作恶导致的，但也可能因此变成了作恶者，可以成为巨恶的群体力量。至于使多数人变得多余的那些全能的少数人，则是个体的作恶者。当然，阿伦特在论述根本恶的概念时，没有将根本恶的两种主体，即个体主体和群体主体区分开来，而是在一个机制性框架即极权主义内进行思考。也就是说，她是把群体的结合方式，即极权主义作为作恶的主体。与她这种思考方式相类似，鲍曼也是将群体的结合方式，即官僚主义机制作为作恶主体，他的理性之恶，其主体既是群体，更是群体的结合方式。

人的独特性还在于人可以站在人类的高度去思考，人有个体生活、群体生活，也可以有人类层次上的类生活。群体可以作恶，可以是恶的主体，那人类呢？康德的根本恶回答的就是这个问题："根本恶是一个类概念；它被织入了人性之锦，普遍适用于所有人，我们都有一颗'为恶之心'。"[①] 所谓"为恶之心"，所指不是事实，而是可能性，即人有作恶的能力，至于是否让这种能力变为现实，关键还看个人自身。由此看来，康德的根本恶，其主体既可以是人类，即我们都有作恶的能力，也可以是个体，即事实上作恶与否，只取决于个人自身。康德在论述根本恶时，也是在人类和个体之间游走，比如，他的根本恶特别强调"意图"，一旦涉及意图，根本恶的主体就从人类转移到了个体。

再看根源，即恶来自哪里、为什么会存在，或者说"理性的人为什么会作恶"。从思想史上看，将人的自私、贪欲作为作恶之根由的思想由来已久，确实，几乎所有的恶都与人性的这种弱点有直接或间接的联系。康德一方面认为能在善和恶之间进行选择（能选择善，也能选择恶）是人之为人的标志。另一方面，又认为人意识到了道德法则却可能选择恶的根源在于人性的软弱、不洁、败坏。从后者看，康德关于恶的根源的思想与思想史上的由来已久的

---

① ［美］理查德·J. 伯恩斯坦：《根本恶》，王钦、朱康译，译林出版社 2015 年版，第 39 页。

观念没有什么区别。如前所论，阿伦特的根本恶，有两种主体，一种是使多数人变得多余的少数人，比如独裁者或极权主义者；一种是变成多余的多数人。对于前者作恶的原因，我们可以从人性的贪欲维度来寻找，即这些人往往有更强的权力欲、控制欲，甚至是变态的心理与个性。但如果只停留于此，显然不够。从历史事实来看，这些独裁者、极权主义者往往会借助更高、更加神圣的理由，给自身涂上一层神圣的光彩。人是有限的存在，却对无限有着无限的向往，总是渴望不朽。这些被常人视为恶魔的独裁者、极权主义者，对其所推崇的神圣理由，可能并不是抱着工具化的态度，即拿其来欺骗众人，可能真是对之深信不疑的。在这些所谓神圣理由的推动下，他们把作恶当成为善，甚至在作恶的过程中体会到一种献身伟大事业的神圣感。人毕竟是道德存在，作恶多端在伤害别人的同时也是对自身作为人的资格的否定，所以总得用神圣的事物来"洗白"自己的恶行。因此，一个悖论性的现象出现了：作恶者往往不但不认为自己在作恶，反而以为自己在为善。至于被变得多余的多数人，他们本身被消除了人的特性，本身就是根本恶的受害者。这众多的受害者在成为作恶的帮凶的时候，其作恶的根由，既有人性的自私与软弱，也有对神圣事物的向往（或者说是被神圣性所魅惑），更有对群体的依附性。

人有自我意识，能够意识到自身的独特性，能将自己与他人区分开来，有独立自主的本能性需要；人又是群体的，必须将自己融入群体之中才能生存，有群体归属的本能需要。在个人自主与群体归属之间保持一定张力，达至平衡，乃是一种理想的状态。个人自主过于极端化，失去了群体约束，自主就会走向自私，人性的贪欲就会泛滥，各种人性之恶就会获得"滋养"进而泛滥成灾。对于这一方向的恶，思想者和普通大众都有所认识、有所警惕。但对于另一个方向上的恶，即因群体依附而导致的恶，我们却缺乏深入认识和应有的警惕。个人的自私与贪欲可以成为恶的根源，群体的自私与褊狭同样可以成为恶的根源。如前所论，人是道德存在，天生的道德感是阻止人去作恶的"人性器官"。比如，作为人，我们都对同类的流血、痛苦、死亡有一种生理性的反应,这就是阻止我们同类相残的"天然装置"。但在一些情况下,对群体的依附可以让人毫不费力地克服"天然装置"的限制。也就是说,人的"天然装置"和良知判断可能与群体选择相冲突,在这种情况下,很多人为了不被群体排斥而选择与群体保持一致,哪怕是一起犯下巨恶和重罪也在所不惜。

阿伦特所说的根本恶,那些让多数人变得多余的少数人,利用的就是人的这种群体依附性,总是以神圣的、群体的名义去魅惑、挟持众人;那些变得多余的多数人,虽然本身是受害者,其成为帮凶或作恶者的根源一方面原因是自私,对自我保护的考虑超过对道德的坚守;另一方面则是对群体的依附,即跟随众人,以多数人的行为取向与行为方式为标准。阿伦特所说的平庸的恶,其根源同样在于这两个方面。作为平庸的恶的典型代表,艾希曼没有邪恶动机,没有折磨、屠杀犹太人的渴望,只是想挣钱养家,获得仕途升迁。阿伦特将他的状况归结为处于一种"无思"状态,即没有内心对话,不再面对真实的自己。也许她在总体上是对的,但作为人,艾希曼肯定有自己的思考或闪念,在这种思考中自私的考虑,即挣钱、升迁的考虑超过对他人生命的考虑。艾希曼把毒死犹太人当作日常工作,单有自私的考虑显然并不充分,他克服作恶罪感的强大力量来自群体,即相信自己是在完成神圣的群体交给他的神圣使命。即使偶有怀疑,但周围的人都在如此行为,都在干着类似的事情,也就心安理得了。鲍曼所说的理性之恶,如果分析其中的人之恶,其根源基本也是如此,即一方面是出于自我利益的算计,另一方面则是对群体及群体结合方式的依附。

群体自身不但可以作恶,还可以为个体作恶提供依据,使个体之恶得到合理化。因此,我们既要思考"理性的人为什么会作恶",也要思考"高于个体的群体为什么也会作恶"。我们一般都预设群体比个体可靠、高尚,但事实并非如此。从人类发展的历史来看,在远古时期,个体之间的关系不是竞争主导的,而是合作主导的,这也是群体内道德得以产生的人际基础;与之相反，群体之间的关系从一开始就是竞争性的，因为从诞生的那一刻起，人就脱离了动物界，所有的动物都不再是人的对手，能够威胁人的只有其他人类群体。因此，从一开始，人类不同群体之间的关系就是竞争性的，甚至是你死我活的。如果说群体内遵从的是道德逻辑的话，群体外、群体间遵从的则是排斥与仇外、战争的逻辑。为了本群体的生存与发展，消灭竞争性、敌对性群体是非常勇敢而道德的事情[①]。阿伦特所说的根本恶，其两种主体作恶的原因虽然大不相同，但都有群体性根源，即对其他群体的排斥与敌对。阿伦特所说的平庸的恶，虽然可以发生在群体内部，但如果与群体间的排斥与对立结合起来，则更容易大行其道。鲍曼所说的理性之恶同样可以发生在群体内和群体间，如果发生在群体间，则障碍更小。

最后看意图或动机。康德是道德严格主义者，认为恶一定是主体有意为之或者说是法则选择的结果。大屠杀之后，诸多人都认为康德的理论无法解释新出现的恶，比如后来被阿伦特所定义的平庸的恶。确实，从意图的角度看，恶有两种，一种是"有心之恶"，一种是"无心之恶"。所谓有心之恶，就是明显有意图的恶，即作恶主体故意为之，对受害者的伤害也是作恶者想要的结果。按这个标准来衡量，两种根本恶大体上属于有心之恶。需要说明的是，康德所说的"有意"，不是我们日常意义上的"有意"，而是指主体对道德法则或非道德法则的选择。也就是说，即使作恶者并没有明显的意图去作恶，但作恶行为已经证明其选择了非道德法则。从这个角度看，康德意义上的根本恶，可能是明显的有心之恶，也可能是无心之恶。阿伦特意义上的根本恶，对那些无所不能的少数人来说，显然是有心之恶，即这些人有明显的故意使多数人变得多余；对那些被动成为多余的人来说，他们成为受害者和帮凶都不是主动选择的，可以说是无心之恶。阿伦特意义上的平庸之恶和鲍曼意义上的理性之恶，大体上可以归为无心之恶。阿伦特特别强调平庸的

---

① 高德胜：《道德教育的时代遭遇》，教育科学出版社2008年版，第71页。

作恶者本身没有作恶动机，并不直接渴望对受害者造成伤害。但仔细分析，这种"无心"之中其实也是"有心"的。第一，按照康德的法则选择原理，这些人其实是选择了非道德法则；第二，这些人不是完全"无思"，而是将自身私利，比如个人生存与升迁看得比别人的生死还重要。因此，平庸之恶看似无心之恶，但无心之中其实有心。理性之恶的个人主体，其动机与平庸之恶的个人主体类似，看似无心，其实有心，即对个人利益的考虑超过了道德考虑。理性之恶的群体主体，则可能是有心的，也可能是无意的。群体作恶往往是有意为之的，虽然总是借神圣之名。但群体的运作有一个机制，而这机制一旦运行到一定阶段，则可能会脱离人的意志，会带来无意之恶。

综上所论，从不同维度界定的恶，看似"没有共同的本质"，其实还是有"共同的要素"，即符合最基本的条件才能称之为恶。第一，恶都是有主体的，或者说恶都是人做的。当然，人有个体、群体、人类等不同的层次，甚至人的结合方式也可以成为恶之主体。第二是恶行，即错误的行为。第三个是后果，即一个行为客观上是否是恶的，关键在于是否造成伤害性后果。伤害的承受者主要是他人，既包括个体，也包括各种层次的群体。当然，在有些情况下，伤害的承受者也可以是作恶者自身，即自己对自己造成伤害，这也是一种恶。

在新的历史时期，我们必须将自然纳入关于对恶的思考之内。过去有自然恶的概念，从人的角度看，所谓自然恶确实可以给人造成巨大的伤害；过去时代的道德恶，从自然的角度看，可能伤害性还不那么明显，如今的道德恶，则在伤害人类的同时，也对自然造成巨大的伤害。也就是说，如果一种行为对自然造成了不必要的、巨大的伤害，那么我们就可以判断这是一种恶的行为。这是恶的构成性要素，只要符合这些要素，恶就成型了。至于意图，并不是构成性要素。但人是有意识的存在，行为总是与意识、意图相联系。恶有有心之恶和无心之恶之分，"有心之中无心"和"无心之中有心"的情况都是存在的，但总体来看，所有的恶都有直接或间接的意图性。至于人及人类群体为什么作恶，不外乎个人的自私与贪欲，对群体的依附、对神圣性的向往与服从、群体的自私与排斥等。

三、现代教育与"根本恶"的诱惑

很多哲学家都认为恶是不可能根除的，因为人是有限的存在，不可能达到无恶这个仅属于神的境界。即使如此，人与恶的斗争一刻也不能停止，否则善就会隐而不彰，就会被恶所淹没。正是在与恶的斗争中，善才得以成长壮大。教育有多种功能，但向善除恶应该始终是教育的根本价值定位。人类及其活动的复杂性就在于，以除恶为己任的教育事业，却也可能走向自身使命的反面，成为一种孕育恶的温床。

阿伦特所说的根本恶让人想起古希腊神话中的"普罗克拉斯提斯铁床"（The Bed of Procrustes）。暴力神普罗克拉斯提斯造了一个铁床，强制每一个睡上去的人必须与铁床的尺寸完全吻合，如果短于铁床，他就强行将人拉长；如果长于铁床，他则强行砍去多余的部分。世界上没有完全相同的两个人，人是多样、复数性的存在，每一个人都具有不可替代的独特性，这恰是人之为人的特性。如果用一个标准，将所有人都转换为一个标准化的存在，变得人人一个面孔，人人可替代，这就是阿伦特意义上的根本恶。在标准化社会生存已久的人，已经对用一个标准要求所有人所蕴含的恶失去了敏感性，而"普罗克拉斯提斯铁床"则形象地将这种恶的残酷性呈现在人们面前。

现代教育与"普罗克拉斯提斯铁床"有诸多相似之处，在一定意义上，可以说就是"普罗克拉斯提斯铁床"的化身。首先，标准化是现代教育的一个典型特征。与"普罗克拉斯提斯铁床"用一个标准衡量千差万别的人一样，现代教育也是用一个标准来衡量千差万别的学生。教育内容是标准化的，大量的同龄人都要学习同样的内容；教学方法也是一样的，无论个体学生有多独特，都得接受相同方法的教育；评价也是标准化的，每个人都得接受一个标准的衡量，无论受教育者的成长历程、生活遭遇有多大的差别，学习的结果都会被简化为一个可以换算的分数。其次，与"普罗克拉斯提斯铁床"一样，现代学校也是强制、粗暴、残酷的。现代教育的基石是义务教育，义务教育的另外一个含义则是强制教育。在义务教育广泛实现的今天，我们已经将义务教育制度视为天然的存在，失去了对其合理性进行质疑的能力。凯尔曼（Leonard T. Krimerman）在《义务教育：一种道德批判》中引用一个作家的虚构故事，一下子就把义务教育的非理性暴露出来：在小说《奥里亚纳》虚构的世界里，每一个年满 50 岁的人都不得不接受每周六天的强制性休闲（compulsory recreation）活动，他们在早晨被接走带到运动场或体育馆，获得设备或指令，进行一天的锻炼，在傍晚被送回家。这一过程持续 10 年，10 年之后可自愿选择是否继续参加这一项目[①]。强制教育的逻辑在于儿童的知识不足，强制休闲的逻辑在于老年人的身体机能退化。我们每一个人都会觉得后一方案荒谬，但却觉得前一方案自然而然，但其实二者都是建立在一个并非充分的理由之上。当然，现代教育的强制性不只在于强制上学，而且在于对教育内容、方法、评价的强制性。也就是说，无论你愿意与否，都要被拉到学校的"铁床"上去"衡量"，被拉到内容、方法、评价的"铁床"上去经历伤筋动骨的"调适"。"普罗克拉斯提斯铁床"拉长或截短的是人的身体，体现出一种血淋淋的粗暴与残酷；现代学校拉长或截短的则是人的精神，通过学校教育的锻造，受教育者无论有什么样的智能倾向（依据多元智能理论），最后都得服从于语言与数理逻辑智能；无论有什么样的精神世界，最后都得服从于科学知识所代表的物质世界。对很多学生来说，上学的过程其实就是一个受伤害的过程。在一个法律普遍禁止体罚的时代，学生所受的伤害显然不是身体伤害，而是精神与心灵的伤害。

大规模、标准化的现代教育，其贡献当然不容抹杀。从现代经济与科技发展的角度看，尤其如此。可以说，没有现代教育所提供的人力资源，现代

---

① ［美］肯尼思·A. 斯特赖克、［加］基兰·伊根主编：《伦理学与教育政策》，刘世清等译，北京大学出版社 2013 年版，第 60 页。

资本主义经济就不可能得到发展；没有现代教育所进行的科学知识普及，现代科学技术就不可能得到如此大的飞跃式发展。也正是现代教育的这些丰功伟绩，使我们忽略了现代教育与阿伦特所说的根本恶的关联。其实，只要我们想一想动摇人类信念的大屠杀发生的时机与国度，就能意识到现代教育与根本恶的内在关联。正如弗拉纳根（Frank M. Flanagan）让所有现代人尤其是教育从业者都会感到芒刺在背的冷静陈述："20世纪的前半段，人类历史上受教育程度最高的一批人参与了对欧洲的践踏以及对欧洲人的杀戮。"① 岂止欧洲，亚洲不也是如此吗？现代教育是人类历史上第一次真正大众化、普及化的教育，受教育的人口比例前所未有。但也正是在这种情况下，人类历史上规模空前的大屠杀真实地发生了。当然，这种巨恶不能简单地归因于教育，但要说与现代教育毫无关联，那也是自欺欺人。在20世纪犯下反人类罪行的纳粹德国和军国主义日本，都是较早且成功实行强制性义务教育的国家，显然这不是巧合。教育本来是人类的一种道德努力，但结果却可能与此背道而驰。正如一些学者诚实得让人绝望的描述，受过良好教育的人一样可以粗野、败坏、麻木、无情、残酷，"当目光投向我所生存的世界，让我更具戒心的不是未受教育者，而是受过教育的那些人"②。

　　一个迫切的问题是，现代教育为什么与阿伦特所论的根本恶有如此密切的关联，或者更直接一点说，现代教育为什么容易陷入这种根本恶。现代之前的教育，基本上都是私人的（有一部分是社会的，比如教会举办的学校）、个别化的，内容也都是因人而异的人文性教育，目的不在于获得生存技能，而在于修养与精神提升。不是说现代之前的教育就是理想的教育，前现代教育也有这样那样的问题，比如等级化、排斥性，但其存在样态确实是切合人

　　① ［爱尔兰］弗兰克·M. 弗拉纳根：《最伟大的教育家：从苏格拉底到杜威》，卢立涛、安传达译，华东师范大学出版社2009年版，第200页。

　　② David E. Purpel, Moral in Education, New York: Peter Lang Publishing, Inc., 1999, p. 18.

的复数性的，即将生来就不同的人培养成更加多样性的存在。与此不同，现代教育是由国家主办的、大规模的，内容也由以人文知识为主转变为"科学知识"为主，目的不再是精神提升，而是国家与个人生存。教育的国家化，使教育得到了前所未有的投入与支持，也使教育失去了独立性，成为国家的工具。以强制义务教育为基础的现代国民教育体系首先在法国、德国、日本等集权国家建立并得到完善，原因不是别的，而是当时的这些集权国家就是要借助国民教育体系来培育驯服的臣民、士兵和工人。大规模教育的出发点不再是每一个人的独特性，而是群体的共同性，比如按年龄分级、分班，其内在逻辑就在于同一年龄层次的个体身心发展的相同性。教育所要追求的结果，也不再是每一个人的独特性，而是达到一个共同的标准，是"人才"或"人力资本"的批量生产。现代教育的大众化与普及性，使受教育不再是一种特权，而变成了一种基本权利。但总体来看，现代教育与之前的教育反其道而行之，不再是"将不同的人培养成更加不同的人"，而是"将相同的人培养成更加相同的人"，结果是人的复数性、多样性的丧失，"人才"海量，但每一个人都是可替代的，都是多余的。现代教育的这种逻辑与运行机制，正是阿伦特所说的根本恶的逻辑与运行机制。也就是说，现代教育在其内在精神、现实结构中就已蕴含了根本恶的危险与诱惑。虽然影响教育及其效应的因素有很多，比如英国根深蒂固的私人化教育传统、美国教育多样性的生命力，但现代教育自身所蕴含的走向根本恶的危险在 20 世纪的人类惨剧中已经显露，如果不加约束，在 21 世纪以及可见的未来或许将再一次次显露。

现代教育与根本恶"近在咫尺"，或者说现代教育一不小心成了根本恶的"铁床"，我们暂且将现代教育的这种倾向称为"教育根本恶"。可怕的是，这种"教育根本恶"不是单独存在的，它还是其他形态的恶的基础与预备。首先，大规模教育不但存在着使人变得雷同的倾向，还存在着走向科层制（官僚制）的惯性。庞大的学校体系，要想有效运作，必须摒弃过去时代的家庭作坊的模式，代之以等级化的科层模式。现代学校构造的特征就是把工厂、企业生产与管理的原理引进学校的组织与运作。学校的基本框架，包括学校的管理体制、管理制度、学年安排、班级编制、学科与课程设置、教师组织与管理、学生的组织与管理等都是按照工厂与企业的模式来建构的，现代学校在很大程度上已经变成了与现代工厂和企业同质同构的存在。现代教育的这种体制，一方面是"教育根本恶"的基础，另一方面又体现出鲍曼所言的"理性之恶"的特征。也就是说，现代学校以科层制为基本机制，体现出高度理性化的特征，但同时又把人及人的情感排斥在体制之外，体现出一种"理性之恶"。其次，这种"教育根本恶"还与平庸的恶"互通互助"。在现代教育体制下，一方面，教师和学生都在拼命去适应标准化评价体系，而对他人的遭遇与命运漠不关心；另一方面，每个人都以外在要求为标准，失去了回到自身、与自己进行对话的动力、习惯与能力，教育过程变成了使人变得"无思"的过程，平庸之恶也就由此积累、蔓延。最后，现代教育还有一个逻辑，即竞争逻辑。现代教育中，同龄人大量聚集共同接受教育，这为竞争提供了人群基础；同龄人学习同样的内容，用同样的方式评价，这为竞争提供了教育基础。在很大程度上，现代教育是以竞争为逻辑的，即教育中的人互相竞争看谁能最完美地适应"教育铁床"。而竞争是一种"灵恶"①，以人人为己为基础，孕育的是人性的贪婪与自私。在这个意义上，现代教育的这种根本恶倾向又助长了康德意义上的根本恶。

四、教育：站在去恶的最前线

教育是善的事业，是人类的一项道德努力，教育的存在本身就是对恶的一种抵抗。扬善去恶是这项道德事业的两个不能割裂的维度：扬善本身就意味着去恶，去恶本身也意味着扬善；对善的轻忽就是对恶的纵容，对恶的纵容就是对善的贬抑。

———————————

① 高德胜：《竞争的德性及其在教育中的扩张》，《华东师范大学学报》（教育科学版）2016年第1期。

由于现代教育自身蕴含着一种根本恶的危险，因此，从去恶的需要出发，现代教育首先要做"自身的掘墓人"。大规模、大众化、普及性是现代教育的特性和优势，做自身的掘墓人不是要现代教育回到前现代教育的小规模、私人化、等级性，而是在现代教育的框架内进行内在的实质性改革，在大规模里建立小群体、个别化教育方式；在大众化、普及性中追求卓越性、高贵性。在工业化初期，以义务教育为主体的现代国民教育体系发挥了巨大的历史作用，当然对史无前例的人类悲剧也有所"贡献"。到了 21 世纪的今天，这种大规模、标准化的教育模式的缺陷与危险已经暴露得足够充分，到了变革的临界点了。世界各地也出现了各种各样的改革与替代方案，比如美国出现的学校小型化、班级小型化与流动化、"在家上学"（home-schooling）等。教育的大众化、普及化离不开国家的投入，但现代国家教育投入的增加给教育带来的效应往往是双重的：一方面使教育获得了过去时代所没有的物质支持，另一方面也使教育成为国家的附属机构，独立性受到巨大伤害。现代教育所暴露的诸多问题，也促使一些国家开始反思如何在保证教育投入的同时，不干预或少干预教育，使教育能够保持尽可能多的独立性，这样的状态其实是既有利于教育，又有利于国家的。一些私立教育传统强大的国家，比如英国，始终在公立教育和私立教育之间保持一种平衡，尽量不去削弱教育的独立性，深富启发意义。当然，最根本的转变在于教育价值导向的转变，即从"将同样的人培养成同样的人"转向"将不同的人培养成更加不同的人"，使教育成为一种推动力，推动"生而不同的人"在这个世界上成为他自己，成为不能被替代的"独一个"，使这个世界成为复数而多彩的人的世界。

教育也应站在抵抗康德意义上的根本恶的最前线。人虽然意识到了道德法则，但既可以按道德法则行事，也可以按恶的法则行事，这是人自由的体现，更是善恶分野的开始。成为道德的人，还是滑向恶的深渊，取决于人自身。虽然有"善的脆弱性"（the fragility of goodness）或"道德运气"（moral luck）（即一个人的德性也受外在遭遇的影响）这样的说法，但总体来看，"我们每一个人的道德命运（moral destiny）都在我们自己手里，是我们自己，而不是任何其他人，让我变成善或恶"①。教育所要做的，就是"养心育意"，帮助年轻一代成为既有善心，又有良好意愿与意志的人。要完成这一任务，现代教育需要实现自身的转型，即从以人性的自私为价值基础的教育转向以美好人性为价值基础的教育。虽然各国教育都有明文的道德目标和要求，但作为"谋生术"的现代教育，骨子里是以人的自我利益追求为基础，利用自私、贪心、争强好胜等人性弱点来组织的。"'人人为己'是学校用实际行动宣传的规则，并把这种规则作为学生行为可以接受的规范。每一个学生只对自己的学习负责，而不管其他同学做什么，或学什么"②。我们总说道德教育没有效果，在这样的教育价值基础之下，什么样的道德教育能有好的结果呢？教育承认人的自我利益，但不应激发自我利益使其极端化，否则教育就是在培育根本恶，甚至是在造就道德恶魔。自我利益是人性中最为根本的倾向，教育的功能不是去激发它，而是去调适它，使其得到适当舒展和超越，不至于过度膨胀。有着悠久历史的人文教育，目的就在于帮助人认识自己，知道自身的狭隘与局限，能够走出自我，走向他人和世界。因此，现代教育的转向，就意味着要超越对自我利益的迷恋，引领年轻一代了解他人和人间疾苦，育成慈悲之心，有投入改善人类境况之动机。当然，知易行难，以自我利益为基础的现代教育惯性强大，绝对不会自动退出历史舞台。正如与恶的斗争是无止境的事业，现代教育的转型也是一项长久的事业，首要的是让更多的人，尤其是教育从业者和受教育者知道现代教育的这种根深蒂固的价值导向是错误的。

---

① Philip J., Rossi S. J. The Social Authority of Reason: Kant's Critique, Radical Evil, and the Destiny of Humankind, New York: State University of New York, 2005, p. 72.

② ［以］舍勒莫·舍兰（Shlomo Sharan）等：《创新学校——组织和教学视角的分析》，姚运标译，中国轻工业出版社2007年版，第25页。

在一定意义上，教育就是对平庸的警醒，天生就是对抗平庸之恶的力量。弗洛姆（Erich Fromm）关于人之本性的见解深富启发，他认为不能把人的本质定义为一种特定的属性或实体，他把人的本质定义为固有的矛盾，即人是动物，却无法依靠本能生活；人与其他动物一样是自然的一部分，但却能够意识到自身，正是这种自我认识使人成为世界中的陌生者。[①] 人确实是矛盾的存在，首先是求变与求稳的矛盾。人是不满足于自身、现在的存在，虽然渴望变化，但变动不居对人又是一种折磨，不确定性令人难以忍受，求变的人又无时不在求稳，在追求一种确定性。正是在"确定性的寻求"（杜威语）这一隐秘需要的作用下，人们发明了各种"常规"（routine），用常规来对抗不确定性。以道德为例，道德本来是人必须每次都按照事情发生的情景进行"选择"的一种能力，但这种选择过于费事，人们就发明了各种简明易行的规范替代道德。时间久了，这些作为道德替代物的规范自成体系，与道德本身失去了联系，人们按规范行事则可能走向道德的反面而不自知，平庸之恶就趁机而入了。人是既有内心世界，又能放眼外部世界的存在。如果被外部世界所吸引，将生命力全部投注到外部世界，人的内心世界就会萎缩、枯萎，最终"与自己离异"，变成自己的陌生人，而这正是平庸之恶的根由与特征。人能够意识到自我，但仅仅局限于自我不能成为人，人必须与他人联结才能达到人的高度。但在处理人与己的关系中，为己的本能性的拉力非常顽强，稍不注意，人就会被拉向为己这一端，他人就会成为成就自我的工具，成为可以牺牲的对象。

教育就是平庸及平庸之恶的一种警醒力量。苏格拉底在雅典从事的就是这种工作。他将自己比喻成"牛虻"，他的使命就是"叮"那些陷入平庸而不自知的城邦同胞，使他们因为疼痛而从平庸的昏睡中警醒过来。他的使命完成得并不成功，被不愿意被"骚扰"的雅典人判了死刑，但他不畏死，用自

---

① ［美］埃里希·弗洛姆：《人心：人的善恶天性》，范瑞平等译，福建人民出版社 1988 年版，第 107 页。

己的死狠狠"咬"了雅典人一口。正是在这个意义上，我们说苏格拉底代表了教师的永恒形象。现时代的发展不是苏格拉底所能想象的，我们也不能再渴望苏格拉底式的英雄人物，但我们却可以合理地期望教育去践行苏格拉底的使命。也就是说，教育应该引导年轻一代在庸常的生活中不甘于庸常，在庸常中去追求人性的高贵；即使整个成人世界都被外在花花世界所迷惑，也要坚持教育年轻一代学会与自己对话，回到内在精神世界；无论世风如何，无论道德沦丧到何种地步，都能够坚定不移地与年轻一代一起爱己爱人。也许教育的这种精神传统已经被我们遗失殆尽，但还是有人在呼唤："自由教育是大众文化的解毒剂，它针对的是大众文化的腐蚀性影响，及其固有的只生产'没有精神的专家和没有心肝的纵欲者'的倾向。……自由教育呼唤着大众民主中那些有耳能听的成员，向他们呼唤人的卓越。"①

　　既然各种道德恶都与群体依附相关，那么，教育就应该成为破除群体依附的力量。人为什么要依附群体？第一，群体的价值优先性。从诞生的那一天起，人就是在群体中生活的，正是群体生活，使弱小不堪的个体能够联合起来战胜比自己强大得多的其他物种。第二，正是因为群体价值的重要性，个体都有群体归属的需要。在这一维度上，人的矛盾性再一次显现：一方面，自主性是人的一个基本需要，自主性得不到满足，人就会无比痛苦；另一方面，人又有群体归属的需要，不属于任何群体，被群体所排斥，对人来说则是一种比死还难受的剥夺。第三，个体的人是有限的存在，优异者可以以自己的丰功伟业或光辉作品超越自身的有限性，但更多的人只能借助群体的永续来实现对自身有限性的克服。第四，用群体来掩护自己的自私、表达自己的自私是非常方便且安全的方式。第五，正如弗洛姆"逃避自由"的思想所揭示的，很多人实际上不愿意要自由和自主，因为积极意义上的自由和自主同时意味着责任，他们只想躲到群体的怀抱里逃避自由、自主所带来的负担。

---

　　① ［美］列奥·施特劳斯：《什么是自由教育》，一行译，载刘小枫、陈少明主编，《古典传统与自由教育》，华夏出版社2005年版，第5页。

教育可以从多方面努力去破除人对群体的依附。第一，破除群体的道德神话，帮助年轻一代认识到群体有自私的一面。群体与个体一样，有其温暖、公正的一面，但也有自私、褊狭的一面，尤其是在面对其他群体和其他群体成员的时候。通过教育，使年轻一代自小就能对群体的自私有一种戒心，不被群体的道德神话所迷惑，不被群体的自私所裹挟。第二，帮助年轻一代领悟群体不是作恶的借口。这有两层意思，一层意思是说，作恶就是作恶，不能因为作恶者是群体而改变恶的性质；另一层意思是说，个人作恶不能拿为了群体、为群体着想做借口。教育的任务就是要让受教育者明白群体一样不能作恶，对群体之恶要有更大的警惕，因为群体作恶的危害性更大；更不能以群体为借口，用群体利益来掩饰个人的恶。第三，人有自主的需要，但自主不单是消极意义上的不受干预，更是一种责任。教育所要培养的，就是这种敢于承担自主责任的人。第四，学校作为一种群体，从一开始就应该为学生的"离开"做准备，即在培养学生热爱学校的同时朝着学生的精神自主努力。通过这样的过程，帮助学生牢固树立这样的信念，即既归属于群体，又不依附于群体，达到"自主的归属"；既热爱群体，又对群体深具戒心，警惕群体的自私，达至"归属的自主"。

在与恶做斗争的过程中，做到这一点对教育来说意义非凡：警惕那"无须警惕的"，依靠那"不可依靠的"。现代社会有很多"神话"，这些"神话"的魅惑蒙蔽了我们的心灵，使我们失去了应有的清醒。比如科学的"神话"、理性的"神话"、制度的"神话"。这些"神话"看似无须警惕，但其所造成的伤害，甚至使人类处在灭亡的边缘。所以，教育的使命就在于破除这些"神话"，让年轻一代看到这些强大无比的力量所蕴含的巨大危险。另一方面，在经济与科技时代，人类心灵被压抑，失去了应有的空间，被贬低为脆弱的、不可靠的力量，良心、同情、仁慈、友爱这些人性重要的功能被放逐。教育所要做的，就是要引导年轻一代绝不离弃这些"软弱的力量"，相反，要依靠这些"不可依靠的"力量。正是因为这些"不可靠的"力量，在我们将要作恶或者正在作恶时，会在心灵深处发出"我不能……"的声音；没有了这些力量，也就意味着我们失去了预防作恶的最后一道防线。

第二部分　道德冷漠的教育关联

　　道德冷漠的蔓延促使人们将关切的目光投向教育和道德教育。但道德教育不但在当今社会所面临的道德问题面前显得无力，而且自身的生存也存在着巨大的危机。道德教育的这种尴尬处境，促使我们不得不跳出现代教育的框架，从与现代教育保持一定距离的角度来重新审视道德教育与现代教育的关系：现代教育是对道德和道德教育友善的，还是以道德和道德教育为代价的？

第四章　竞争的德性及其在教育中的扩张

一、教育与竞争的暧昧关系

如果挑选几个词来描绘当今人类的生存境况的话，竞争恐怕是最重要的"关键词"之一。在现代人的生活中，竞争无处不在、无时不在。教育作为人类活动的一个"飞地"，本来是与竞争无涉的。教育源于闲暇，即有了空闲的人不用再为生存所累，有闲心放松，有闲情思考，有冲动从事艺术，教育就在这种闲适中诞生。因此，从源头上看，教育与你争我夺、决出输赢的竞争基本上是不相关的。但时过境迁，如今的教育也未能幸免于竞争的统治性支配，在很大程度上是以竞争为基本运行逻辑的。如果抽去竞争这一基本动力，现代教育这一庞然大物恐怕会轰然倒地、土崩瓦解，一刻也存在不下去。

吊诡的是，一方面，现代教育已经与竞争灵肉结合、厮混难解，另一方面，教育研究却依然保持着传统教育那样"淡定"的态度，对竞争视而不见，极少研究。是视竞争为理所当然，无须研究，还是出自一种原始本能从骨子里排斥竞争，既然无力将竞争从教育领域驱逐出去，就用"选择性视盲"来藐视竞争？鉴于竞争与现代教育的难分难解的关系，无论如何，教育研究对竞争的这种暧昧态度都到了该重新审视的时候。竞争作为人与人之间的一种关系模式，其"德性"如何？这种关系模式是否有一定的适用范围？超出一定范围进而泛化为普遍的关系模式会有什么后果？原本与竞争无涉的教育为什么到了现代却被竞争附体？竞争作为现代教育的基本动力，在运行过程中传递着什么样的价值观念？教育还有没有可能摆脱竞争附体、还魂回家的希望？

二、竞争是一种"灵恶"

竞争是当今人类生活的关键词之一，但我们对竞争的研究稀少且多集中在经济领域。哲学、社会科学很少以竞争作为直接的研究对象，多是在研究其他主题时顺带而过，似乎竞争的性质与功用完全确定，无须多言。我们见得最多的是"正当的竞争有利于激发潜能""不当的竞争会造成严重后果"之类的陈词滥调。问题的关键点不在于对竞争的前缀性（正当的、不正当的）限定，而在于竞争本身的"德性"，正如我们研究人，焦点不在于"好的人"与"坏的人"，而在于人本身的德性。那么，到底该如何理解竞争本身的德性？福克斯（Matthew Fox）关于竞争是一种"灵恶"[1]（demonic evil）的思想深具启发性。"灵恶"意味着竞争首先是恶不是善，也就是说，竞争从本性上是一种恶。其次，"灵恶"不是"纯恶"，而是有好的一面之恶，即竞争有"灵"。这种"灵"在另一种意义上其实也是"魔"，如果恰如其分就有"魔力"，否则就是"魔鬼"。那么为什么社会大众，甚至是哲学家、社会科学家都不认为竞争有多恶呢？这也是竞争的"灵恶"本性决定的，竞争经常穿着合理、正确的外衣，让人觉得竞争有益于人、有益于社会，"对生存来说竞争是天然的且必不可少的"。正是因为竞争有好的一面，所以才更具有欺骗性，是一种更为深沉的恶。

从词源上看，竞争（competition）是"对共同目标的共同追求"（the

---

[1] Matthew Fox, A Spirituality Named Compassion: Uniting Mystical Awareness With Social Justice, Rochester, P. O.: Inner Traditions Bear & Company, 1999, p. 70.

common pursuit of a common goal）。在这一本意上，竞争是接纳他人，并将他人作为共同目标的合作求索者。在原始状态下，部落成员之间的主导性关系主要不是竞争，而是合作。因为即使在人类诞生初期，对人类部落的最大威胁就已经不是其他物种，而是其他部落，生活的境况决定了部落成员必须团结起来与其他部落竞争。在这一阶段，竞争与合作是内在一致的，竞争以合作为前提和内容，是"对共同目标的共同追求"。

随着历史的演变，人类生活的境况发生了很大变化，竞争不再只是民族、国家这类大群体之间的事，群体内部个体与个体之间的竞争变成了生活的常态。竞争的现代含义已经变为"将他人排斥在外"："在本体论上，竞争等同于否定他者的存在，表达杀死他者的意愿。当代竞争从你应该杀死他人以使自己活下来这一形而上前的提演化建构而来。"① 现代意义上的竞争以"杀"（killing）为基础，竞争就意味着"杀死他者"（这里的"杀死"不一定是肉体上的消灭，而是包括精神上、物质上等多种维度的击垮）。已经习惯于竞争、被竞争的积极意义洗脑的大众很少能够意识到竞争背后血淋淋的残酷，但一个流行的竞争替代词"PK"则将竞争的本性彻底暴露：PK 是 person killing 或 player killing 的简称，所谓 PK 就是去"杀死对手"。认清了竞争的现代含义及其内在根基，就不难理解无论有何种丰功伟绩，竞争在本性上都是一种恶。人类的道德，从积极的意义上看，是以相互之间的爱为基础的；从消极的意义上看，则是以阻止同类相残为基础的。以 killing 为内核的竞争显然与人类的道德之善相背，本性属恶。

竞争之所以是一种"灵恶"，就在于竞争有"灵"，即竞争自有其意义。群体间的竞争激发了群体内的合作，人类各种美善价值才得以有了现实必要性。在人类漫长的发展历程中，在群体的意义上，显然是"适者生存"，即在群体间的竞争中获胜者才能更好地生存下来。说是"适者生存"，其实也是

---

① Mogobe B. Ramose, The Death of Democracy and the Resurrection of Timocracy, Journal of Moral Education, No 3, 2010, pp. 291—303.

"德者生存"，即那些内部成员团结、互助、互爱的群体更有凝聚力和竞争力，更有可能在群体间的竞争中获得胜利。从这个意义上说，群体间的竞争对群体内的善有激发和促进作用。但竞争的这种"灵"是把双刃剑，人类历史上的无数战争、屠杀都是由群体间的竞争直接或间接引发的。直到今天，人类群体之间还没有学会在没有血腥和屠杀下共同生活。

在早期人类群体内部，合作是群体成员关系的主导样态，但群体之所以能够称之为群体，在于群体有一个结构，即群体成员在群体中处在什么位置及享有什么权利、应尽什么义务。群体内的地位分配，标准和方式多种多样，但出于群体间竞争的压力和群体内的公平要求，一定程度的竞争也在所难免。在早期原始部落中，由于群体成员相对平等，虽然也有一些内部竞争，但重要性远比不上合作，或者说是在合作支配下的有限竞争。随着不平等社会的到来，社会地位对生活质量和人生价值越来越具有决定性，群体内竞争加剧。应该承认，即使是群体内个体成员之间的竞争在人类的演化与进步过程中发挥过、并依然发挥着巨大的作用，但无论竞争的"灵"与"魔"威力多大，都不能否定其恶。

竞争之恶的核心在于竞争以人人为己为基本逻辑。人有为己的一面，但为己绝不是人性的全部，或者说正是对为己的超越才有了人。单个的人弱不禁风，无法立足于世界，但柔弱个体间的合作与互助却能使人类在这个星球上卓然无敌。合作的前提在于个体在一定程度上的"忘我"。而竞争则与此背道而驰，以为己为逻辑，以战胜、"杀死"他人为目的。也许因为人类有文字记载的历史基本上是竞争的历史，一代又一代的人被竞争的魔力所折服，既失去了合作与互助的人类记忆，也无法想象竞争给人类未来发展所带来的长远隐忧。以人人为己为逻辑的竞争作为一种"灵恶"，借助自身的魔力，释放了多少人类之恶！比如，区别对待，即以一个人的成败作为尊重与否的标准，那种普遍意义上的"同胞之爱"已经被"有条件之爱"冲刷殆尽；道德冷漠，即面对他人的道德急需无动于衷，那种与生俱来的同情已经被人与人之间的戒备与仇视所钝化；将人的兴趣与注意力从所做事情上引开，使人专注于比较与输赢，导致了多少悲剧与无聊……正如波普尔（David E. Purpel）所说，如今的人类"不追求公正却偏爱竞争，不珍视无条件的爱却执迷于有条件的奖励。它的日常成规不是群体团结而是派别胜利，它的能力不是源自寻求一体（Oneness）的神圣冲动，而是出自贪婪与占有欲"①。而这不正是当今文化与道德堕落的写照吗？

说竞争是一种"灵恶"，还因为本来应该限于一定领域的竞争，总是溢出边界，向所有领域蔓延。竞争在特定领域可以发挥其"魔力"，比如在经济领域，没有竞争，也就没有人类如今的经济成就和物质丰盛。但竞争总是不安于经济空间，总是倾向于像支配经济领域一样支配人类的所有活动领域。福克斯所言非虚："竞争从经济中心发射光波，所有活动，包括爱、社会关系和游戏都不能幸免于竞争的侵入。因此，竞争是我们文化中每个人的问题，已经是'神经性冲突'（neurotic conflicts）永不停歇的中心。"② 在经济领域功德无量的竞争，到了伙伴关系、兄弟情谊、邻里相处、家庭关系、医疗救治、文化教育等领域则是罪恶累累。成人世界里，特定领域、程度合理的竞争当然必要，但现在竞争蔓延到儿童世界，导致儿童在人生的早期就因对竞争的痴迷而被污染了心灵。不是说不要竞争，而是不能让竞争定义所有领域的人类活动、所有类型的人际互动模式。竞争用自己的"魔力"开道，总是倾向于侵入所有领域、所有关系，正是其"灵恶"本性的显露。

说竞争是一种"灵恶"，还在于最恶劣或最令人痛苦的东西，也可通过竞争成为人们追求的目标；为了获胜，人们可以忍受最恶劣、最残酷、超出人

---

① David E. Purpel, The Moral Spiritual Crisis in Education: A Curriculum for Justice and Compassion in Education, Massachusetts: Bergin and Garvey Publishers, INC. , 1989, p. 201.

② Matthew Fox, A Spirituality Named Compassion: Uniting Mystical Awareness With Social Justice, Rochester, P. O. : Inner Traditions Bear &Company, 1999, p. 70.

性底线的事情。比如，不可杀人是一个普遍的道德规则，但在历史上，在特殊的竞争中，杀人不但被允许，还可以成为竞争项目，参与者甚至可以以杀人多少来定胜负！很多痛苦，在正常情况下，我们一刻也无法忍受，但一旦放在竞争中，这类痛苦都不算什么。很多事情，在正常情况下，我们都以之为耻，不屑为之，但一旦放在竞争中，不可为之事也就变得可为了。竞争为什么具有这种毁灭人性的功能呢？这是因为，竞争的本性在于杀死他人，本身就具有毁灭人性的性质。道德要求"心中有他人"，而竞争以为己为逻辑，他人的感受、苦痛甚至生死都不在考虑之中，显而易见，竞争对道德有直接的毁灭作用。在竞争中，人被置于要么胜利、要么失败的境地，为了能够触及胜利的荣光，避免失败的悲惨，竞争过程中的所有痛苦都是可以忍受的。竞争具有一种"脱离"功能，即将人从所做的事情上脱离出来，只着眼于获胜。在竞争中，所做的事情本身并不重要，获胜才重要。因此，我们经常可以看到，被裹入竞争中的人毫无心理障碍地干着恶劣的事情。此外，在竞争中，人们有现成的道德推卸借口：我即使不损害对方，对方也一定会损害我，因此，与其让对方损害我，不如让我来损害对方。正是因为竞争有这样的特性，别有用心的人总是用竞争来实现对人的操纵与控制。历史上的那些独裁者或官僚集团都深谙此道，总是利用竞争让被统治者陷于你死我活的内斗，以此来保证自己的独裁与专制统治的安全。

人类对竞争之恶认识不清，一个非常重要的原因在于竞争"非常狡猾"，能够轻易从人们的批判性审视中"金蝉脱壳"。对竞争所造成的伤害，对竞争之恶，几乎每个人都有切身体会，但竞争的拥护者、倡导者一句话就会将人们的感受彻底化解：这不是竞争的错，而是不正当、不健康或病态竞争的错。将竞争二分，即分为正当的与不正当的、健康的与不健康的、正常的与病态的，是非常高明的脱罪策略。即使竞争造成了人类浩劫，使人类处在毁灭的边缘，一句"那都是不正当竞争的恶果"就能使竞争立于无罪的不败之地。所谓"不正当（不健康、病态）竞争"成了竞争之恶的挡箭牌，为竞争揽下了所有罪责，使竞争永远处在干净、纯净之地。这种区分是否符合事实，是否真的有干干净净的正当竞争呢？竞争以排斥他者、"杀死"对方为目的，本性已经决定了所谓正当与不正当的区分只是细枝末节的问题。卡伦·荷妮概括出病态竞争的三个特征：（1）总是关注比较，获胜的欲望超过、代替了对所做事情本身的兴趣；（2）不但要超过对手，还渴望鹤立鸡群、独领风骚；（3）敌视态度①。用这个标准去衡量，哪一种、哪一个竞争不是病态的呢？只要有竞争，就会有比较，在竞争中，事情本身已经次要，首要的是获胜，这不是竞争的常态吗？竞争当然要超过对手，至于敌视态度，这是内在于竞争本身的，连区分常态竞争与病态竞争的荷妮都承认，"敌视内在于每一种强烈的竞争之中，因为一个竞争者的胜利就是另一个竞争者的失败"②。

三、被竞争附体的教育

如前所论，从源头上看，产生于闲适的教育基本与竞争无关。前现代教育虽然不可能完全没有竞争的身影，但竞争肯定不是教育中的"主角"。前现代教育的特性也决定了其与竞争的疏离关系。前现代教育基本上是私人化的，是不用为生存操心之人的精神提升活动，多以小规模、个别化的方式进行。教育是私人性质的，如果说有竞争的话，也一定是发生在教育之外，那些能够出钱让子女接受教育的人群，教育本身就是他们自己办的，无须再与他人竞争。能够接受教育的是少数人，失去了激烈竞争发生的海量人群基础。精神提升活动以自我修炼为主，而且精神性的事物不是越用越少的消耗物，不是你有他就没有的占有物，不需要竞争与争夺。在前现代教育条件下，教育者即使有心利用学习者的争强好胜之心来操纵教育过程，教育的小规模、个别化也会使得这种操纵无从着力、无处下手。

---

① ［美］卡伦·荷妮：《我们时代的病态人格》，陈收译，国际文化出版社公司 2001年版，第 125—129 页。

② 同上书，第 128 页。

现代教育则完全不同，可以说已经被竞争附体。如果说前现代教育是为精神，那么现代教育就是为生存。现代教育基本上是国家主办、主导的，教育是国家在国际竞争中获取有利位置的手段之一。作为个人，接受教育不是为了"玄虚"的精神提升、道德发展，而是为了获得实实在在的生存技能，以便在走出校门之后能够在生存竞争和社会流动中获得有利地位。也就是说，无论是从国家层面，还是从个人层面，与前现代教育相比，现代教育都是"面貌一新"的，都是为生存竞争而存在的。教育既然是为生存竞争而存在的，那其本身也必然是竞争性的。国家投入教育是为了提高自身的国际竞争能力，一个显见的逻辑是让"投入的每一分钱都应该听出响来"。怎么才能让投入效益最大化呢？当然是竞争。设计教育的竞争结构，通过各种教育外、教育内的政策激发竞争，以竞争为杠杆操控教育，是各国政府一直在做并且还会继续做下去的事情。个人接受教育是为了生存竞争，而这种生存竞争不可能等到教育结束之后，在教育过程之中已经开始，教育过程中的竞争是未来生存竞争的前奏、预演，甚至可以说是生存竞争的一个组成部分。教育者在政府的竞争激发下，一方面是竞争的参与者；另一方面，又娴熟地利用受教育者接受教育的隐秘动机去激发竞争，以竞争来操控学生、管理学校。

现代教育的谋生化是竞争附体的主观因素。现代教育以大规模为特征，同龄人大量聚集，为竞争在教育中的蔓延提供了客观条件。阿伦特指出，现代大规模教育有两个代价：一个是孩子暴露在公共空间，过早失去了私人生活的"黑暗保护"；另一个则是儿童被人为地抛入同龄群体，失去了儿童、成人混成的自然样态①。教育学对同龄人大量聚集这一非自然的教育现象的后果缺乏关注。阿伦特所说的第一个代价，是基于她公私两个领域二分的思想。私人领域不为外人所见，是公共之光的"禁地"，是一个"黑暗之地"，孩子可以在"黑暗保护"之下自然、自在地生长，以积累跨入公共空间的资本与

---

① ［美］汉娜·阿伦特：《过去与未来之间》，王寅丽、张立立译，译林出版社 2011 年版，第 170—178 页。

承受力。公共领域是强光聚照之地，既能展示人之优异，也能暴露人之卑微，因而是一个"冒险之所"。而公共空间之构成，不在于特定的场所、特定的制度、特定的主题，只在于人群的聚集与交流。大规模教育将未成年人聚集在一起，让他们一起学习、交流，一个特殊的公共空间也就随之筑就。把未成年人以教育的名义放在一起，就意味着将他们抛入公共空间，就意味着将他们置于竞技场式的生活。阿伦特所说的第二个代价则直抵教育研究的盲点：同龄人聚集是非自然的人为安排。在过去时代，不同年龄阶段的人是混成生活的，大量同龄人长期生活在一起的状况比较罕见。现代学校教育的兴起，才使未成年的同龄人能够长期生活在一起。这样的人为安排一方面有利于同龄儿童的相互交往，他们也有这种渴望；另一方面，儿童与成人正常、真实的关系遭到了一定程度的破坏，成人更易于利用自身的优势来激发同龄人之间的竞争。正如克里希拉穆提（JidduKrishnamurti）所说："一个班级里有很多学生，老师必然会利用很多方式和手段控制学生。他会告诫学生：'要努力，要和那个男孩竞争，因为他比你聪明，所以要努力追赶他。'"①

现代教育的竞争是结构化的，是一种以制度促成的竞争。从纵向来看，现代教育呈现出一种"梯形结构"。这个"梯形结构"，底盘很宽厚，几乎可以容纳所有适龄儿童。但越往上，台阶越窄，所能容纳的人越少，到了最顶层，则只为同龄人中那少数的所谓"精英"提供立足空间。即使在同一层，同一等级的学校也是分三六九等的。这种分等，从小学，甚至学前教育阶段，不同学校之间的等级已经非常分明。同一层次的"优等"学校，与上一层次的"优等"学校之间的关系更为紧密，为上一层"优等"学校输送生源的比例更大；相反，同一层次的"低等"学校与上一层次的"优等"学校关系疏远，为其输送生源的可能性小。这种分等绵延不断直至最高层，即使是高等教育阶段，大学之间的差距也是十万八千里！

---

① ［印度］克里希那穆提：《恐惧的由来》，凯锋译，学林出版社 2007 年版，第52 页。

如果说现代教育不同层级之间的攀爬结构是制度化的设计，是"有形之手"的"杰作"，那么这一点没有什么争议。表面看来，同一层级学校之间的等级关系似乎是自然形成的，不是"有形之手"的作品，但实际上，在世界范围内，同层学校之间的等级结构，虽然有自然自发的成分在内，但都与"有形之手"的干预脱不了干系。我们国家义务教育阶段的重点校，不都是各级政府过去竭尽全力促成的吗？曾几何时，打造重点校，是各级政府和教育行政部门的"政绩工程"。这几年风向转变，倡导基础教育均衡发展，纠正过去建设重点校的偏向，变成了新的"政绩工程"，但是否真情实意，还需存疑，因为扶持重点校的"有形之手"依然"温热而有力"。大学不同于基础教育，当然需要有类型、层次上的区分，问题是这种区分是各校自身努力与历史积累的结果，还是"有形之手"推动的结果。各种各样的工程，诸如"985工程""211工程""2011计划"，不正是义务教育阶段建设重点校政策在高等教育领域的翻版吗？美国的义务教育同样是等级分明的，这种等级同样不是自然形成的，而是政策效应。美国基础教育学校的经费主要来自学区房产税，这一政策通过经济杠杆一下子就把学校的等级区分出来了，因为富人区的学校也富，穷人区的学校也穷。至于那些私立学校，干脆就是富人子弟的"特区"。美国大学的等级有历史原因，很多名校都有自己厚重的历史积淀，但背后的政府因素从来都不容否定。

说白了，现代教育的"阶梯结构"，就是人为搭设好的"竞技场"，只要进入这个领域，被抛入事先存在、已然炽热的"竞技场"，想不想参与竞争都没有意义，一切都由不得你了。上学就是沿着小学、中学、大学这些"台阶"向上攀爬的过程。在这个过程中，不同的人走的是不同的路，那些被抛入"低等"校的孩子注定要走向一条布满荆棘、更为艰险的爬山路，多数人注定在不同的高度先后掉队，甚至坠下山崖；而那些极少数的孩子，要想与"优等"校的孩子在教育阶梯的某一个高度汇合，除了自身"天赋异禀"之外，不知要多付出多少心血。即便同龄儿童走的是同一条爬山路，哪怕是"优等"

学校的孩子，也免不了有同伴在不同的高度掉队、坠落。有人继续向上，有人坠崖，是教育竞争生活的常态。一句话，教育这个竞技场，就是设计出来以便区分出赢家与输家的。

教育中的竞争，发生在学校场域的每一寸土地上。班级内，同学之间的竞争是最近身的竞争。儿童之间的关系本来是多维度的，有一起玩耍、伙伴相处、感情依赖、同学友谊，也有人际冲突、分群别类等，但很快，这些维度被会被学习竞争所统领，"学霸""学渣"、中等生这种因学习竞争而产生的同学分类很快会渗入同学关系的所有维度。学生之间关系被竞争所主导，教师之间关系同样是竞争性的。虽然同事间有出于善良本性的互相帮助，但制度已经标定了竞争关系的主导性，因为每个教师当下的物质待遇与长远的专业发展都不是以互相帮助为条件，而是以相互之间的成绩比较为依据。除了个人之间的竞争外，班级与班级之间、学校与学校之间也是一种群体竞争关系。同类群体间的比较与排名在教育领域是制度化、常规化的做法，从各种考试均分、高分率、升学率的排名，到大学之间、大学各学科之间的排名，五花八门，天天可见，处处都有。在日常生活中，教师、学校也总是将群体间的比较挂在嘴上，当作激发学生斗志的法宝，一些大学，甚至以提高自己的排名作为大学的核心任务。

如前所论，竞争从经济领域发射光波，漫延覆盖了人类关系的一切维度。经济领域的竞争以金钱为目标，教育领域的竞争则以分数作为金钱的替身。佐藤学有力地论证了"学力"（我们不常用"学力"这一概念，我们耳熟能详的是分数）与"货币"是"异性双胞胎"，即与货币一样，是一种"评价标准"；与货币一样，是一种"交换手段"；与货币一样，是一种"储蓄手段"[①]。诚如所论，教育领域里，"学力"或分数确实起着商业领域货币一样的作用，就是教育领域的货币。在教育领域，无论是教育者还是受教育者，成功与否

---

① ［日］佐藤学：《学习的快乐——走向对话》，钟启泉译，教育科学出版社 2001 年版，第 291—292 页。

的判断标准是分数。分数同样具有交换功能，可以换来尊重、羡慕、荣耀、尊严，甚至人生前途和未来幸福。分数也有货币一样的储蓄功能，一次次分数的累加，犹如金钱的累积，自身价值也随之增值。如果说教育的阶梯结构是设定好的竞技场的话，那么分数则是判定竞争输赢的标准与凭证。一个人在教育阶梯上所能达到的高度，是以分数作为过程标准与最终依据的。教育者无论认同与否，对此都是心知肚明，学生踏入学校之后，很快也会明白这一点。学校中考试是"家常便饭"，日常考试分数是学生获得认可、接纳与尊重的标尺。在关键考试中，半分差异就可能是两个世界，就可能领先或落后于几百、几千甚至几万人。如果说，在金钱社会，"缺什么都不能缺钱"，对金钱的争斗激烈残酷；那么在学校世界，"分数是命根"，对分数的争夺同样残酷激烈。如今学校的地位前所未有的关键，学校成为万众瞩目的焦点，风光无限。但仔细思量，这风光与繁华背后其实是激烈残酷的竞争。也就是说，学校的耀眼，不是靠自身的魅力，而是靠激起教育中人的竞争来支撑的。如果抽去竞争，学校必然会茫然无措，甚至是轰然倒塌。

教育被竞争附体的另一个表征是竞争已经成了教育的文化品格。教育与学校是一种文化存在，自有其文化品格。那么，现代教育的文化品格是什么呢？宏观上，我们可以从几个维度去描绘现代教育的文化特性，包括工具性、客观性（以客观知识为学习内容）、标准化考试、灌输性、科层化等。也就是说，现代教育呈现出工具文化、客观主义文化、标准化考试文化、灌输文化、科层文化等品格。这些多维的文化品格为什么能够集中呈现在现代教育身上呢？原因就在于背后有一个统一性的文化，即竞争文化。工具文化、客观文化、考试文化、灌输文化、科层文化等都是竞争文化的体现，是竞争文化的不同面孔。工具文化，即教育是谋生工具，为竞争提供了动力；客观文化为竞争提供了追求对象和判断标准；考试是竞争方式，考试文化本身就是竞争文化；灌输是掌握客观知识最有效率的方式，也是提高竞争能力的"捷径"；科层是竞争的结构搭建，科层文化是竞争文化的一个构成部分。微观上，竞争体现于学校教育的每一个细微之处，哪怕是课堂上提一个问题，老师也会下意识地说"看谁回答得最好"。被竞争附体的教育，无论是从外在形式、存在结构，还是从内在精神和心理习惯上，都被竞争改造过了，体现出彻头彻尾的竞争性。正如伊利奇（Ivan Illich）所言，学校的任务就是将儿童导入这种"赌博性仪式"（gambling ritual）之中，"学校教给学生的东西——深入其内心并形成其习性的东西——正是竞赛本身"①。

四、竞争借教育之身"传道"

被竞争"附体"的教育表面上看繁荣昌盛、风光无限，实际上已失去了自我，无法按自身本性存在了。在很大程度上，现代教育所说、所做的都是竞争让其说和做的，是竞争在借教育之"嘴"说话，借教育之"腿"走路。一句话，是竞争在借教育之身"传道"。

教育是上一代人和下一代人之间的活动，体现的是社会的成熟成员对未成熟成员的爱护。我们常说教育是爱的事业，因为教育活动类似于父母的养育活动。父母爱护自己的孩子是无条件的。从应然的角度看，作为一种爱的事业，教育爱类似于父母之爱，也应是一种无条件的爱，即无论学生自身状况如何，学校和教育者都应给予他们教育爱。正是在这个意义上，我们说学校是家庭的延伸，是呵护儿童成长的"第二子宫"。但在被竞争附体的现代教育情景下，儿童从踏入校园的第一天起，就会遭遇一种完全不同的爱：有条件的爱。学校和教师不会像父母那样无条件地接纳和爱护每一个学生，而是根据学习成绩来决定是否接纳与认可学生，以及在多大程度上接纳和认可。学校总说尊重每一个孩子，但实际上学校的所有行为都是依据学习成绩将孩子分为三六九等加以区别对待，因为学校本身就是学生之间竞争的激发者与裁判者。学校用分数和分等等一系列教育常规来"告诉"学生接纳的有条件

---

① ［美］伊万·伊利奇：《非学校化社会》，吴康宁译，台北桂冠图书股份有限公司1994年版，第61页。

性，学生很快就会明白，要想得到认可与承认，那是需要付出努力的，学校与老师的爱是要靠自己去争取的。

这种认可与承认需要靠努力去争取的处世之道，在成人世界里也许不是问题，但学校是儿童世界，儿童是需要保护的对象。在儿童期，家庭和学校需要做的，是为儿童提供一个安全、舒适的成长环境，为儿童未来发展的无限可能奠定基础。人是有限性存在，每个个体都是脆弱的，都需要得到接纳和承认。没有接纳和承认，个体无法扎根、无法在这个世界上立足。儿童是更为脆弱的个体，在他们的成长过程中，无条件的爱犹如脚下的大地托举着他们探索的生命。竞争逻辑下的有条件的爱，对需要呵护的儿童来说，无异于釜底抽薪。失去了无条件之爱的保护，自我保护的本能就会"水落石出"，儿童就会将生命力主要用在如何自保以避免受到伤害上，失去了自由自在生长、安心探索无限可能的愿望。

安全感是人的基本需要，尚未成熟的儿童更需要安全感。但在竞技场一样的学校中生存，每个人都没有安全感。对那些在学校竞技场上处于劣势的孩子来说，来自学校和同伴的无法预料的排斥、惩罚、羞辱随时随地都可能从天而降，如果没有一个要么麻木、要么强大的心灵，那就只能惶惶不可终日了。对很多孩子来说，上学就是一个受折磨、受伤害的过程。对那些在竞争中处于优势地位的儿童来说，一时的成功并不能保证长久的成功，一不小心，就可能滑入失败者队列。实际上，竞争中处于优势的学生，其所感受到的不安全感，一点都不比那些劣势者少。生活在现代世界的人，都能感受到现代社会的恐惧、暴躁与戾气，我们总以为这是病态社会造成的，殊不知，这种社会病态其实也有教育根源。虽然不能说学校教育是社会病态的主导性根由，但我们无法否认二者的相关性，不能否认学校中这种普遍的不安全感所埋下的恐惧、焦虑、暴躁的种子。正如克里希拉穆提所言："在产生恐惧的竞争激烈的教育背景下，几乎人人都背负着恐惧，被恐惧的情绪包围，这个可怕的'东西'无情地扭曲了我们的心态，使我们的生活乏味、枯燥甚至晦暗。"①

与有条件的爱紧密相连的是"为自己而学"。现实教育中，不乏为人类、为国家、为社会而学习的动听话语，但在学校场域内外的人都知道这只是用来装饰的，"'人人为己'是传统学校大张旗鼓地宣传的规则，并把这种规则作为学生行为可以接受的规范"②。被竞争附体的学校，对"人人为己"的传播，是否"大张旗鼓"倒不一定，但一定是真真切切的。第一，学校以输赢作为基本运行逻辑，无时无刻不在传递着只能为己的信条。在学校中生存，每个人，尤其是学生，都逃脱不了输赢结构。成功与认可是有条件的、稀缺的，不是人人都可得而享之的资源，要想赢就得多为自己着想，甚至只为自己着想。踏入学校大门的儿童很快就会明白，上学就意味着去赢得这场"竞争游戏"，至于他人如何，国家如何，社会如何，都无关痛痒。第二，在竞争性的学校环境中，如何判断一个人是否成功呢？不是你自己做得如何，不是你自己是否有巨大的进步，而是与同伴相比如何。学校生活是比较性的，每一个人都以他人为坐标。一个学生考了多少并不重要，重要的是比同学多考了多少。你考了99分，而别人比你多1分，那你就是失败的；你考了55分，而别人考了54分，那你就是成功的。关于学校的这种评判规则，杜威在一百多年以前就已经批判过，"对工作的效绩评估（与分级或升级有关的口述或考试）不是从他们的个人贡献着眼，而是从比较成功上着眼，于是过分求助于胜过别人的感觉，而胆怯的儿童就感到沮丧"③。百年之后的今天，这种趋势依然如故，甚至愈演愈烈。比较教会了儿童为自己而学，因为"这种流行的

① ［印度］克里希拉穆提：《恐惧的由来》，凯锋译，学林出版社 2007 年版，第 6 页。
② ［以］舍勒莫·舍兰（Shlomo Sharan）等：《创新学校——组织和教学视角的分析》，姚运标译，中国轻工业出版社 2007 年版，第 25 页。
③ ［美］约翰·杜威：《学校与社会·明日之学校》，赵翔麟等译，人民教育出版社 1994 年版，第 151 页。

风气如此普遍，以至于一个儿童对其他儿童的学习有了帮助就算是犯罪"①。第三，现代教育以客观化的知识作为学习的主要内容，每个学生都是单纯地吸收事实与知识，学习的过程是个体的，进一步强化了"为自己而学"的价值偏好。现代教育是大规模、集体化的教育方式，但处在人群中的个体在学习中只是面对老师、面对书本，"学生作为一个独唱式的学习者在伙伴中'孤独地'坐着，每个人完成同样的任务，但是必须相信除了自己之外，'旁若无人'"②。成人社会总是会对年轻一代的"自私自利"痛心疾首，这里面不乏成人的自以为是，如果说自私自利的话，成人与年轻一代相比，肯定是有过之而无不及。但我们也必须承认，年轻一代的"自私自利"正是整个教育体系和教育过程教给他们的，是竞争通过教育"传道"的结果。

竞争借教育所传之道还包括道德冷漠。教育是一种道德、文化和社会努力，体现着对人性之善的关怀与追求，是一项仁慈的事业。从两代人的角度看，教育是上一代人对下一代人的关心，是上一代人爱护下一代人，使下一代人免除诸多成长艰辛的一种方式。从年轻一代自身来看，受教育的过程也是培养同龄人相扶相助、"共同经受"的过程。但"竞争是仁慈的永久阻碍。竞争的'灵恶'力量在于它隔离自我，将自我窄化为只是与其他自我争斗这一维度上，以至于所有关于共享（无论是同甘还是共苦）的希望都不再可能"③。仁慈寻求人与人之间的相同性，即作为人的共同命运感；竞争与仁慈大相径庭，它所寻求的是人与人的不同，即将人区分为胜者与败者。因此，竞争所要摧毁的正是仁慈所追求的将自我与他人联结在一起的倾向与力量。通过竞争，教育过程排斥了学生之间心灵联结的可能，放逐了仁慈，将学生

---

① ［美］约翰·杜威：《学校与社会·明日之学校》，赵翔麟等译，人民教育出版社1994年版，第32页。

② ［以］舍勒莫·舍兰（Shlomo Sharan）等：《创新学校——组织和教学视角的分析》，姚运标译，中国轻工业出版社2007年版，第27页。

③ Matthew Fox, A Spirituality Named Compassion：Uniting Mystical Awareness With Social Justice，Rochester，P. O.：Inner Traditions Bear & Company，1999，p. 70.

区分为胜者和败者，将他们隔离开来。不仅如此，竞争的教育还告诉学生，失败者不值得同情，因为大家都是竞争的参与者，对失败者的同情就是对竞争失败对手的支持，就是对自身竞争力量的削弱。

我们生活的地球温度在升高，但人与人之间的感情却在变冷。在这个时代生活的人，对我们这个时代的冷漠恐怕都有切身的体会。但我们无法怨天尤人，因为我们的教育从年轻一代踏入校门的那一天起，就在教他们道德冷漠。在冷漠的教育生活中，"差生"是最悲惨的，他们犹如成人社会中的穷人一样要忍受双重的痛苦与折磨。穷人不但要忍受物质匮乏的痛苦，还要忍受他人冷眼的折磨；"差生"则既要忍受"分数（能力）低下"的痛苦，又要忍受老师、同学的嘲笑与贬低。且不说给这些学生贴上"差生"标签的标准是否公正、合理，如果他们真的是"差生"，根据教育的伦理要求，他们不正是需要特别关心与支持的对象吗？教育无视这些孩子的成长急需，在教育的过程中不但无情地舍弃他们，还用各种各样的方式鄙视、折磨他们！本应仁慈的教育，对这些"差生"来说，哪有一星半点的仁慈？

现代社会是竞争的社会，它通过各种途径全方位无死角地对现代人进行洗脑，成功地使绝大多数人都相信竞争是人与人之间关系的主导性方式，是处理人与人之间关系的最"公平"的方式。教育作为现代社会的一个子结构，也在做着同样的事情。"我们使孩子相信，同伴竞争关系是不可避免的，是人们相互联系的最公平、最可欲的方式。竞争被理解为我们人性的表达。除此之外，我们找不到人际关系的替代方式"①。竞争不是人与人之间关系的全部，在特定范围内，竞争自有其效用，超出了特定范围，竞争就会显露其狰狞的面容。将竞争作为人际关系的全部，是人性的扭曲。正如罗素所言，"把竞争看作生活中主要的事情，这种观点太残酷、太顽固，使人的肌肉太紧张，使人的意志太集中，以至于如果把它当作人生的基础的话，连一二代人都难以

---

① H. Svi Shapiro, Losing Heart: The Moral and Spiritual Miseducation of America's Children, Mahwah, New Jersey: Lawrence Erlbaum Associates, Publishers, 2006, p. 59.

延续"①。也许现代人会嘲笑罗素是杞人忧天，现代社会不是已经延续了好几代人了吗？但我们不能对现代人的危险处境装聋作哑，我们真的能这样一直生存下去吗？即使人类可以这样病态地生存下去，自然环境能够承受人类过度竞争的后果吗？

教育是使人具有人性的过程，而人性在很大程度上就是人的道德性。人类所特有的诸多道德价值，都是以相互关心、相互扶助为基础的。也就是说，人际互爱是诸多道德价值的本体，失去这一本体，这些道德价值也就失去了存在根基。学校教育将竞争视为人与人之间关系的主导方式，就是对基于互爱的道德价值的釜底抽薪。道德教育之所以无力，之所以处境尴尬，一个重要原因就在于学校一方面在全心全意地建构、激发着竞争关系，另一方面又进行与这种竞争生活完全不匹配的道德教育，真是矛盾而又虚假。生活具有最大的教育力量，学生在学校里过的是竞争的生活，学到的当然是自我中心、个人至上、道德冷漠等与竞争一致的伦理观念。我们总是苛责道德教育在年轻一代身上未能有效地培育公正、仁慈、善良、友爱、诚实等道德品质，却对学生所过的竞争性生活视而不见。在竞争主导的学校进行道德教育，无异于缘木求鱼。

儿童天生爱学习，学习使人成为人，人也能享受学习带来的快乐。竞争性的教育则告诉学生，没有什么本身是值得学的，学习的目的只是战胜别人。杜威对此忧心忡忡："没有什么事本身是值得做的，只有当它是为某种别的事情做准备时才值得做，而别的事情反过来又只是为遥远的十分重要的目的做准备，从这种经常的印象中产生的道德上的损失，谁能估计有多少？"② 被竞争性教育控制的心灵，可以说都是被分数调谐过的心灵，对学习持高度工具

---

① ［英］伯特兰·罗素：《幸福之路》，曹荣湘等译，文化艺术出版社 2005 年版，第 14 页。

② ［美］约翰·杜威：《学校与社会·明日之学校》，赵祥麟等译，人民教育出版社 1994 年版，第 151 页。

化和操纵性的态度。在竞争性、考试驱动和等级偏执的学校环境里学习，学生及教师所看重的不仅与学习本身的快乐无关，也与内在价值无涉，不会提升关于生活价值与意义上的智慧，更不用说有益于社会公平与人间正义。竞争性的教育不仅推着学生远离他人，也推着学生远离自己的内在心灵，更推着学生远离公平正义。

五、教育还有"还魂"的希望吗？

摆脱竞争的附体，回到教育的本真状态，必要性不容置疑。从人类整体来看，过度的竞争导致的混乱甚至可以毁灭人类、毁灭地球，不再需要教育为已经如火如荼的人类竞争添柴加薪。现代人正遭受的由过度竞争引发的精神危机和身心痛苦，可以说已经到了极限，教育如果继续被竞争所控制，继续制造痛苦，现代人离疯狂与精神崩溃大概也不会太远了。现代人的遭遇与处境，呼唤教育发挥唤醒性、疗治性的功能，而不是继续做帮凶。教育是独特的人类活动，是保证脱胎于自然和动物的人类不堕落回来源处的独有力量。教育长期被竞争附体，被竞争所控制、所窒息，意味着人类将失去自身所独有的活动，意味着人类的下坠与蜕化。因此，从教育自身生存和人性需要的角度看，摆脱竞争的附体也刻不容缓。

必要性不等同于可能性。如今的教育无论从动力、组织条件、内在结构，还是从运行方式、评价标准、精神气质上都是竞争性的。让教育摆脱竞争，无异于让教育自戕。这已经被无数的事实所证明。比如，中小学生课业负担重，睡眠不足，身体素质差，年轻一代的身心健康问题已经成为一个严重的社会问题。显然，这个问题是学生与学生、学校与学校之间的激烈升学竞争的结果。在这样严峻的形势下，教育行业能够自省，能够站在年轻一代身心健康的立场去克制竞争的欲望吗？显然没有。教育行政部门用行政的力量去减轻学生课业负担，动机当然是好的，但思路却是错的。教育的竞争背后有行政的力量推动，不去解决深层的价值导向问题，而是用强迫的手段去减轻课业负担这一表面性的问题，结果只能是课业负担的转移、隐藏、变形和加剧。悲观一点看，在目前的教育框架内，教育摆脱竞争之附体，几无可能。

悲观的理由虽然充分，但也不能就此绝望。首先，如果跳出教育的现有框架，对教育进行革命性的改造，不是完全没有摆脱竞争的可能。教育被竞争附体，一个很重要的原因就在于现代国家将教育控制在政府手里，使其成为国家机构，将教育作为国家生存、国际竞争的工具。在这一过程中，教育虽然贡献巨大，但所付出的代价也是沉重的。教育摆脱竞争附体的希望，也许在于现代国家能够在自省的基础上自我约束，还教育以独立和自主。实际上，现代社会、现代人、现代教育所遭遇的困境，也在倒逼着现代国家在投资教育的同时对教育放手，毕竟，一个国家和民族的未来不能单纯寄希望于物质发达，还要寄希望于文化繁荣、社会和谐、国民道德、人际友善。独立自主教育所提供的心灵唤醒、道德反省、精神提升功能是现代国家所需要的，也是国家"软实力"的体现。其次，人性的力量也不能低估。现代社会和教育的过度竞争对人性造成了巨大毁坏，但爱、仁慈、正义等人性力量是不可能彻底泯灭的，只要有人存在，就有这些美好的人性存在。这些美好的人性就是抵御、对抗竞争之"灵恶"的正能量。再次，教育反弹的力量也不能忽视。现代教育只有几百年的历史，过去教育不是这个样子的，将来也不会总是如此。过去教育虽然糟粕不少，但值得继承的遗产也十分丰富。人类在悠久的历史进程中所形成的教育传统，尤其是那些没有竞争干扰的教育遗产，不可能被现代教育完全淹没。此外，世界各地已经涌现的一些教育观念与实践创新，也让我们醒悟，教育原来也可以有不一样的存在方式。

第五章　教育与人的"自我离异"

一、我们都是自己的陌生人

人与一般动物的区别之一在于人是精神性存在，有意识和自我意识。失去这种精神性，失去对自我的认识，也就失去了人的特异性，使人降格而与一般动物无异。正是在这个意义上，苏格拉底说"未经省思的生活是不值得过的"。

但人认识自己之路异常艰难。人有双眼，但这双眼不是朝内的，而是朝外的，其主要功能是对外在世界的认识与把握，不是对内在自我的反观与透视。人的双眼不是看不到自身，而是很难看到自己的内在精神性世界。甚至，当我们进行认识自己的精神性活动时，不得不闭上"身体的眼睛"以便打开"心灵的眼睛"。[①] 眼睛作为人体器官，一般情况下都能正常发育并发挥功能，但"心灵的眼睛"作为一种内在官能，一方面，它不是自然发育的，非经自我努力与教育引导无法"打开"；另一方面，即使已经打开的"心灵的眼睛"

---

① ［美］汉娜·阿伦特：《精神生活·思维》，姜志辉译，江苏教育出版社 2006 年版，第 23 页。

也容易被外在力量所蒙蔽，甚至"失明"。一个明显的证据就是很多人在人生的早期有很丰富的内心生活，"心灵的眼睛"已经张开了一条缝隙，但到了成年，却再也无法面对自我，再也没有精神生活，"心灵的眼睛"因蒙蔽而"失明"。

认识自己之难还在于"外面的世界很精彩"，容易吸引人向外看的目光，而压抑人向内看的"目光"。与一般动物与自然世界融为一体不同，人从自然中脱颖而出，能够意识到自己与自然的分离，能够用身体的眼睛审视外在于己的世界。而这外在于己的世界奥妙无穷，令人惊异，能够紧紧地抓住人的目光。而且，人来自于自然，自然是人的"老家"，赫然挺立的人虽然已经无法再与自然融为一体，但对自然总是保留着一种无法言说的依恋之情。更重要的是，外在世界不单是人审美或感情依恋的对象，还是人生存的依靠，因为人的生存所需从根本上说都取自于外在世界，没有对这个世界一定程度的了解，人就无法生存下去。无论是简单地活下去，还是想要活得更好，都离不开外在世界的养育，这更增加了人对外在世界的关注。另外，与外在世界的无限与永恒相比，人自身是那样的渺小、有限、脆弱，"力量"对比的悬殊一方面激发人将更多的关注投向外在世界，另一方面也促使人"闭上心灵的眼睛"以避免看到自己的弱小与有限。

无论有多难，外面的世界有多精彩，认识自己都是人之为人的基本需要和本然特征，作为人我们必须"向内看"。如果没有"向内看"作为前提和基础，我们"向外看"的目光也会扭曲。卡西尔（Ernst Cassirer）指出，从人类意识原初萌发之时起，一种对人自身的内向观察就伴随并补充着对外在世界的外向观察。一个明显的证据是，"在对宇宙的最早的神话学解释中，我们总是可以发现一个原始的人类学与一个原始的宇宙学比肩而立：世界的起源问题与人的起源问题难分难解地交织在一起"[①]。一旦外向观察脱离了内向观

---

① ［德］恩斯特·卡西尔：《人论》，甘阳译，上海译文出版社1985年版，第5页。

察，总有目光深邃的伟人力图将这种偏离拉回来，比如苏格拉底。苏格拉底所处的时代，自然哲学兴盛，人们的关注点是宇宙和自然，而不是人自身。根据自述，苏格拉底年轻时也被当时流行的自然哲学所吸引，想通过研究自然知道每一事物产生、消灭、存在的原因，结果是"被那些研究搞得简直是头昏眼花，以至于失掉了自己和别人原来具有的知识；忘掉了自己从前曾经以为知道的许多事情，连人生长的原因都忘了"①。苏格拉底所要做的就是将人的目光从宇宙和世界重新拉到人身上，慎思"人应该如何生活"这个更为迫切、更为重要的问题。正如西塞罗（Marcus Tullius Cicero）的著名评论，苏格拉底是"最早将哲学从天上召唤下来的人，使它在人的城邦中生根，并进入各个家庭，还迫使它审视生命、伦理与善恶"②。正是意识到"向内看"或者说认识自己的重要性，我们创建了诸多活动领域来增强这种能力，比如人文艺术学科和教育活动。人文艺术学科是由"认识你自己"的需要延伸发展出来的各种知识领域，其主要宗旨是引导人审视自身，过内在的精神生活。现代以前的教育基本上是人文和道德教育，其基本指向也不是外在世界，而是人本身，是帮助人认识自己的活动。正如维柯（Giovanni Battista Vico）所言，帮助人认识自己是教育的首要目标，因为"对任何人来说，自知都是最强有力的激励，促使他去以尽可能短的时间来获取全部领域的学识"③。

现代不同于以往任何时代，在这个时代人类有了功能强大的"第三只眼"——现代科技。有了这"第三只眼"，现代人看世界的能力几乎达到过去只有神或上帝才能达到的水平。现代人不仅可以探测遥不可及的宇宙星系，还可以深入到微观世界，深入到构成物质的微小粒子内部。这"第三只眼"

---

① ［古希腊］柏拉图：《柏拉图对话集》，王太庆译，商务印书馆 2010 年版，第 261 页。

② ［意］余纪元：《德性之镜：孔子与亚里士多德的伦理学》，中国人民大学出版社 2009 年版，第 63 页。

③ ［意］维柯：《论人文教育》，王楠译，上海三联书店 2007 年版，第 33 页。

的功能当然不仅是看世界，还帮助我们通过现代实验这种带有暴力性质的方法"逼迫自然说出自己的秘密"，以更好地控制自然为人的生存与发展服务。所谓科学技术就是"人类由于认出自然的性质和规律，以便利用它们和控制它们，从而使自然能为人类自身利益服务而具有的各种能力和手段"①。也就是说，科学技术作为"第三只眼"不仅满足了现代人向外看世界的好奇心，扒掉了曾经覆盖于自然之上的神秘面纱，使自然蜕变为人类单纯的资源库，还帮助人类制造出原本并不存在的丰富的人造物，使现代人可以享用前所未有的物质财富。正是基于这种巨大成功，现代科技已经成为现代文化的中心，"我们在利用技术提高我们生活质量的同时，实际上已经允许它抽空我们文化的精髓和智慧。我们对现代技术的迷恋使我们用量化计算取代质的评判、用技术手段取代真正的人类目的，并最终使我们的世界成为一个除了技术意义之外，别无所有的世界"②。在这样的世界，现代人失去了向内看的冲动和愿望，因为现代人的所有注意力已经被现代科技牢牢抓住。即使想反观自身，也是以现代科技所规定好的方式去反观，即把人当做一个科学研究与实验的对象，把人当作自然的、物质性的存在。这样的向内看，看到的不是人自身，不是人的精神性，而是人的肉体存在、人的动物性和物质性。人的那些无法用现代科技量化的思想和精神，在现代科技的度量衡面前一文不值，如敝屣般被丢弃了。

借助现代科技的中介作用，现代人的目光和注意力有很大一部分由自然转向了人造物质。物质财富的极大丰富又进一步解放并激发了人类深不见底的欲望，而欲望的满足必须依靠现代科技，欲望推着现代科技往前走，而每一次科技进步则激发甚至创造出更多欲望，二者形成了一个"封闭的循环"。

---

① ［德］阿诺德·盖伦：《技术时代的人类心灵——工业社会的社会心理问题》，何兆武、何冰译，上海科技教育出版社 2003 年版，第 4 页。

② ［加］纪克之：《现代世界之道》，刘平、谢燕译，北京大学出版社 2010 年版，第 76 页。

这进一步降低了现代人向内看自身的可能性和必要性。享受物质财富的现代人实际上也被物质所房，在拥有物质的同时也被物质所拥有，沉溺于物质，被物质所包围，患上了严重的"物欲症"① （affluenza），没有闲情和动力去回看自身。过去时代，物质财富有限，人类之所以要向内看，一方面是基于人性的需要，另一方面也是要通过自省等精神活动节制欲望，因为不控制欲望，又没有充分的物质去满足欲望，人就会为此而烦扰，就无法过上健康、美好的生活。如今，物质极大丰富，而欲望则成了推动科技和社会进步的动力，通过向内看的精神性活动节制欲望的必要性失去了社会基础。

现代社会整体上物质极大丰富，但每个人所能享受的份额则千差万别。富有的想保住富有并能够更富有，贫穷的则想摆脱贫穷进而变得富有，于是几乎所有人都在为物质财富而奔忙。正如奥诺德（Carl Honoré）所说，"将自己的心仅仅放在物质追求上的人总是匆匆忙忙"②。1982年物理学家拉里·多西首创"时间病"③ 一词，用以描述现代人为时间所困、生活匆忙、快速做一切事情的生存窘态，可谓切中要害。罹患"时间病"的现代人从早上睁开眼睛那一刻起，就开始与时间赛跑，却总也跑不过时间，总觉得时间不够用。现代资本主义和都市生活犹如两个庞大的加速器，驱动着现代人天天如机器般高速运转，所谓"时间就是金钱，速度就是生命"。向内看自己，是需要停下来思考的，但忙碌的现代人已经无法停下脚步，已经无暇去审视自己了。

被物质吸引、总是忙忙碌碌的现代人不仅无法审视自己，也已经害怕看到自己。现代人忙来忙去，就是不停下来想一想，他们正在孜孜以求的目标是否真是自己想要的，比如为什么要赚大钱？赚到了又如何？这些问题不能

---

① 所谓"物欲症"，"就是由于人们不断渴望占有更多物质，从而导致心理负担过大、个人债务沉重，并引发强烈焦虑感"的一种传染性极强的社会病。见［美］约翰·格拉夫等：《流行性物欲症》，闾佳译，中国人民大学出版社2006年版，第3页。

② ［加］卡萝·奥诺德：《放慢生活脚步：全球化的减速运动如何挑战对速度的崇拜》，李慧明译，中国人民大学出版社2008年版，第13页。

③ 同上书，第5页。

想，真去想的话非常可怕，会让人产生无法抑制的幻灭感，所以即使偶一闪念，也要赶紧把这恐怖的念头掐死。但人是血肉之躯，总有停下来的时候，现代人偶尔停下来向内看自己时，最可能看到的是一个连自己都不认识的陌生人，总是伴随着窘迫和惊骇，于是我们害怕了，赶紧逃跑。现代科技再一次"拯救"了现代人，用无数的精巧装置，使我们免于这种可怕的时刻。广播、电视、网络、移动通信，都是用来填满现代人忙碌的空隙的，使我们不再有哪怕一点点时间和机会去进行那可怕的审视自己的活动。忙碌一天之后回到家里，我们被电视和网络填满，直到上床睡觉；走在路上，我们被移动电子设备填满，不用担心在陌生世界中"顾影自怜"的可怕时刻。没有这些"拯救"装置，现代人必将陷入恐慌，就像弗洛姆所说的那样，假如"电视、广播、体育运动以及报纸停止活动四个星期，在这几条逃避自我的主要通道封闭之后，人们不得不重新依靠自身的力量的时候，情况会怎么样呢？"①

现代人逃避自己的方式还包括对规范的推崇。人是道德存在，时刻都面临着道德选择，而每一次道德选择都是一次无法避免的面对自己的时刻。如前所述，现代人已经不愿意承受独自面对自身时的困惑和痛苦，于是倒向规范和法律，用规范和法律指导自己的行为以避免做出道德选择。规范和法律已经指明什么是可以做的，什么是不可以做的，我们只要按照这一指引行事就行，完全没有必要为做出什么样的选择而烦恼。鲍曼对此洞若观火："把含糊的、人所共知的不确定的责任缩小为一张有限义务或责任清单，免除了行动者在黑暗中摸索的许多焦虑，有助于避免没完没了的解释和永不停息的折磨带来的痛苦感觉。"② 借助规范与法律，现代人回避了道德选择，也堵住了一条直面自身的通道。

---

① ［美］E. 弗洛姆：《健全的社会》，孙恺祥译，贵州人民出版社 1994 年版，第13 页。

② ［英］齐格蒙·鲍曼：《生活在碎片之中——论后现代道德》，郁建兴等译，学林出版社 2002 年版，序言第 4—5 页。

弗洛姆还揭示出现代人逃避自我的另一个方式，即机械趋同。机械趋同是现代社会里大多数人所采取的惯常方式，即不再为自身的独特性而烦恼，将自己融入到社会所要求的人格类型之中，变得与其他人一样。"这种机制有点类似于某些动物的保护色，它们与周围的环境是那么相像，以至于很难辨认出来。人放弃自我，成为一个机器人，与周围的数百万机器人绝无二致。"[①]将自己化于芸芸众生之中的好处在于能够为逃避自身找到依据：别人都这样，我这样很正常，没有什么不对。缺陷在于这样一来现代人所主张的个性和主体感丧失。但现代人有一套精巧的机制同时兼顾两者：在形式上多数人似乎都有自己的主张，张口闭口都是"我感觉""我认为""我愿意"，在内容上绝大多数人的主张却趋于一致，比如都是在追逐物质利益，都在娱乐消费。也就是说，现代人用"伪愿望""伪需要""伪感觉""伪思想"这一策略，既回避了与自己照面，又满足了个性与自主性的需要，真是巧妙！

二、现代教育：推着人远离自己

每当社会出现问题，人们总是寄望于教育和学校，渴望教育能够力挽狂澜。但冰冷的现实往往会将这种美好的愿望击得粉碎，因为"学校是社会现状的盟友"[②]。亚里士多德认为，有什么样的政体就有什么样的教育，君主制有与之相适应的教育，共和制有与之相匹配的教育，而不是相反，即由教育去塑造、建构适应自身的政体。事实上，历史上的教育，多数情况下都是当时社会需要的迎合者，不是社会需要的引领者。在一个"我们都是自己的陌生人"的时代，教育扮演了什么样的角色呢？是"逆流而上"的抵抗力量，还是"同流合污"的同谋者？对照现实，现代教育所扮演的角色依然是"社

---

① ［美］埃里希·弗洛姆：《逃避自由》，刘林海译，国际文化出版公司 2000 年版，第 126 页。

② ［美］约翰·S. 布鲁巴克：《教育问题史》，单中惠、王强译，山东教育出版社2012 年版，第 624 页。

会现状的盟友"，现代教育为年轻一代提供的主要是"逃避自己的训练"，在很大程度上，受教育的过程也就是学习如何远离自己的过程。

专门教育发端于人们超脱生存压力之后对自身和世界进行探索的活动。在古希腊，学校与闲暇是同义词，闲暇就是指"学习和教育的场所"①。但现代教育与本源意义上的教育大相径庭，与闲暇更是风马牛不相及。建基于工业革命所激发的大规模生产需要的现代教育，虽然不能说完全割断了与古典教育的联系，但无论是外在形态还是内在精神的变化都是"革命性的"。"19世纪三四十年代，工业革命已经创造出巨大的经济能力，它必然要求彻底重建教育观"②。过去那种以人自身为指向的人文教育内容和学徒化的教育方式已经不再适应社会需要。首先是规模。过去时代那种小规模的教育已经无法满足大规模生产的需要，由国家主办的公立教育和义务教育应运而生，大规模教育，包括大型学校、大型班级成了教育的常态。其次是教育方式。与现代生产的效率追求相一致，过去那种以个体为教育对象的方式因为"低效"而被抛弃，代之以集体为教育对象的"高效"的新教育方式。再次是教育内容。自从 19 世纪中期斯宾塞（Herbert Spencer）以"什么知识最有价值？"（what knowledge is most worth?）的疑问来挑战人文知识的地位以来，人文学科在学校教育中的地位一落千丈，成为一次又一次被删减的对象，而科学知识则越来越重要，逐步占据了压倒性的优势地位。这一变化反映的也是现代工业生产对科学技术知识的需要。

不可否认，大规模教育有其客观的历史进步意义，比如下层人民子女有了受教育的机会，教育在一定程度上走上了平等与民主化的道路。但教育也由此转换了形态，发生了翻天覆地的变化，走上了一条全新的逐步疏离人自

---

① ［德］约瑟夫·皮珀：《闲暇：文化的基础》，刘森尧译，新星出版社 2005 年版，第 6 页。

② ［美］约翰·S. 布鲁巴克：《教育问题史》，单中惠、王强译，山东教育出版社 2012 年版，第 94 页。

身的现代之途。我们可以首先考察推行大规模教育的原始动机。1889—1906年担任美国教育部长的哈里斯毫不掩饰学校作为异化工具的定位，"将儿童从他们自身异化，这样他们就再也不会寻找内在的力量。将他们从家庭、传统、宗教、文化中异化，这样，再也不会有来自外部的意见与当局的决定相左"①。当时的企业巨头与当局对教育的态度惊人的一致，他们投资教育的欲望甚至超过政府，1915 年卡内基和洛克菲勒对教育的投入甚至超过了美国政府。嗜钱如命的资本家为什么对教育如此大方呢？洛克菲勒教育管理委员会的宣言泄露了"天机"："我们梦想着……人们被完全驯服，任凭我们揉捏、塑造。……我们给自己定下的任务非常简单……把孩子们组织起来，教他们做他们父母正在做着的事情，做得尽善尽美"②。显然，资本家之所以热衷于投资教育，目的在于通过教育塑造既有基本知识和技能，又有顺从、听话和忍耐性格的劳动大军。因此，我们可以有根据地说，现代教育的初始动机就不是培养会思考的、有独立性的人，而是造就远离自身的好控制的劳动力。

一百多年来，现代教育也在发展，也在转型。即使其初始动机是将儿童从他们自身异化，如果现代教育的发展和转型已经摆脱了初始动机，那我们就不能再说现代教育是"一个巧妙的逃避自我之途"③。但透视现代教育的现实，我们发现现代教育在推着儿童远离自身的路途上不但没有回头，反而是越走越远。

首先是现代教育的外在化与客观化。作为"社会现状的盟友"，现代教育与现代人只向外看世界的习性保持步调一致，其"唯一的目标就是增长我们

---

① ［美］约翰·泰勒·盖托：《上学真的有用吗?》，汪小英译，生活·读书·新知三联书店 2010 年版，第 15 页。

② 同上书，第 9 页。

③ ［印度］克里希那穆提：《一生的学习》，张南星译，群言出版社 2004 年版，第 15 页。

对物质世界的主宰能力"①。现代教育几乎全部的注意力都放在对外部世界的认识与把握上，科学知识被推到了前所未有的优越地位。现代教育的主要任务就是带着儿童一头扎进外部世界，通过学习关于外部世界的客观知识来实现对自然和物质世界的掌控。对外在世界的学习，如果以对人自身的理解为参照，或者说将对外在世界的认识与对人自身的理解结合起来，那么对世界的认识也可以促进对人自身的理解。但"如果一种（教育）主题只限于向我们提供能够使我们更多地控制事物的世界的知识，那么，它倒是很可以用来增长我们的物质财富，却丝毫不能影响我们的内在生活"②。被涂尔干（E. Durkheim）不幸言中，现代教育恰恰就是只限于向年轻一代提供控制世界和增长财富的知识。现代教育的这种外在化与客观化紧密相连。所谓客观化就是与世界分开，就是"站到世界的对立面"，在这种世界观的统摄下，关于世界的知识仅仅是对象化的知识，无法与对人的认识联系起来，所以也就无法影响人的内在生活。不仅如此，现代教育的这种客观化不是局部的，而是整体的，那些勉强存活下来的人文学科也按照外在化与客观化的逻辑进行了"洗心革面"式的改造，也变成了与人自身无关的客观知识体系。在这种客观主义的教育处境下，"学生以为，教育的目的就是获取、再现知识，就是从一个学习科目转向下一个，就是从一个班级、年级和学位到下一个班级、年级和学位。学生就像在教育的百货商店里待得太久而变得茫然、被动的消费者"③。

教育领域臭名昭著的灌输，虽经上百年的口诛笔伐和一次又一次的以其为对象的"教育革命"，依然阴魂不散，在现代教育的每一个教室里都还可以

---

① ［法］爱弥尔·涂尔干：《教育思想的演进》，李康译，上海人民出版社 2003 年版，第 471 页。

② ［法］爱弥尔·涂尔干：《教育思想的演进》，李康译，上海人民出版社 2003 年版，第 471 页。

③ ［美］托宾·哈特：《从信息到转化：为了意识进展的教育》，彭正梅译，华东师范大学出版社 2007 年版，第 37 页。

找到其踪迹。为什么会这样呢？根本的原因在于灌输是现代教育的结构性因素，是内在于现代教育本身的。换句话说，有现代教育的地方，就有灌输的身影。"灌输之所以是结构性的，不仅仅因为它是学校运作的一个方面，而且还因为它反映了在更宽广的社会背景中也存在着相应的结构"①。以人的欲望为基础的现代商业社会需要激发每个人的欲望强度，每个人都成了"营销对象"，而现代商业的基本营销策略就是饱和灌输，用海量商品消息灌满人们的头脑。从这个角度看，教育中的灌输是社会灌输整体结构中的一个环节。从学校运作来看，因为教育内容是外在于人的，甚至是与儿童的经验、体会毫不相关的，学生只能照单全收，无法去进行重新探索和思考。现代教育思想中关于自主学习、自主探究的理论热火朝天，但在教育现实中，主导性的教育方法毫无疑问依然是灌输式教学。灌输不仅是内在于教育内容的，也是内在于现代教育方式的。以班级授课制为基本形态的集体教育方式本身就有"灌输偏好"：单个的教育者处在高处的讲台，而众多的受教育者处在低处的座位，恰好形成一种由高到低的倾倒势能！不是教师天生爱灌输，而是处在那个位置，面对众多的学生，灌输自然而然地就发生了。准确地说，灌输这种教育方式是预设在以集体为教育对象的班级授课制之中的。关于现代教育的两个隐喻，"流水线"和"信息下载"②，都形象地揭示了现代教育的灌输特征。在"流水线"隐喻中，学生被视为需要"灌装的容器"；而在"信息下载"隐喻中，学生则被当成了"信息存储器"。从"容器"到"存储器"，"设备"虽然已经更新换代，但灌输的本质依然如故。

灌输显然是将人推离自身的力量。第一，灌输具有使人非人性化的特性。在灌输结构中，学生成了知识内容的接收器，活生生的人被降低为物化的机

---

① ［美］克里夫·贝克：《优化学校教育——一种价值的观点》，戚万学等译，华东师范大学出版社 2003 年版，第 87 页。

② ［美］托宾·哈特：《从信息到转化：为了意识进展的教育》，彭正梅译，华东师范大学出版社 2007 年版，第 17 页。

器存在。在灌输过程中，学校"明示"或"暗示"作为机器存在的学生，"你们的经验，你们的关心，你们的好奇心，你们的需要，你们了解的一切……没有丝毫价值"①。被嵌入灌输结构之中的学生，久而久之就会忘记自己的经验、关心、好奇心和需要，变得麻木，变成学习的机器，遗忘了自己，丢失了自己。第二，灌输有自己的"伦理诉说"，那就是学习是一个被动接受的过程，不是一个独立思考和探索的活动。学校教育中这种弥漫性的心理环境，窒息的不单是孩子们的好奇心，使踏入学校大门不久的孩子很快失去了发问的兴趣和能力，还抹杀了他们对美好事物的感受力，心灵开始枯萎。第三，灌输背后的逻辑是专制与服从。灌输是一种非对称的人类交往方式，一方无限强大，另一方无限弱小，强大者的天职是专制，弱小者的本分是服从。专制和服从表面上看有天壤之别，但实质却是一致的，都是心灵麻木，都是人性偏离。第四，灌输作为一种非人性化的教育方式，总会遇到孩子们天性的反对与抵抗，要正常进行，必须依靠严酷的纪律。这也是现代教育一方面标榜自己是最民主的教育，另一方面又发明并运用那么多纪律和规训手段，甚至不惜制造恐惧的原因。爱因斯坦（Albert Einstein）将严酷的纪律和制造恐惧视为教育中最糟糕的事情："对于学校来说，最坏的事情是，主要靠恐吓、暴力和人为的权威这些办法来进行工作。这种做法摧残学生健康的情感、诚实和自信，它制造出顺从的人。"② 第五，单有严酷的纪律还不行，往往还要配上一些奖励，因此与严酷的纪律配套使用的往往是外在奖励。滥用的奖励，使孩子将注意力从学习活动本身转移到奖励上，为奖励而学习，学习本身的快乐反而丧失了。鼓励孩子追逐表扬、考高分、获得奖励是现代教育常用、惯用的手法，即用外在的事物吸引孩子的注意力，从而拉着孩子远离童年生活、远离自身。

---

① ［美］克里夫·贝克著，《优化学校教育——一种价值的观点》，戚万学等译，华东师范大学出版社2003年版，第30页。

② 《爱因斯坦文集》第3卷，许良英等译，商务印书馆2009年版，第171页。

与外在化与灌输性相关联，现代教育的另外一个特征是学习任务的繁重性。教育的外在化导致有太多的科目需要学习，而灌输则要求没完没了的记忆与训练。当然，现代教育的繁重、繁忙与现代社会的繁重、繁忙是一脉相承的，也是被自己的欲望和人与人之间的激烈竞争推着走。孩子们披星戴月，起早贪黑，有做不完的作业和没完没了的考试。现代教育的繁重与繁忙，普通民众都有直接的体会，因为教育与每个家庭都密切相关。与繁忙占满成人心灵一样，繁忙也占满了孩子的心灵，使孩子在人生的早期就被外在事物牵着走，失去了停下来思考的意识、习惯和能力。繁忙与肤浅相联系，爱因斯坦说："使青年人发展批判的独立思考，对于有价值的教育也是生命攸关的，由于太多和太杂的学科造成的青年人的过重负担，大大危害了这种独立思考的发展。负担导致肤浅。"① 另外，孩子每天都做重复、单调、乏味的事情，不用花心思，不用费脑筋，久而久之，孩子就形成了低度运用智能、几乎不用心灵的机械化生活的习惯。

现代教育的另外一个特点是对标准化考试的非理性推崇。标准化考试之所以流行，是其诱人的便捷性、客观性契合了现代教育追求效率、突出客观性的要求。标准化考试也因此能够在教育活动中呼风唤雨，成为支配一切教育活动的核心力量。考试作为教育评价的一个环节，自有其存在的价值，但至多只能算是整体教育的一个"小尾巴"。但如今这条"小尾巴"成了主角，整个教育都得听它的，"盛行的、制造恐惧的标准化考试制约着学校教育的整体摆动，就像'尾巴在摇狗'，而不是'狗在摇尾巴'"②。处在"尾巴"指挥一切的教育结构中，孩子几乎所有的生命力都被考试分数吸引住了，他们在学习任何内容时都会被一个问题所纠缠："这个会考吗？"如果答案是肯定的，那就努力记住；如果答案是否定的，则弃之唯恐不及。因为所有关于人自己

---

① 《爱因斯坦文集》第 3 卷，许良英等译，商务印书馆 2009 年版，第 359 页。

② ［美］托宾·哈特：《从信息到转化：为了意识进展的教育》，彭正梅译，华东师范大学出版社 2007 年版，第 3 页。

的认识和体会都不会出现在标准化试卷上，反观自身、心灵对话都是完全可以丢弃的东西，正是在这个意义上，标准化考试切断了教育与自我反省、人生意义、心灵关怀之间的联系，"灵魂杀手"的称号名副其实。正如克里希拉穆提所说："我们把考试和学位当作衡量智慧的标准，进而培育了一种躲避人生重大问题的心智。"①

三、"自我离异"意味着什么?

在弗洛姆看来，现代人这种远离自己的存在状态，就是一种异化。"所谓异化，就是一种经验方式，通过这种方式，人体验到自己是一个陌生人。我们可以说，他同自己离异了。……异化的人同自己失去了联系，就像他同他人失去了联系一样"②。能够与自己相处，能够处理内部本质，这恰是人的心灵力量。与自己离异，不能与自己相处，不能了解自己的内在精神，也就是失去心灵的力量。"正如与他人在一起是个人存在的必要条件一样，与自己在一起，过一种完全内心的生活对一个人来说同样不可缺少"③。没有与自身的相处，没有内在的心灵活动，人的精神生活就会枯萎。

应该承认，现代人心灵的枯死不是完成时态，而是进行时态，是"正在进行时"，是一种"暖死亡"过程。心灵"暖死亡"的可怕在于我们处在死亡的过程中而不自知，或者说虽然有所觉察却因危险的"遥远"而失去警惕性。问题是，一旦心灵完全枯死，那就是真正的"人类末日"的到来。因此，迫切的任务是揭示出心灵的"暖死亡"对人性、对人类来说意味着什么，避免走向不归路。

---

① ［印度］克里希那穆提：《一生的学习》，张南星译，群言出版社 2004 年版，第 9 页。

② ［美］E. 弗洛姆：《健全的社会》，孙恺祥译，贵州人民出版社 1994 年版，第 95 页。

③ 王寅丽：《汉娜·阿伦特：在哲学与政治之间》，上海人民出版社 2008 年版，第 199 页。

"与自己离异"意味着诸多人性与人道力量的丧失。在阿伦特看来，复数性（基于每一个人的独一无二性所形成的多样性）是人存在的基本境况，而与自己在一起，与自己进行内在对话则是精神生活的突出特征。因此，最人性和人道的事业就是保持人的复数性，而最灭绝人性、惨无人道的事情则是泯灭人的复数性，使人变得整齐划一。同理，与自己在一起，保持内在的心灵对话，过精神生活也是人性和人道的事情，而与自己离异，失去精神生活也是非人性、不人道的事情。与自己相处，过精神生活，是"我们在世界上扎根（striking roots）和安身立命（taking one's place）的人性方式"①。人间世界是先在于每个人的，作为新来者，要想切入这个先在的人间世界并得到认可，你不能"什么人都不是"（nobody），必须是某个特定的人，必须有自己的个性和人格。而个性和人格则来自一个人与自身相处的内在精神活动过程之中。正是在与自身的相处中，通过记忆、思考等内在精神过程，我们才确定自己是什么样的人、想成为什么样的人、能成为什么样的人，才能把自己树立为一个特定的人。"与自己离异"不但使一个人无法在世界上扎根和安身立命，也因为无法获得个性与人格进而有损于人的复数性，是双重的非人性和非人道。

　　精神生活离不开想象力。"呈现给我们精神的东西首先必须去感性化，把感性事物变成表象的能力叫做'想象力'。如果没有能使不以感性形式呈现的东西显现出来的这种能力，那么思维过程和系列思想将是不可能的"②。精神活动的外部表现是从外在世界离开、对日常感性世界视而不见的状态。从外在世界离开之时，也是进入想象的世界之时，即从现象世界进入到想象世界。正是想象力把事物置于我们内心，供我们的心灵进行感受、思考和判断。"全

---

　　① ［美］汉娜·阿伦特：《责任与判断》，陈联营译，上海人民出版社 2011 年版，第79 页。

　　② ［美］汉娜·阿伦特：《精神生活·思维》，姜志辉译，江苏教育出版社 2006 年版，第 92 页。

部推理活动，而且使我们成为理性存在者的一切活动，都是在想象中实现的"①。正是因为有想象力，人才比其他动物多了一个世界，人性才得以伸展并获得深度。"与自己离异"意味着人很少或根本不借助想象力从物质世界隐退去面对自己、去过精神生活。如果说心灵是人的真正的"家"的话，那么想象力则是"回家的路"，没有想象力，则意味着"回家的路"已经不通了。这也就是有那么多现代人"从不'回家'，或者'无家'可归"②的原因。在杜威（John Dewey）看来，缺乏想象力是"野蛮人"与动物所共有的特征③。仔细琢磨，此言真是不谬。现代人沉溺于物质，脑满肠肥、体态臃肿，而内在精神生活缺乏想象力的滋养，瘦弱不堪，奄奄一息，不正是野蛮化的表现吗？更重要的是，想象力使我们能够设身处地地考虑他人，将他人的心灵纳入到自身的心灵活动之中。也就是说，想象力不仅是我们"回家的路"，也是我们"走亲访友（人类同胞）之路"。如果这条路不通的话，人与人之间的隔膜与麻木则不难想象，道德也就跟着失去了人际（更准确地说是"心际"）根基。

阿伦特以苏格拉底为典范，非常重视思考（thinking）在精神生活中的重要地位，"从柏拉图开始，思就被定义为我与我自己之间的一种无声对话，它是与自己相伴、自足自乐的唯一方式"④。作为内在无声对话或心灵之声的思考不同于现代人所熟悉的认知或推理等认识活动：认识活动所要把握的是呈现给感官的东西，其目的在于知识；而思考所要把握的是呈现给心灵的事物，

---

① ［美］斯蒂文·费什米尔：《杜威与道德想象力：伦理学中的实用主义》，徐鹏等译，北京大学出版社 2010 年版，第 98 页。

② ［加］菲利普·汉森：《汉娜·阿伦特：历史、政治与公民身份》，刘佳林译，江苏人民出版社 2007 年版，第 234 页。

③ ［美］斯蒂文·费什米尔：《杜威与道德想象力》，徐鹏、马如俊译，北京大学出版社 2010 年版，第 99 页。

④ ［美］汉娜·阿伦特：《责任与判断》，陈联营译，上海人民出版社 2011 年版，第 7 页。

旨在揭示自身行动的意义。认识活动可以指向广阔的宇宙万物，而思考则一定是"我与自己无声地谈论所发生的关于我的事情"①。思考与记忆密不可分，思考是指向过去的，是通过记忆对已经发生的有关自己的事情的反思。在这个意义上，没有记忆也就没有思考，反过来也是一样，没有思考也就意味着记忆的丧失。作为人我们都有认识能力，同样，作为人我们都有思考能力，或者说，思考是人作为人的本性需要和人道责任，并非少数人独有的禀赋。认为多数人不能思考的观点往往是统治者别有用心的宣传，因为一旦人们不再检讨他们的所信和所为，统治者的统治就是最容易、最保险的。

思考作为人性特征，其意义不言而喻。未经思考的生活是不值得过的，思考就是充分地活着，就是活得真正像一个人，活出人的深度与高度。精神生活树立了一个人的人格和个性，在精神生活中，思考扮演着关键性的角色。"在思想的过程中，我们明确地把自己构造成一个人格，而我应该尽量地保持为一，以使我能够不断重新进行这种构造。……人格是思虑活动的单纯的、几乎是自动的结果。"② 因为思考就是与自己展开心灵对话，而对话的过程就是检视自己的过程，什么是符合自己的，什么是不符合自己的，都会得到省问。苏格拉底用自己的生命践行"宁愿含冤也不去作恶"，因为含冤是别人对不起自己，在这种情况下含冤的"我"依然与自己站在一起，而作恶则是"我"与自己过不去，在这种情况下，"我"被迫与恶棍生活在一起，被迫与他进行日复一日的交流，这是最折磨人的生活。为了避免与恶棍生活在一起，"我"就得始终如一，人格就是这种坚持的结果。一句话，思考就是反复拷问"我"想成为什么样的人，"我"愿意与什么样的人生活在一起的过程。

思考的道德意义与其人格构造意义是同一的。"我"在思考时，内心总有

---

① ［美］汉娜·阿伦特：《责任与判断》，陈联营译，上海人民出版社 2011 年版，第7页。

② ［美］汉娜·阿伦特：《责任与判断》，陈联营译，上海人民出版社 2011 年版，第75页。

"我不能"的声音，这种声音既是人格构造的声音，也是阻止"我"去作恶的声音，因为一旦"我"突破了"我不能"所设置的限制，也就意味着"我"与自己为敌了。不仅如此，思考不接受任何现成的结论，思考质疑一切无可怀疑之事，颠覆先入之见。在这个意义上，思考是人摆脱各种极权主义意识形态谎言和控制的强大精神力量。在黑暗时代，那些思考的人所表现出来的不服从，成为照亮被蒙尘的道德的光。

不思考是"与自己离异"的一种表现，阿伦特将其命名为"无思"。"无思——漫不经心地轻举妄动，或无可救药的混乱，或自鸣得意地重复已变得微不足道、毫无内容的'真理'——在我看来是我们时代的一个显著特征"①。之所以说无思（即内心对话的缺失）是我们时代的显著特征，在于无思不是那些缺乏脑力者的独有禀赋，而是包括科学家、学者、专家在内的普遍趋向，因为大家都是谋生者，都在回避与自身的交流。思考的意义也就标示着无思的危害。首先，无思导致人格的"液态化"。现代人是真正的大众人，表面上看人人有所谓的个性，但实际上却是那样的雷同，是单个人的复制，人格无法真正地树立起来。其次，无思是现代社会一种普遍的道德衰退现象——平庸的恶——的精神根源，或者就是平庸的恶本身。无思的人以谋生为唯一目的，没有内心对话，听不到来自心灵的任何反对之声，像无根的浮萍一样被大众潮流推来推去，即使犯下重罪也毫无愧疚。就如纳粹时期的艾希曼那样，顺从权威和社会惯习，毫无反思和反抗，只服从自己的生存需要，毫无障碍地把屠杀当成谋生的工作②。无思与平庸的恶不是特殊时期的特殊现象，而是"与自己离异"的现代人普遍的特征。比如，如今生活中无德和丑陋的事情司空见惯，我们每个人都在埋怨，都在"谴责"。但吊诡的是，我们每个人都在

---

① ［美］汉娜·阿伦特：《人的条件》，竺乾威译，上海人民出版社 1999 年版，第 5 页。

② ［美］汉娜·阿伦特等：《〈耶路撒冷的艾希曼〉：伦理的现代困境》，孙传钊译，吉林人民出版社 2003 年版，第 54 页。

谴责恶，但同时又都在参与作恶。根源就在于无思，在于不反省自身，即使自己成了这恶之链条中的一个齿轮、一个环节，也不自知，也不羞愧，因为我们已经失去了向自己提出"如果我做了这些事，我是否还能容忍自己？"这类问题的能力。这种平庸的恶在现代社会的所有层面上弥散，已经成为一种潮流，以至于需要罕见的勇气和真正的思考才能不被其裹挟进去。

无思的另外一个后果就是内在力量的丧失，道德完全外在化。规范是道德的一种粗浅简化，是一种权宜之计，目的在于减轻人的精神负担，自动化地应对日常状况。规范的根基在于人的内在心灵，失去了与内在心灵的联系，规范也就失去了与道德的真正联系，就可能走向道德的反面，走向道德的崩溃。比如在纳粹统治时期的德国，普遍的无思使道德蜕化为一套风俗，普通人绝不会去怀疑绝大多数人所信仰的教条，结果"当你不应该杀人"转变成"你应该杀人"的时候，几乎没有人觉得不对，没有人反对①。阿伦特深刻地指出，失去内在精神力量的道德瓦解为风俗，在战前倒向纳粹是一种崩溃，在战后迅速倒向"正常"也是一种崩溃，因为当今所谓"正常"的规范并不可靠，道德无根的问题并没有得到解决②。在道德危机的时代，那些信奉道德规范的人是不可靠的，他们可以毫无障碍地从完全遵循旧规范转向完全信奉流行的新规范。相反，真正可靠的人是那些听从内在声音，不愿意违背自身的人，"当规范崩溃的时候，道德上真正可靠的人就是那些说'我不能'的人"③。

思考与记忆是一体的，无思则意味着记忆的丧失。如果一个人不能忘记他的所作所为，那么他就还是一个有道德的人，因为无法忘记就意味着他还

---

① ［美］塞瑞娜·潘琳：《阿伦特与现代性的挑战》，张云龙译，江苏人民出版社2012年版，第195页。

② ［美］汉娜·阿伦特：《责任与判断》，陈联营译，上海人民出版社2011年版，第43页。

③ ［美］塞瑞娜·潘琳：《阿伦特与现代性的挑战》，张云龙译，江苏人民出版社2012年版，第195页。

受自身约束，还不愿意与自己为敌；如果一个人拒绝记忆，那么他就失去了道德的约束，可以任意为恶。"如果我拒绝去记忆，那我实际上就是准备去干任何事情——正如痛苦是一种可以被立刻遗忘的经验的话，我就会草率而鲁莽地行事"①。真正的恶人就是那些从不思考、从不记忆的人，因为即使罪行滔天在这些人的内心也不会留下任何痕迹。

道德关乎他人，但道德首先遵循的是"自我原则"：无论是儒家的"己所不欲，勿施于人"，还是基督教的"像爱你自己那样爱你的邻人"，都是以自我及与自我的关系为标准的。很多人以为耶稣的道德命令最能体现道德的无私与忘我，但仔细思索，我们就会发现这一道德命令归根结底也是以我们与自己的关系为基础的。要想道德地对待他人，我们首先得道德地对待自己。"与自己离异"就是对道德的釜底抽薪：抽去了衡量与他人关系的标准和尺度。从这个角度看，道德有一个主观基础，即人的自尊自重。没有这一基础，人类的整个道德大厦则无从建立。

无聊是现代人的"专利"，在过去时代，无聊只是边缘现象，只有少数餍足、颓废的贵族才会感到无聊，如今无聊则是均匀地弥漫于整个世界。根源何在？就在于与自己离异的现代人失去了独处的能力。独处就是与自己在一起，因此独处并不是孤独，加图（Cato Maior）甚至说"我独自一人时最不孤独"②，因为独处时"我"能与自己这个最忠实的伙伴毫无干扰地在一起。真正的孤独是既无法与他人在一起，也无法与自己在一起。如今，我们"与自己离异"了，失去的不仅是最忠实的伙伴，还包括推己及人的能力，无法真正走向他人的心灵了，不可避免地陷入了无边无际的孤独之中。"既无法在人

① ［美］汉娜·阿伦特：《责任与判断》，陈联营译，上海人民出版社 2011 年版，第74 页。

② 王寅丽：《汉娜·阿伦特：在哲学与政治之间》，上海人民出版社 2008 年版，第18 页。

群中找到立足点，也无法在自身内部找到立足点"①，只有繁忙与无聊的封闭循环！

四、教育还能照亮我们"归家"的路吗?

如前所论，现实的教育是"社会现状的盟友"，与现代社会一起推动着现代人远离自己。从现实的角度看，这样的教育已经无法照亮我们"归家"的路。教育有现实的一面，也有理想的维度。现实的一面提醒我们不要对教育有过高的期望，理想的维度则让我们不至于对教育完全绝望。为照亮我们"归家"之路的需要而建构的教育也许只是教育的一种理念形态，但即使如此，也并不是毫无意义。康德说："对一种教育理论加以筹划是一种庄严的理想，即使我们尚无法马上将其实现，也无损于它的崇高。人们一定不要把理念看作幻想，要是因为实行起来困难重重，就把它只看成一种黄粱美梦，那就败坏了它的声誉。"② 柏拉图在设想理想的城邦时也并不认为这样的城邦确实存在，但理想城邦的意义在于其可以为正义提供一个典范。同样，设想能够照亮我们"归家"的教育理念，即使其在现实中是不可能实现的，但起码能够为我们提供一种可能：教育不是天然如现实般存在，教育也可以有另外的形态！

如前所述，现代教育的初始动机在于塑造远离自身、自我异化的"劳动力"，说得更尖锐一点，就是塑造符合大生产需要的"会呼吸的肉体机器"。正如弗洛姆所说，"我们现在的教育目的，主要在于造就于社会机器有用的公民，而不是针对学生的人性的发展"③。在这种动机驱使下，教育呈现出功利

---

① ［挪威］拉斯·史文德森：《无聊的哲学》，范晶晶译，北京大学出版社2010年版，第154页。

② ［德］伊曼努尔·康德：《论教育学》，赵鹏、何兆武译，上海人民出版社2005年版，第6页。

③ ［美］E. 弗洛姆：《健全的社会》，孙恺详译，贵州人民出版社1994年版，第280页。

性、客观性和集体性的特征，压抑了教育及人的精神性、主观性和个人性。教育若要照亮我们"归家"的路，首先是调整驱动力，从打造"机器化的劳动力"转向安顿现代人的心灵。

教育驱动力的调整有现实需要。一方面，人的机器化所引发的人性危机已经全面显露，正如弗洛姆所说，"19 世纪的问题是上帝死了，20 世纪的问题是人类死了。在 19 世纪，不人道意味着残酷，在 20 世纪，不人道系指分裂对立的自我异化。过去的危险是人成了奴隶，将来的危险是人成为机器人"①。这种非人性化的过程，一开始还被视为现代化的进步，随着其危害的进一步显露，已经被越来越多的有识之士所认识，也遭到越来越多的普通人不自觉的，甚至本能性的反弹。因为机器化的过程也是对人的贬低与蔑视的过程，到了一定程度，必然会遭到以自主、自尊为基本需要的人的反抗。另一方面，广泛流行的"现代病"，包括物质沉溺、黑暗密闭的孤独、无边无际的无意义感和无聊等已经到了非医治不可的境地。诚然，现代文化为我们这些时代的"病患"提供了各种缓解机制，比如遍布人类每个角落且毫无节制的娱乐产业，不问是非、只要"正常"的心理咨询行业（现代心理咨询的目的在于消除人的所有紧张与不安，哪怕这紧张和不安来自为非作歹）。弗洛姆说："正像我们给机器上润滑油一样，我们也给人，尤其是从事大规模生产的人上润滑油。我们用动听的口号、物质好处以及心理医生的同情理解来润滑。"② 使现代人可以"带病生存"而又不至于崩溃。但这些缓解机制治标不治本，在缓解"症状"的同时也起着恶化"病情"的作用。机器化也好，"现代病"也罢，根源都在心灵的放逐，现代人已经备尝作为无心的"洋葱人"的痛苦与不幸，已经有了安顿心灵的迫切需要。

教育也具备安顿人的心灵的潜力与可能。古希腊人早就发现了教育的心

---

① ［美］E. 弗洛姆：《健全的社会》，孙恺详译，贵州人民出版社 1994 年版，第291 页。

② 同上书，第 133 页。

灵性和精神性，将教育理解为摆脱生存压力之后对自身进行追问的精神性活动。"惟有那些不被生活事务束缚之人，才能成为智者。一个终日要农耕、放牧、养牛或专门从事体力劳动的人，只谈论一些琐碎小事，怎么能获得智慧呢"①? 古希腊人生活在优美的自然环境之中，乐于在室外活动，他们自发地聚集在街头或广场，对人间之事进行漫无边际的对话和讨论，而这种讨论激发的就是对人自身的思考，也是当时教育的主要形态，即休闲形态的教育。苏格拉底热衷于这种讨论，通过对话启发年轻人不要只关注自己的身体和钱财，而应学会思考，关心自己的灵魂。即使后来智者派风行，出现了专门从事教育的人，教育变成了专门的行业，但依然强调道德性和精神性。柏拉图通过《理想国》申明了自己的教育观，即必须帮助心灵去了解直觉器官所看不到的理念世界，使灵魂得到解放。亚里士多德也把教育看成一个内在发展的过程，即自我的展开与自我的实现过程②。在教育史上，现代以前的教育都把培育美德放在第一位，何以如此？因为培养美德（所谓美德，其实就是心灵的和谐）、安顿人的心灵是教育的根本任务。

教育是主要的人类事务领域之外的一块"飞地"，对社会生活有一种旁观姿态，对现实生活保持着一定抽离性和间接性，正是这种独特的位置使得教育具备了安顿心灵的巨大便利。人有自然性和政治性，要通过劳动满足自然需要，通过行动去过政治生活，但人也有精神性，也要呵护自己的心灵。前两种生活是积极的、热烈的，而后一种生活则需要闲适、宁静。教育作为人类一个特殊的领域，闲暇、恬淡，与生产、政治保持距离，本身就是对积极生活潜在的背离心灵的倾向的一种戒备。苏格拉底身体力行的就是这种教育，"从人的事物出发、从人向非人的蜕变中拯救人，理解他们的独特性，就是苏

① ［美］约翰·S. 布鲁巴克：《教育问题史》，单中惠等译，山东教育出版社 2012 年版，第 81 页。

② ［英］伊丽莎白·劳伦斯：《现代教育的起源和发展》，纪晓林译，北京语言学院出版社 1992 年版，第 9—10 页。

格拉底的道路"①。

现代教育要承担安顿人的心灵这一任务，必须完成自身的转型。现代教育并不是一无是处，其问题在于偏执一端而遗弃另外一端。因此，基于心灵养育而进行的转型不是从一端到另一端的激变，而是在两端之间寻求平衡。具体来说，就是教育的实利性与价值性的平衡、客观性与主观性的平衡、集体性与个人性的平衡。现代教育在实利追求上走得太远了，不是不要利益，但人不单是物质存在，没有价值的指引，人性的光辉就会暗淡，人就会蜕化为物，心灵就会枯死，就会满身铜臭，"穷得只剩下钱了"。教育不能偏执于实利，要为价值和意义留有空间。现代以前的人也追求利益，但现代以前的教育则总是以价值和美德为核心，这里面有人类几千年的智慧，有对人性和教育本质的洞察。同样，追求客观性是现代教育的特点，我们一讲主观，就常常被戴上"唯心主义"的大帽子，"唯心"在现代语境中已经成了不讲科学的贬义词。实际上，人虽受客观条件限制，但有主观世界才是人的特别之处，这也是为什么在人类思想史上有那么长时间"唯物"才是贬义的。"人是有心者，人是用心者"②，舍心而向物，是对人的贬低。生硬地将人的主观性剔除，显然是把教育心灵成长的功能给舍弃了，因此，现代教育未来的转型应该是在客观性与主观性之间找到平衡。大规模教育，以集体为对象是现代教育的标志性特征，但人类教育几千年的学徒制、个别化的教育方式自然也有其价值。现代教育的转型不是要恢复学徒制，而是探索在规模化、集体化的教育中融合个别化的教育方式，在两者之间实现一种相对的平衡。毕竟，复数性（多样性）是人的基本境况，把每个人都当成独一无二的人是基本的人道要求，而把所有人都当成可替代的、可通约的人则是最不人道的。现代教育到了缩小规模（包括学校和班级），走向个别化的时候了。

---

① 《巨人与侏儒——布鲁姆文集》，秦露等译，华夏出版社 2007 年版，第 7 页。
② ［美］丹尼尔·丹尼特：《心灵种种——对意识的探索》，罗军译，上海科学技术出版社 2010 年版，第 3 页。

现代教育的整体转型是一个长期的、渐进的过程。在这一过程中，基于养育心灵的需要，教育实践可以从一些具体的方面进行探索。儿童的心灵成长有"自然"的一面，教育首先要做的就是呵护儿童心灵的"自然发育"。孩子很小的时候就开始过雏形的精神生活了，正如库利（C. H. Cooley）所说："无论哪一类孩子，在他们学会说话，了解到社会的丰富多彩以后，头脑就像开了窍，想象如喷涌，所有的思想都变成了对话。他从来不是独处的。有时候，一个不闻其声的对话者以一个玩耍伙伴的形象出现，有时候这个对话者则是纯属虚构的。"① 孩子念念有词的想象性的有声对话会逐步发展为想象性的无声对话，而内心对话的发育过程其实也是精神生活的发育过程，慢慢地孩子会将对话对象由想象的伙伴转换为想象的自己，会在想象中将自己做过的事情像电影一样在脑海里放映。这时候的孩子处在出神状态，现实的人和世界似乎都消失了。教育，包括家庭教育所要做的就是不干预孩子的出神与发呆，任其在想象的精神世界里遨游。大规模的制度化的教育天生不包容孩子的这种"神游天外"，甚至将其视为一种病态，一种注意力无法集中的毛病，总想在孩子的脑子里系上一根绳子，牵着孩子的注意力去学那些客观化的知识。学校教育在这方面有很大的改进空间：一方面要学着包容孩子的发呆与出神，另一方面还要尝试创造条件让孩子时不时地"神游天外"。关于沉思（meditation）与默观（contemplation）的教育探索就是这方面的努力。"沉思指的是通过停止一切形式的、势必起到维持现状的作用的日常习惯和做法，而获得对自身处境真正清醒的认识"②。沉思的主要功能是祛病，即医治我们在不知不觉中沾染上的与自己离异的时代病，其在教育中的运用，则是医治并预防在我们这个时代传染给年轻一代的疏离自身的流行病。默观强调

---

① ［美］查尔斯·顿·库利：《人类本性与社会秩序》，包凡一等译，华夏出版社1999年版，第65页。

② ［加］大卫·杰弗里·史密斯：《全球化与后现代教育学》，郭洋生译，教育科学出版社2000年版，第299页。

自发性、无欲、当下的快乐，漠视财富、声望、成功，是对普遍流行的现代价值观的反动与挑战，其所遇到的阻力可想而知。尽管如此，默观生活作为一种可选择的生活方式在很多地方已经进入了学校和大学①。这些尝试虽然不足以动摇现代教育的基本价值观念，但毕竟为教育中的人展示了另一种可能的生活。

可以着手进行的教育尝试还有很多。第一，培养想象力。想象力对精神生活来说是不可或缺的一种能力，丧失想象自己和想象别人的能力，智慧、道德、正义这些基本的人类价值都无从谈起。教育应探索并加强对想象力的培养。第二，放缓教育活动步调。现代教育被现代社会匆忙的节奏带得太快了，总是匆匆忙忙学完一个又一个内容。教育应该有自己的节奏，应学着从速度和效率崇拜中解脱出来，用自己的从容不迫、不慌不忙去培养从容不迫、不慌不忙的儿童。第三，将如何面对自身作为教育的一个重要主题。现代教育教给孩子的是如何逃避自身，但现实生活的孤独和空虚却时刻提醒着我们逃离自己的代价。因此，教育应探索教会孩子如何面对孤独。克里希那穆提说："这一切都是教育的一部分，包括如何面对孤独的痛苦，如何无惧地面对那种我们都很清楚的空虚感。当它来到时，不去打开收音机，或把自己沉溺于工作中，或是跑到电影院去看戏，而是反过来看着它，看进它里面去，完全了解它。"② 第四，激发非常态意识体验。人有确定性的需求，把世界和人事纳入"常规"才会有安全感。"常规"有助人摆脱日常负担的一面，也有蒙蔽人的另一面，我们正是在片面追求"常规"的过程中，把事关重大的人生意识与体验，比如死亡意识等给遗忘了。生活在古代社会中的人，经常会在常规生活中插入特定的仪式，比如丧葬仪式，以激发人的非常态意识体验，

---

① ［印度］雷蒙·潘尼卡：《看不见的和谐：默观与责任文集》，王志成等译，宗教文化出版社 2005 年版，第 2 页。

② ［印度］克里希那穆提：《人生中不可不想的事》，叶文可译，群言出版社 2004 年版，第 237 页。

这是过去时代社会教育的一个重要维度。当代的研究也已证明，经过"死而复生"等特殊的非常态体验的人往往变得更能享受生活，"生活越来越不费力，但奇怪的是，却更具有创造性，更富有成果，有更多的收益"①。这些都给教育以深刻的启示。教育在激发非常态意识体验方面也是可以有所作为的，比如一些教育机构所进行的"末日体验"（假设参加者的生命还剩下最后几个小时，思考这最后几个小时最想做的事情到底是什么）活动，都是有益的探索。

---

① ［美］欧文·拉兹洛等：《意识革命——跨越大西洋的对话》，朱晓苑译，社会科学文献出版社 2001 年版，第 92 页。

第六章 论学校教育对记忆的处置与后果

一、"记忆问题"的教育关联

每当重大社会变故发生，人们总是发誓要从中汲取教训、发誓记住那些在危难中做出牺牲、表现英勇的人们。但这样的誓言兑现的少、遗忘的多，常见的是，一旦危机过去，人们该怎么生活还是怎么生活，惨痛的教训、做出牺牲的英雄也很快被淡忘。这样的"记忆问题"一再发生，其实并不奇怪，在一定程度上可以说是"自然现象"，即人们总是自发地倾向于卸下过去的负担开始新的生活。因为那些英雄与过去的惨痛经历是纠缠在一起的，记起他们也就意味着勾起了伤心往事，那么，"痛快"的做法就是将英雄与过去一起忘记。自然的、自发的不一定就是正确的、正义的。不能从过去汲取教训的人容易重复同样的错误，不能更好地规划未来，轻易地忘记过去，也就意味着失去了宝贵的自我成长的机会。同时，对他人帮助、对英雄的遗忘事关公平正义，汉语中的"忘恩负义"就是对此类现象的一个刺耳而精确的描述：事实是"忘恩"，性质是"负义"，即人们对他人帮助、对英雄的遗忘这一行为之所以是错误的，就在于这一行为的性质是"负义"。由此看来，对痛苦经历的遗忘有一定的自发性、自然性，也有一定程度上的合理性，但我们又不能放任这种自发性、自然性，否则就会失去成长的机会，就会有"忘恩负义"之虞。在记忆问题上，如何才能做到忘记该忘记的、记住该记住的呢？显然，单靠记忆的自然发展是不够的，需要对记忆进行培育，提升记忆的品质。也就是说，记忆需要教育。

既然记忆需要教育，那么我们的"记忆问题"就与教育密切相关。对过去、对英雄的健忘，是记忆本性的问题还是记忆教育的问题？如果是记忆本性的问题，即记忆天生如此、不可改变，那么我们也就没有什么可抱怨的了。如果记忆品质可以通过教育得到提升，而教育未能承担记忆品质提升的责任，那么在"记忆问题"上教育就脱不了干系了，对"记忆问题"的检讨，就需要从教育开始：教育，尤其是学校教育是如何对待记忆的？记忆在学校教育中处在什么位置？学校教育是否认真进行了记忆教育？

记忆与教育的关联从古至今。从宏观上看，教育就是一项"记忆事业"：一代又一代人积累的文化知识要传承下去，就需要一种特殊的记忆方式，学校教育就是这种特殊的记忆方式。从微观上看，记忆曾经与学习等同，学习就是回忆，教育就是唤醒学生的回忆。在教育史上，柏拉图（Plato）的"学习即灵魂回忆"说影响深远。在柏拉图那里，学习即回忆，回忆起灵魂已知而当世已忘的知识与德性[1]。教育被学习所界定，学习即回忆，那教育就是对回忆的唤醒。柏拉图之后、现代教育之前的漫长历史时期内，记忆在教育中一直居于核心地位。佐藤学说过去时代的学习与教育有"修炼传统"[2]，比如中国的修身、内省；西方的"关心你自己"（认识你自己）。"修炼传统"其实也可以说是"记忆传统"，因为任何修炼方法都离不开对自己做过之事的反思，都离不开记忆，没有记忆，所有的"修炼"都无从发生。西方人文教育

① ［古希腊］柏拉图：《柏拉图对话集》，王太庆译，商务印书馆 2004 年版，第 170—190 页。

② ［日］佐藤学：《学习的快乐——走向对话》，钟启泉译，教育科学出版社 2004 年版，第 4 页。

传统可以说是从"修炼传统"分离出来的一个新传统，或者说是"修炼传统"的另一种表达。人文教育的核心是"认识你自己"，但采取的方式却是学习过去的经典，这一思路的奥妙在于用人类的记忆、伟大心灵的记忆来照射每个人自己的记忆，用对人性的认识来指引对自身的认识。

要说现代学校教育排斥、放逐、疏远了记忆，似乎与我们的直觉与常识不符，学习与教育依赖记忆之处甚多。但要说现代学校教育与古典教育一样，与记忆是灵肉交融的，同样与事实和常识不符。现代学校教育与记忆的关系已经发生了深刻的变化，记忆已经不再是教育的核心与主体。如前所论，"记忆问题"的存在，也说明现代学校教育对记忆存在着放任态度，记忆品质的提升未能纳入教育的核心议程之中。那么，该怎么理解现代学校教育与记忆之间的错综复杂的关系呢？这正是本章的任务。记忆是有不同类型的，古典教育所倚重的记忆类型与现代学校教育所依赖的记忆不是同一类型。教育与记忆的错综复杂的矛盾关系都源于此。本章所要解决的第一个问题是记忆有哪些类型，即记忆类型学问题；在此基础上重点分析现代学校教育所依赖的是哪种记忆类型，所放弃、遗忘的是哪种记忆类型；现代学校教育与不同记忆类型关系的调整、变化一定会产生不同的效应、后果，那这效应和后果是什么；最后，我们要思考的是，记忆与教育到底应该是一种什么样的关系，应该如何重建教育与记忆的关系。

二、不同的记忆，不同的意义

如上所述，古典教育倚重记忆，现代学校教育也依赖记忆，但与二者相对的记忆是不同类型的记忆。关于记忆的类型，普通心理学将其分为道瞬时记忆、短时记忆与长时记忆，这是关于记忆类型的一种线性分类（scalar taxonomy），除了揭示出记忆持续时间长短之外，几乎不能再提供其他信息，解释力非常有限。如今对记忆的研究呈现跨学科性，"记忆类型学"（taxonomy of memory）也已趋于成熟，对记忆一般不再采取线性分类，而是使用层级分类（hierarchical taxonomy）[①]。

1. 陈述记忆与非陈述记忆

人是语言存在，但又不仅仅是语言存在。说人是语言存在，意味着人可以用语言表达感受与思想；说人不仅仅是语言存在，是说人有很多体验、情感、技能、习惯等是语言所无法表达的。是否可以用语言加以表达，也是记忆分类的一个标准。可以用语言表达的记忆是陈述性记忆（declarative memory），无法用语言表达的记忆则是非陈述性记忆（non-declarative memory）。陈述性记忆因为是可以通过语言加以表达的，也可以称为清晰记忆（explicit memory）；非陈述性记忆因为无法用语言来表达，也可以称为模糊记忆（implicit memory）[②]。

陈述性记忆因为是可以说得出来的记忆，无论是在学术研究领域还是在教育运用领域，得到的关注都是最多的。对陈述性记忆有不同的理解方式，20 世纪中叶之前一直是存储（storehouse）范式主导，记忆即存储，人的大脑或心灵犹如一个仓库，将过去经验存储其间，需要的时候再去提取[③]。对记忆的这种理解，完全忽视了记忆主体的作用，将记忆主体物化为存储器皿。实际上，记忆既是内容的，也是主体的，是人在记忆。陈述记忆是有清醒意识的活动，人在记忆中也知道自己在记忆，即"我在记忆"。记忆主体不可能只如存储器皿那样单纯地存贮信息，一定会在记忆的过程中加入主体的印记。20 世纪中叶之后，记忆的存储范式被建构主义范式所取代，在建构主义那里，

---

① Werning M. and Cheng S.，*Taxonomy and Unity of Memory*，In Bernecker S. andMichaelian K. （eds），The Routledge Handbook of Philosophy of Memory，New York：Routledge，2017，pp. 10—12.

② Bogdan R. J.，*Memory as Window on the Mind*，In Pârvu et al. （eds），Romanian Studies in Philosophy of Science，Switzerland：Springer International Publishing，2015，p. 45.

③ ReiheldA.，*Rightly or for Ill：The Ethics of Individual Memory*，Kennedy Institute of Ethics Journal，No 4，2019，pp. 377—410.

记忆是主体的记忆，这一过程不是一个物理化的过程，而是人的心理过程；不是对过去经历的简单存贮，而是对过去经历的一种加工与重构。建构主义将陈述性记忆理解为三个过程，即编码（encoding）、存储（storage）与提取（retrieval）。什么信息得到注意和加工，有主体的选择性渗入；存储的过程也不是一个纯客观自动的过程，也会发生整合与加工，比如已有基础的信息就更容易得到存储，因为大脑倾向于存储熟悉的信息并将其与大脑中同类的信息整合在一起；提取什么信息有可控的一面，也有不可控的一面，但我们可以在一定程度上控制记起什么、不记起什么。也就是说，在记忆的编码、存储与提取三个阶段上都有建构的发生①。

而非陈述性记忆，得到的关注就相对少多了。在记忆思想史上，很长一段时间内，哲学家、心理学家只承认陈述性记忆或回忆（recollection），能够说出来的才是记忆，不能说出来的根本不算记忆。柏格森（H. Bergson）将记忆区分为习惯记忆（habit memory）和形象记忆（image memory），第一次提出了非语言化、非回忆化的习惯记忆。所谓习惯记忆，就是重复所形成的记忆，常见的习惯记忆是技能化的行动，我们通过反复做，形成了一个技能，这个技能作为习惯记忆几乎是不可忘记的，比如学会了骑车，即使很长时间不骑，也不会忘记，但却无法说出是如何记下这一技能的。除了技能化的行动之外，还有各种下意识的动作、表情、手势、语气、口头禅等，这些习惯记忆甚至可以构成一个独特的个性与风格，一个人的所谓气质与风度往往就是由这种习惯记忆所构成②。庞蒂（Merleau-Ponty）沿着柏格森所开创的道路往前走，将记忆与身体联系起来，也即记忆不单是心理的，还是身体的，提出了身体记忆（body memory）概念。所谓身体记忆，就是过去以习惯的

① Reiheld A., *Rightly or for Ill*：*The Ethics of Individual Memory*，Kennedy Institute of Ethics Journal，No 4，2019，pp. 377—410.

② Casey E. S.，*Habitual Body and Memory in Merleau-Ponty*，Man and World，No 17，1984，pp. 279—297.

方式在身体上留下的痕迹，其作用机制是沉淀（sedimentation）[1]。在庞蒂看来，我们的过往与经历，即使没有意识到，都会经过沉淀在我们身体上留下痕迹。我们常说"岁月留下的痕迹"，似乎只是时间留下的印痕，实际上时间只会让我们老去，而经历的沉淀才是身体记忆。

庞蒂强调过去在身体上的沉淀，其实何止是身体。我们的经历，不但会在身体上沉淀形成身体记忆，也会在心灵中沉淀，形成不可言说的心灵记忆。我们的诸多情感倾向、心理偏好、志趣爱好、审美品位其实都与这种沉淀有关。比如，一个痴心读书的人，往往会形成一种"书卷气"，这种书卷气当然有身体形态，但主要还是心理与精神层面的记忆。当然，很多类似的记忆都是很难区分出到底是身体的，还是心灵的，更准确地说，是身心兼备的。

"幼年健忘"是非陈述性记忆之中的一种独特现象。成年人一般都无法记得4岁之前发生的事情，但不能由此说4岁之前的幼儿没有记忆。接触过幼儿的人都知道，幼儿在4岁这一人生阶段也是有记忆的，不然他们怎么会记得爸爸妈妈、自己心爱的玩具、喜欢的伙伴？而且，这一阶段的记忆还会延续到4岁之后，比如5—6岁时对4岁之前的事情还有印象，还能记起。只是到成年之后，4岁之前的记忆基本上就消失了。准确说来，消失的是陈述性记忆，不是非陈述性记忆。幼儿时的生活经历并没有消失，而是通过沉淀的方式进入了我们每一个人的身心深处，化为我们虽然无法用语言表达，但却相伴终生的非陈述性记忆。柏拉图说学习是对灵魂前世经历的回忆，赫德尔（J. G. Herder）受此启发，认为童年生活类似于柏拉图的前世经历，犹如多彩的梦境，虽然不能变成陈述性记忆，但却构成了我们生活最深的内在性，在人生的后续过程中，以非陈述性记忆的方式伴随着我们[2]。

---

[1] Casey E. S.，*Habitual Body and Memory in Merleau-Ponty*，Man and World，No 17，1984，pp. 279—297.

[2] FollesaL.，*Learning and Vision：Johann Gottfried Herder on Memory*，Essays in Philosophy，No 19，2018，pp. 1—17.

2. 命题记忆与个人记忆

陈述记忆又可分为两种类型，一种是命题记忆（Propositional memory），一种是个人记忆（personal memory）。命题记忆也称语义记忆（semantic memory），是对事实或知识的记忆，比如学生通过学习知道并记住了"南京夏季多雨"这一事实知识，就是命题记忆或语义记忆。个人记忆又称经验记忆（experiential memory），是个人对自身经历的有意识回想，比如"我在南京生活时，每年夏天都被那里湿漉漉的梅雨所困扰"就是个人记忆。命题记忆的对象指向人之外的事实与知识，是非经验性的，也可以称为非经验记忆，其间没有或极少有记忆者本身的信息；而个人记忆则是指向个人经历的，记忆的内容是自己的所作所为、所思所想、所体所悟，记忆者既是记忆主体，也是记忆对象。当然，命题记忆与个人记忆也可以有所交叉融合，命题记忆如果与个人记忆相结合，就会记得更牢；个人记忆之中往往也会融入事实和知识，比如"我"对南京梅雨经历的记忆里就融入了南京夏季多雨的事实知识。

命题记忆或语义记忆是关于个人自身之外事实与知识的记忆，记忆内容与记忆主体自身的经历、经验不相关或弱相关。命题记忆的这一特点决定了其所能具有的价值，那就是"只增能力、不增精神"。一般情况下，我们关于世界的事实与知识越丰富，我们应对外在挑战的能力也就越强大。同时，因为这种记忆是无关自身的，与自身的精神成长没有关联性或关联性弱，在自身精神发育上的作用比较有限。比如，学生知道并记住了勾股定理，对解决他们自我成长所面临的问题，诸如校园欺凌、同伴排斥并没有什么帮助。当然，说命题记忆"只增能力、不增精神"，只是概而论之的，特定情况可以打破这一"原理"。比如，我们可以从科学知识那里得到生活的启发和感悟，可以将科学知识原理运用到个人生活之中，进而实现个人生活认识的提升。同时，科学知识本身也具有启蒙功能，也能起到开阔心胸、增长见识的作用，科学知识的理性之美对人也有熏陶作用。当然，命题记忆对人的精神成长也有负面作用。比如，对经济知识的掌握与信奉，也会导致一些人将其投射到人与人的关系之中，将人际关系交易化；对物理知识的记忆与信奉，也会导致一些人将物理关系移植到人际关系之中，将人与人之间的关系物化。

人是有感情的动物，我们做任何事情都不会在感情的真空中进行，对事实与知识的记忆也是如此。比如，有些人学习某一数学内容时兴趣盎然，那么这段知识学习的记忆中就包含了当时的情感体验；有些人学习同一段数学内容时则可能痛苦不堪，其对这一知识的记忆也就既艰难且痛苦。有时候，一些命题知识虽然是无关自己的，但学习者却可以与其产生共鸣，"司马迁遭遇不幸却发愤著书"对学习者来说是命题知识，但很多学生却能对他的遭遇与精神产生强烈的共鸣，那么学习者对这一知识的记忆就不单是对知识内容的记忆，还包括由此产生的情感体验的记忆。由此看来，命题记忆的内容虽然总体上是与记忆主体无关的，但可以借助情感反应与记忆主体发生关联，在命题记忆中融入个人性的情感成分。

3. 情节记忆与自传式记忆

个人记忆又可以分为事件记忆（event memory）、情节记忆（episodic memory）和自传式记忆（autobiographical memory）三种亚类①。事件记忆是类似于快照性的记忆，是对刚发生的单个事件或事件碎片的记忆。情节记忆是基于叙事（narrative）的记忆，是将已经发生的不同事件关联起来形成时间性或因果性的结构以服务于一定目的的记忆。比如一个学生关于语文老师慈爱的记忆，其主调或主题是慈爱，由不同的事件组成，这不同的事件都体现着老师的慈爱。自传式记忆不是与情节记忆并列的记忆类型，而是情节记忆的一种特殊类型。作为特殊的情节记忆，自传式记忆的一个特征是带有内省性，包含着对自身经历的反思；自传式记忆的第二个特征则是整体性，即用一串事件来展现自我，说明自己是一个什么样的人；自传式记忆的第三

----

① Keven N., *Events，Narratives and Memory*，Synthese，No 193，2016，pp. 2497—2517.

个特征则是事件的关键性，记忆选取的是能够体现自己个性与品质的关键性事件①。个人记忆三种类型的区分是相对的，很多研究者甚至直接忽略事件记忆，因为单纯的、单个的事件记忆是极少的，我们对自身经历的记忆都是相互关联的。另一方面，自传式记忆也比较正式，除非到了关键时刻，人们才会回顾自身以形成"叙事简历"，通常情况下，自传式记忆很少现身，我们对过去的记忆多是以情节记忆的方式出现的。

情节记忆作为个人记忆的主导形态，其最大意义在于对个人认同的建构。每一个人当下的状态，都不是凭空得来的，而是过去的经历造就的。这没有什么稀奇，动物也是如此。人的不同在于，人意识到了自己的现状与过去的关系，记得过去发生的事情。如果没有记忆，我们就无法知道自己是从哪里来的，也就无法知道自己是谁。尼霍尔斯（S. Nihols）说，记忆是让我们"穿过时间之流之后依然是同一个人"②的力量。我们常从一个人的所作所为去评判、界定一个人，我对自己所作所为的评判其实也是一种记忆评判，没有记忆，这种评判是无从发生的。正是在这个意义上，我不仅是我所做，还是我所记，我的生命是我自己的，也是记忆的，记忆与生命同在，记忆死去，我（"I"）也就一同死去。正是在这个意义上，维耶赛尔（E. Wiesel）说阿尔海默症是认同的"终极之癌"、是"存在之癌"，一个完全失去记忆的人，"就如一本书，里面的书页被一页一页撕去，只是封面、封底还在，在它们中间，则是空白"③。

---

① Bogdan R. J. , *Memory as Window on the Mind*, In Pârvu et al. （eds）, Romanian Studies in Philosophy of Science, Switzerland: Springer International Publishing, 2015, p. 47.

② Nichols S. , *Memory and Persoonal Identity*, In S. Bernecker and K. Michaelian （eds）, The Routledge Handbook of Philosophy of Memory, New York: Routledge, 2017, p. 169.

③ Wiesel E. , *Ethics and Memory*, Ethics and Memory / Ethik und Erinnerung, Berlin, Boston: De Gruyter, 1997, pp. 11—28. https://doi.org/10.1515/9783110806588—002, 2020—10—02.

对记忆与认同的关系，也有人持怀疑态度。第一种质疑是认同与记忆的循环论证。在记忆中首先要有一个"我"，是"我"在记忆，没有"我"哪有记忆？现在反过来说记忆建构了"我"，不是矛盾的吗？记忆建构了"我"，"我"又是记忆的前提，这是典型的循环论证①。这是一种二元论的思维方式，事实上，"我"与记忆不是二元对立的两极，而是互相建构生成的。不是一个静止的"我"开始记忆，也不是某一个记忆开始建构"我"，而是"我"在记忆中不断生成，"我"同时也在不断地记忆。第二种质疑是记忆与特性哪个更为根本。有不少研究显示，存储于语义记忆之中的自身特性观念尤其是道德特性对认同的作用甚至超过个人记忆，一些有轻中度健忘症的人虽然对过去记忆比较模糊，但却依然记得自己的特性②。一些研究者由此得出特性在个人认同中比个人记忆更为重要的结论。确实，人的认同之中有自我反思的观念性要素，也就是说人的认同不是由个人记忆这一单一要素构成的，认同与记忆不是简单对应的关系，但不能因此否定个人记忆在认同之中的作用。一方面，人们关于特性的认识也是以记忆（语义记忆）的方式进行的，另一方面，自身特性，比如认为自己有诚实品质，也需要有情节记忆加以佐证。

记忆与道德的关系，一言以蔽之：没有记忆，什么都是可能的；没有记忆，什么又都是不可能的。人是有自我意识的存在，做了错事，就会感到愧疚、羞耻、后悔，这是自然的"道德追复情感"，是促使我们改正、改善的力量，更是限制我们重犯同样错误的内驱力。但"道德追复情感"以记忆为基础，没有记忆，这些情感也就失去了存在根基。那些总是将失德行为很快忘得一干二净的人，就极少有愧疚、羞耻、后悔体验，往往也是最缺德的人。

---

① Nichols S., *Memory and Persoonal Identity*, In S. Bernecker and K. Michaelian (eds), The Routledge Handbook of Philosophy of Memory, New York：Routledge，2017，p. 172.

② Nichols S., *Memory and PersoonalIdentity*, In S. Bernecker and K. Michaelian (eds), The Routledge Handbook of Philosophy of Memory, New York：Routledge，2017，pp. 172—174.

无论做了什么样的缺德事，做后就忘，没有道德负担，那还有什么事不能做呢？从另一方面来说，因为有记忆，对自己做过的高尚行为感到自豪，所以才有荣誉、勇敢、正义等体验，所有这些光辉的道德价值其实都有一个记忆基础，正是在这个基础上，我们说没有记忆，什么都是不可能的。不仅如此，人类诸多美好的价值与事物，都不能缺少了记忆，正如维耶赛尔所言，科学与诗句、戏剧与哲学、宗教与文学，如果没有记忆怎能不被窒息？怎能在记忆背景之外存在[①]？

当然，不能混淆记忆与道德，记忆是记忆，道德是道德。但同样不能否认二者的关联。首先，记忆有一个道德问题。一些人从记忆的非自主性上来为记忆的道德性开脱，确实，记忆有非自主的一面，比如，有时候记住什么、忘记了什么不全是由人的意志所决定的。虽然记忆有非自主的一面，但我们不能夸大记忆的非自主性，因为记忆也有自主的一面，只要我们关心、在意一件事、一个人，就很难忘记，记忆的非自主性不是不守承诺的借口[②]。情绪也有自然的、非自主的一面，我们能以此作为不能控制情绪的理由吗？记忆不是单纯的个人事务，还事关他人。有时候，我们记得什么或不记得什么会对他人造成伤害，比如一个人只记得别人对自己的冒犯，不记得别人对自己的友善，这样的记忆对别人就是不公平的，就会对别人有一定的伤害。第二，如前所论，道德以记忆为条件，道德包含着记忆。诸如诚实、守信等道德品质中都有记忆成分。我做过什么事，说过什么话，凭实而告，就是诚实，记忆是其中必不可少的构成；我做过什么承诺，我首先要记得，然后才能去遵守，如果不记得了，如何守信？其他诸如后悔、愧疚、羞耻等道德情感，都

---

① Wiesel E. , *Ethics and Memory*, Ethics and Memory/Ethik und Erinnerung, Berlin, Boston: De Gruyter, 1997, pp. 11 − 28. https: //doi. org/10. 1515/9783110806588 − 002，2020−10−02.

② Margalit A. , The Ethics of Memory, Cambridge: Harvard University Press, 2004，p. 57.

与记忆密切相关。

三、不同的记忆，不同的遭遇

记忆类型不同，在现代学校教育中的遭遇也不同。学校教育作为一种"自觉的培养人的活动"，以语言为媒介，因而比较青睐陈述性记忆，对无法用语言表达的非陈述性记忆鲜有有意识地利用。在陈述性记忆中，无论是从认同与道德的角度看，还是从个人的成长的角度看，个人记忆都比命题记忆重要，但学校教育对这两种记忆的处置则是翻转的，命题记忆成了绝对主导，个人记忆则被排斥在外。

1. 学校教育是命题记忆的

如前所论，要说学校教育与记忆无关、排斥记忆显然是不合事实的。学校教育事关记忆、倚重记忆，但此记忆非彼记忆。与过去时代的教育比较倚重个人记忆、从个人记忆入手对人进行化育不同，现代学校教育主要倚重的是命题记忆。现代学校教育的内容已经从有关人的知识转移到有关世界的知识。在古典人文教育主导的时代，人文知识虽然也是命题知识，但这种命题知识与学习者个人的生活与记忆相对接近，是用来启迪、映照个人生活与记忆的。经过几个世纪的交锋，科学知识在现代学校教育中逐步占据了主导地位。学习者在学校中所要学习的，主要不是如何认识人性、如何认识自己，而是如何认识世界、认识自然。教育内容焦点的这一转移，背后的推动力是现代科学的发展。在科学力量不那么强大的时代，人对自然没有掌控感，对自然的敬畏情感大于支配冲动，理性的选择是转向自身、调整自身以适应自然、适应世界。现代科学的发展，给了现代人掌控自然、利用自然，甚至是"逼迫自然说出自身秘密"① 的自信，学校教育的内容选择体现了现代人自然态度的转变。另一方面，现代资本主义社会以人的物质欲望为基本驱动力，

_____

① ［德］奥特弗利德·赫费：《作为现代化之代价的道德：应用伦理学前沿问题研究》，邓安庆、朱更生译，上海译文出版社 2005 年版，第 49 页。

对自然世界的掌控是满足人的物质欲望的基本方式。学校教育以科学知识为主体，也是资本主义社会发展的需要。

如前所论，人文知识对学习者来说也是命题性知识，但因其是关于人的知识，所以与个人知识又有亲近性。从本性上看，人文知识有双重性，既可以与个人知识、个人记忆融合而成为认识、提升自我的力量，也具有被改造成典型命题知识的可能性。在现代学校教育中，人文知识虽然尚有逼仄的生存空间，但已经被科学知识从里到外进行了改造，变成了与学生当下生活罕有联系的纯粹命题性知识。

如前所述，现代心理学将记忆分为瞬时记忆、短时记忆、长时记忆。这种分类对记忆的阐释相当表面化，但在普通心理学中却很流行，一个很重要的原因是，学校教育追求长时记忆。对学生来说，所谓学习，就是对命题知识的理解与记忆。很多人或许以为理解更为重要，学习主要是对命题知识的理解。但实际上，如果不能记忆，在考试中不能回忆起来，理解了又有何用？有人也许会说，理解了就能记下来。确实，理解有助于记忆，但并不是所有理解的东西都能记下来，学生记忆留存下来的知识小于已经理解了的知识。在理解与记忆的关系上，理论上是一回事，现实则是另外一回事。现实中，理解更像是记忆的一种手段，即通过理解来加强记忆。在教育现实之中，理解变成了记忆过程的一个环节，即编码的环节，理解水平变成了编码能力的水平。学习的过程也就变成了对命题知识的理解与编码、存储与整理、提取与再现的过程。

如前所论，记忆总是与自我、自身相联系。我是记忆的主体，我首先记忆的是我做过的事情、我自身的经历。对自身经历的记忆是最初始、也是最根本的记忆，与人终生相伴，可以说是人的"第一记忆库"。由以上分析可以看出，现代学校教育所聚焦的记忆不是这种记忆，而是对学生而言有外在性的命题知识的记忆。可以说，学校教育是在"第一记忆库"之外，在学生心灵之中搭建了关于外在世界知识信息的"第二记忆库"。学校教育所搭建的

"第二记忆库"与"第一记忆库"没有直接联系，本身就不是内在指向的，而是外在指向的，学生所记忆的是关于外在世界的知识与信息，即便是关于人的知识与信息，也做命题化处理，以科学知识的方式进行改造，变成与科学知识性质上并无多大差别的命题知识。

要说学校教育只关注命题记忆、不关注个人记忆，也不全是事实。学校教育有一种关注个人记忆的方式，那就是把命题记忆建构成个人记忆，让个人记忆中充满命题记忆，甚至将命题记忆转化为非陈述性的习惯记忆。学生在学校中的生活当然不全是课堂学习，也有课余生活，比如同学之间的交往与玩耍。这种课堂之外的经历可以说是他们进入学生阶段之后个人记忆的一个主要内容。但随着年级升高，学习压力越来越大，课堂生活越来越膨胀，课余生活的空间一再被挤压，到后来学生在学校的生活就变成了单一的知识学习生活。课堂生活不仅在学校内膨胀挤压课余生活，还向校外扩张，挤压学生的家庭生活。如今在城镇学校，尤其是大城市学校的学生，大多数晚上、周末都在补课。在这种情况下，知识学习成了他们生活的绝对主题。但学生作为人，依然有个人记忆，但这时候的个人记忆已经不再是自然生活下的记忆，而是关于知识学习的记忆。通过这样的方式，命题记忆悄然完成了对个人记忆的改造，使学生虽然尚有个人记忆，但个人记忆之中的内容已经被命题记忆所占据。命题记忆占据个人记忆还不是终点，还要继续往前走，一直走到下意识的习惯记忆之中。比如学校的"题海战术"其实锻炼的不是学生的理解能力、记忆能力，而是"题感"，即见到一个题目之后的直觉反应。这时候，命题记忆不但已经转化为个人记忆，还隐身成了一种身体反射，成了一种不可言说的习惯记忆。不少人，成年之后，甚至是在中老年阶段，梦境里还经常会出现当年上学时考试的场景，这说明，上学阶段的命题记忆其实已经到达了人的无意识深处。

2. 对个人记忆的排斥

如前所论，个人记忆对于自身认同、道德发展都是至关重要的，教育作为培养人的活动，从道理上讲应该更加关注个人记忆。但现代学校教育却逆向而行，偏爱命题记忆，排斥个人记忆。学校教育对学生个人记忆的疏离所采取的方式主要有隔离、放任、移植等。

第一种方式是隔离。上学对儿童来说是人生中的一个重大变化，但进入校门的孩子不可能将过去的记忆全部清除，他们是带着自身的经历与记忆进入学校的。从教育原理上看，儿童的这些经历与记忆是教育的起点，更是丰富的教育资源。但学校教育却"重打锣鼓另开张"，不是去挖掘、丰富、提升作为"第一记忆库"的个人记忆，而是去建构存放命题知识的"第二记忆库"。为了不影响"第二记忆库"的搭建，学校教育往往是尽力将儿童的个人记忆隔离在学校活动之外。对学生个人记忆的隔离，集中体现在课程上。儿童一进入学校，立即就开始了与个人生活经历关系甚微的课程学习。他们所学习的各种课程都是按照科学学科分类设计的，与他们上学之前所经历的自在生活几乎没有什么关联性，他们之前生活的记忆也就没有办法进入课程之中。就连必须以儿童生活、经验与记忆为基础的德育课程，也是多少年一直在讲与学生生活没有关联的道德概念与道德知识。

胡塞尔（E. Husserl）指出现代社会的一个基本特征就是用以数学方式为理想范式所建构的科学世界偷偷取代经验世界、生活世界[1]，这种取代在学校教育中最为明显与典型。学校教育对个人生活、个人记忆的隔离不但是内容的，还是管理与活动的。学校对学生的管理同样是按照命题知识学习与记忆的需要安排的。课程学习之外的学校活动，也基本上是隔离学生已有生活经验与记忆的。就是在学校中的人际关系，也不是由学生已有的个性、趣味（包含着记忆）所粘合的，而是由学习所重新界定的。在学校生活中，学习成绩是一种新的人际关系聚散因素，学生之间的交往关系在很大程度上是由学习成绩所定义的。一个学习成绩优异的学生要与一个学习成绩落后的学生成

---

① ［德］埃德蒙德·胡塞尔：《欧洲科学危机和超验现象学》，张庆熊译，上海译文出版社 1988 年版，第 58 页。

为好朋友所要克服的困难，大概不少于文学作品中王子恋上灰姑娘所要克服的困难。

学校教育对个人记忆的隔离既有客观原因，也有"主观故意"。现代学校教育采取的是集体教育的方式，以班级授课制为基本运作形式，这样的教育形态，客观上很难照顾到个体差异，很难顾及每一个人的情节记忆。困难是客观的，如果现代学校教育有将学生的个人记忆作为教育资源的那颗心，困难在一定程度上也是可以克服的。比如，学校可以设计教育活动，激发同龄人分享各自的个人记忆，从分享中相互参照、相互学习。问题是，现代学校将同龄人聚集在一起，主要不是帮助学生建构个人记忆、提升情节记忆的品质，而是通过命题知识的学习来提升学生作为现代生产者的工作能力。也就是说，现代学校教育所在意的主要不是学生个体的内在精神世界，而是学生作为现世竞争者的能力状态，这也是 OECD 推出的"关键能力"项目为什么能够在全世界风行的原因[1]。在这种情况下，学生的个人记忆往往是学校教育实现自身追求的干扰因素，不利于对命题知识的理解与记忆，当然需要隔离与排斥。

如前所论，个人记忆与人是一体的，只要活着，就有个人记忆。学校教育即使是再不待见个人记忆，也是无法消除个人记忆的，所以学校教育对个人记忆所能做的主要是隔离、排斥，不能消除。除了隔离、排斥，还可以进行改造。学校教育一直在用命题记忆来改造个人记忆，将命题记忆植入个人记忆之中。这种植入，除了上文论及的"填充法"（将命题记忆填满学生的记忆进而将命题记忆变成个人记忆）之外，还有命题记忆的情节化变形。学校生活的时间被分为周、月、期中、期末、学年，这种分割给人一种既断裂又连续的节奏感，从而形成一种情节与叙事序列。在时间的序列之中再植入典型事件，比如单元考试、月考、期中考试、期末考试，经过这样的处理，客

---

① 高德胜：《核心素养的隐喻分析：意义与局限》，《教育发展研究》2018 年第 6 期，第 31—39 页。

观知识学习的过程就变成了有时间序列、有事件情节的过程，进而可以以叙事与情节的形态进入学生的记忆之中。

通过命题记忆的植入对个人记忆的改造是有限度的，正如学生这一身份不是未成年人的全部身份一样，未成年人的生活也不全是学习生活，他们在学习之外一定还有命题记忆所无法到达的个人记忆。对于这一部分记忆，学校教育采取的是放任的态度。这种放任有两个维度，一个是过程的放任，一个是品质的放任。过程的放任即学生有什么样的个人记忆、如何进行个人记忆，学校教育基本上不闻不问。学校在家庭生活、社区生活、同伴交往、学校课余生活中经历了什么，有什么样的体验，形成了什么样的记忆，一般很少能够进入教育场域、成为教育资源。学生如何形成个人记忆，那是学生自己的事情。

命题记忆需要训练，经过训练之后命题记忆能力得到提升；同样个人记忆的能力也需要训练，未经训练的、自然自发的个人记忆有自由自在的一面，也有粗糙、流俗的一面。未成年人具有未定性，在很多情况下，较容易受大众文化影响，其记忆能力与品质也是如此。社会中存在的扭曲记忆以装饰当下的不良记忆风气在无形中对未成年人记忆品质的影响是明显的。比如，这些年媒体总是追捧中考状元，一些状元在媒体面前侃侃而谈，往往说自己只是完成学校的学习任务、从来没有在校外补习过。也许有个别案例是真实的，但多数都是在外补习的。在介绍自己的成功经验时，这些学生往往有意遗忘了自己补习的经历，将自己说成是纯粹靠聪明与自身努力获得成功的人。对于这样的记忆扭曲、故意遗忘，学校心知肚明，但从来不去纠正、干预。由此看来，学校教育对学生的个人记忆的放任，也包括对记忆品质的放任上。

不受学校教育待见的个人记忆，在网络时代却成了新媒体千载难逢的俘获人心的工具。命题记忆无论如何蔓延，都无法占据人之记忆的全部，每个人只要活着就会有关于自己活动与经历的记忆。早一点的博客，如今的微博、公众号、推特、脸书等都是充分利用人们对个人记忆的珍视，提供条件让人们将个人记忆公开化。这些新媒体所提供的展示平台极大的方便了人们将个人经历与记忆外在化、公开化，也因此很快得到了人们的普遍宠爱并获得了巨大的成功。新媒体时代的这些经历与记忆展示方式，可以说极大地改变了人们的生活方式与记忆方式，对很多年轻人来说，生活在一定意义上变成了直播化的生活，记忆也从内隐状态变成了外在状态。比如，过去时代人们去旅行，主要用眼去看、用心去体味，现在人们去旅行，都是用镜头去看、用自媒体去体味与展示。新媒体乘虚而入，借助每一个对自我个人记忆的钟爱，获得了巨大商业成功，但其所带来的后果也是深远的（后文还会论及）。

四、不同的遭遇，不同的后果

如前所论，个人记忆与命题记忆在学校教育中的遭遇与处境是不同的。在现代学校教育中，命题记忆不仅是支配性的记忆类型，还成了改造个人记忆的方式；个人记忆不但被隔离、排斥，还被命题记忆所植入与改造。两种主要记忆类型在现代学校教育中的不同遭遇，不是没有后果的。如前所论，人是记忆存在，教育中记忆的不同遭遇所产生的后果就体现在人身上。

1. 命题记忆的膨胀及其沉淀

维耶赛尔说，"所有河流都流向大海，而大海却永远不会溢满，人类的记忆也是如此。"[①] 这是就理想状态而言的，具体到个人，记忆的容量还是有限的。要说记忆永远不会充满，那也是因为我们是在一边记忆、一边忘记。从避免信息过载的角度看，遗忘既是我们的一个缺陷，也是我们的一个优势，正是因为遗忘能力，我们才能够对信息进行筛选。如果记得自己经历的所有

---

① Wiesel E. , *Ethics and Memory*，Ethics and Memory / Ethik und Erinnerung，Berlin，Boston：De Gruyter，1997，pp. 11－28. https：//doi. org/10. 1515/9783110806588－002，2020－10－02.

事情，与不能记住任何事情一样糟糕，记忆与遗忘是互补的过程①。在学校教育中，学生需要记住那么多命题知识，为了不造成信息过载，那只能忘记另外的记忆为命题记忆腾出空间。也就是说，学生命题记忆的膨胀，或者说"第二记忆库"的扩容是以对"第一记忆库"即个人记忆的挤压为代价的。一代又一代接受学校教育的人，脑子里塞满了关于世界知识的记忆，留给个人记忆的空间却越来越小。正是在这个意义上，有学者认为经过学校教育的淬炼，现代人越来越不认识自己了，"我们都成了自己的陌生人"②。个人记忆事关一个人的精神成长，而命题记忆则事关一个人的能力发展。学校教育以命题记忆挤压个人记忆，体现的是重视科学知识、重视外在世界、重视人的能力；轻视人本身、轻视人的精神世界、轻视人的内在自我。学校教育对记忆如此处置，导致的后果是人的能力越来越强，但却越来越远离人本身，走向与自身的"离异"。这也是为什么有那么多人能力很强、衣食无忧，却空虚无聊、找不到人生意义的教育根源。

无论命题记忆有多膨胀，人还是需要个人记忆，否则就会失去做人的感觉、生活得如机器一样，怎么办呢？一个不得已的解决办法就是将命题记忆情节化，将命题记忆转化为个人记忆。学校教育为了使命题记忆不那么生硬、枯燥，也在有意无意地向个人记忆转化，比如时间的节奏化，教育内容的情节化（用课程表将不同的学科交叉安排形成"频道转换"式的效果，同一学科又用课、单元、分册、全册组成，使命题内容变得有情节性）；教学活动设计的情节化等。经过这些改造，命题记忆也就有了个人记忆的色彩，在一定程度上可以转化为个人记忆。但命题记忆无论如何变换形态，其背后的主调

---

① Shu L. L. and Gino F.，Sweeping Dishonesty Under the Rug：How Unethical Actions Lead to Forgetting of Moral Rules，Journal of Personality and Social Psychology，No 6，2012，pp. 1164—1177.

② 高德胜：《我们都是自己的陌生人——兼论教育与人的放逐和"归家"》，《高等教育研究》2013 年第 2 期，第 9—19 页。

都是不变的，那就是考试与竞争。也就是说，命题记忆向个人记忆的转化，真正转化的不是命题记忆本身，而是命题记忆的精神实质。等到学生告别学校，大多数所学的知识信息内容都会很快忘记，留下来得更多是关于考试与竞争的记忆。

考试与竞争的记忆会伴随人的一生。弗洛姆（E. Fromm）说，"在某一文化中，大多数人所共同拥有的性格结构的核心"就是"社会性格"，"与同一文化中各不相同的个人的个性特征截然不同"①。考试与竞争的记忆沉淀到每一个人的身心深处，也就形塑了一代又一代人的"社会性格"。我们可以稍微总结一下由考试与竞争所造就的社会性格。第一，把什么事情都当作一场考试，生活考试化。考试的隐喻到处都是，比如当下最为紧迫的是如何解决新型冠状病毒引发的世界性危机，在这种关乎人类未来的生死存亡之时，媒体的叙事表达总是离不开"大考""答卷"。用考试来隐喻对困难的应对也许还有些道理，但我们的生活不是考试，用考试来隐喻家庭生活、隐喻子女培养、隐喻爱情则是荒诞的。第二，竞争成了人与人互动的基本逻辑。人与人之间肯定有竞争，但竞争不是人与人之间关系的全部，在竞争之外，还有合作，还有爱、关心与帮助。在人生的成长阶段长期浸润在竞争的生活之下，身心之中充塞着竞争的记忆，导致我们将竞争当作人与人之间关系的全部，时刻准备竞争、时刻戒备着对手、时刻准备战胜别人，生活由此变得利己、紧张，失去了从容与平和。可以说，我们都成了"刺猬人"，一有风吹草动，全身的刺就会直竖起来，既伤人，也耗己。第三，应试化的生活与记忆导致我们不能停下来，一停下来就感觉空虚无聊。就如长期习惯了紧张考试生活的学生，大考结束之后，除了极端的放纵之外，不知道如何安排自己的生活，既不愿意立即重新投入到紧张之中，又不会享受闲暇时光，卡在一种没着没落的中间状态，滑入一种精神危机之中。第四，应试与竞争从来都是以自我

---

① ［美］艾里希·弗洛姆：《健全的社会》，孙恺详译，贵州人民出版社1994年版，第62页。

保护为逻辑、以利己为中心的。有人说，当代教育培养的都是"精致的利己主义者"，其实，利己主义者无论如何装饰，都是粗鄙的，哪里谈得上"精致"！"精致的利己主义者"也好，"粗鄙的利己主义者"也好，核心都是利己，很难超越自己的利益来看世界、看社会、看人类。

正如庞蒂所言，我们所有的经历都不会凭空消逝，都会通过沉淀这一机制在我们的身心之中留下痕迹。学生记忆中充塞的客观知识在走出校门之后，即使很快忘记，也不是毫无影响。这种影响当然有积极的一面，也有消极的一面。积极的一面在于，科学知识可以开阔受教育者的视野，使他们能够对自己所生活的世界有一个基本的认识，同时也会形成科学化的思维方式。消极的一面是，因为科学主导，受教育者会将看世界的方式用在看人上，将科学思维方式用在人的情感、艺术等并不匹配的领域，导致"范式错位"①。这样的范式错位或者说范式唯一，导致作为人的灵性消失，我们都变得如此理性、实际，不再相信直觉、想象、顿悟等直接获得人生真理的方式，都变成了"工科男""工科女"：能力很强、精于计算，但却缺乏灵感、艺术感觉，一点儿也不可爱。

2. 个人记忆品质的退化

记忆与想象力一样，都是"不在场事物的在场化"②，但想象可以天马行空、不受现实和未来束缚，记忆虽然也可以不受当下与未来约束，却受过去约束。虽然我们已经不再对记忆做档案化理解，承认记忆的建构性，但如果记忆与过去实况相差太远，那就不是记忆而变成了想象。记忆是有标准的，柏莱克（S. Bernecker）认为记忆的标准有两个，一个是与客观事实相符（mind-to-world），即与已经发生的事件或客观事实相符；一个是过去对事物

---

① ［法］埃加德·莫兰：《迷失的范式：人性研究》，陈一壮译，北京大学出版社1999年版，第5页。

② Casey E. S.，*Habitual Body and Memory in Merleau-Ponty*，Man and World，No 17，1984，pp. 279—297.

的知觉相符（mind-in-the-present-to-mind-in-the-past），即过去如何理解的、现在就如何回忆[①]。如果说前者是真实标准，那么后者就是真诚标准。符合真实标准当然更好，符合真诚标准也可以接受。记忆做到真实、真诚是很难的，但越接近这一标准，记忆的品质就越高；越远离这一标准，记忆的品质就越差，直至变成想象。

问题是，记忆如果不加培育，任其自发、自然、自由生长，能否保证一个基本的品质？答案显然是否定的。根据斯凯特尔（D. L. Schacter）的研究，记忆有"七宗罪"（seven sins），即七种天然的缺陷，包括暂时性（transience）、心不在焉（absent-mindedness）、阻断（blocking）、错置（misattribution）、易受暗示（suggestibility）、偏见（bias）、挥之不去（persistence）[②]。也就是说人的记忆并不完美，存在着天然的缺陷。我们可能会以此为借口来为自己记忆品质不高辩护。问题是，人的记忆如果没有这些缺陷，像神的记忆一样完美无缺，不需要意志努力，那还能有品质高低吗？正是由于缺陷的存在，给我们留了主观努力的空间，所以才有记忆品质的高低之分。由此，教育在记忆问题上就有了一定的用武之地，有了一份特殊的责任。

人之记忆有天生缺陷，如果不进行教化提升，就会"不进则退"。如前所论，记忆具有情感性，即我们知觉一个事物的情感体验会影响记忆的编码与存储。除此之外，主体的情感品质也会影响记忆的过程与品质。比如，很多消极情感，诸如怨恨、嫉妒、自卑、自恋等都会影响记忆的品质。一个充满恨意的人，很难体会到他人的善意，在与他人交往中记住的也往往是他人的"恶意"；一个嫉妒心强的人，把别人所有的成就都视为对自己的压迫，记住的也往往是他人给自己造成的"伤害"；一个过于自卑的人，甚至会把别人正

Bernecker S., *Memory and Truth*, In S. Bernecker and K. Michaelian (eds), The Routledge Handbook of Philosophy of Memory, New York: Routledge, 2017, p. 56.

② Danie l. L. Schacter, *The seven sins of memory: how the mind forgets and remembers*, Boston: Houghton Mifflin Company, 2001, pp. 1—11.

常的言行当作攻击与冒犯；一个过于自恋的人则只记得自己的功绩、贡献，不记得别人的付出，对他人的哪怕一丁点的过失都会念念不忘，对自己的缺陷与错误则遗忘得一干二净。在这些不良情感倾向的支配下，人不可能有一个正常的记忆品质，那么从提升记忆品质的需要出发，就要对这些情感倾向进行纠正。可惜的是，由于学校教育对个人记忆的排斥与放任，很少注意到消极情感对记忆品质的影响，更谈不上主动干预。

作为社会性动物，我们总是要与别人交往，总是要从他人那里获得反馈。正常情况下，我们从他人那里得到的反馈积极的多、消极的少，因为人都喜欢听好话，他人出于尊重与善意，说好话没有顾忌，说"坏话"一般都会"三思而后说"。如果我们有一个基本的记忆品质，就会既记得别人给我们的积极反馈，也会记得别人给我们的消极反馈。但格林（J. D. Green）等人的研究发现，人们将他人对自己的消极反馈看作是危及自我的（self-threatening），将他人给予自己的积极反馈视为确证自我的（self-affirming）。对危及自我的反馈，加工弱，容易忘，而对确证自我的反馈，则加工深、记得牢①。这一发现与我们的日常体会是一致的，只要敢于诚实地面对真实的自己，我们每个人几乎都有这样的倾向。这一倾向的存在，也不是没有理由，那就是我们每个人都相信自己是好的。从积极的角度看，这一信念说明多数人，哪怕是事实上个人品质不那么好的人，都还是在追求一个积极的自我概念；从消极的角度看，通过选择性记忆来维持一个并不真实的自我概念，让我们在精神上下堕而不自知，无法做到对自己诚实。这一记忆倾向，单靠个人很难纠正，借助教育才能给予一定程度的校正。过去时代的教育在这方面有很多智慧，现代教育可以从中汲取营养，但可惜的是，现代学校教育排斥、放任个人记忆，对通过校正记忆倾向进而提升记忆品质的活动没有兴趣、不加关注。可

---

① Green J. D., Sedikides, and Gregg A. P., *Forgotten but not Gone：The Recall and Recognitionof Self-threatening Memories*，Journal of Experimental Social Psychology，No 44，2008，pp. 547—561.

以说，现代人的这种不良记忆倾向，在一定程度上也是学校教育放任的结果。

学校教育对记忆的放任使得"不道德健忘症"（unethical amnesia）在现代社会几乎没有阻力，越来越严重。所谓"不道德健忘症"，就是人们更容易忘记自己的不道德活动与行为，即使记得，与自己做过的道德行为或其他活动相比，也显得模糊、粗略、具有惰性①。"不道德健忘症"存在的心理原因在于人们通常相信自己比他人更道德，有保护自我形象的强烈渴望，但道德修养又与自我评价不匹配，有机会做不道德的事情的时候通常会做。行为与自我评价的落差会让人产生认知失调和心理不适，这时候改变行为以符合期望比较难，比较容易的做法是通过不同的心理机制忘记自己的不道德行为，或为自己的行为寻找借口使之合理化。斯坦利（M. L. Stanley）等人的研究揭示，人们对不道德行为的遗忘主要采取两种策略，一种是主动、有意忘记过去道德错误的细节，却对自身值得称道的行为记得清清楚楚；另一种是，如果自己的道德错误不能轻易忘掉，人们就会采取将自己过去的不道德行为与自己当下的道德行为进行比较以证明自己在道德上的进步，甚至将过去的道德错误作为自己变好的转折点。经过第一种策略，自己的道德错误慢慢隐去，自己的道德行为逐步凸显；经过第二种策略，自己过去的错误也变得意义非凡，错误不再单纯是错误，变成了道德进步的阶梯与转折②。由"不道德健忘症"存在的理由与机制来看，其绝不是什么"不治之症"。如果学校教育重视个人记忆，就可以从其存在动机和实施策略入手进行校正，虽然不能保证根治，但一定程度的克服绝对是可以做到的，但遗憾的是，学校教育对个人记忆的放任使其失去了这一教育机会。

---

① Kouchakia M. and Ginob F. , *Memories of unethical actions become obfuscated over time* , PNAS Proceedings of the National Academy of Sciences of the United States of America, vol. 113, No. 22, 2016, pp. 6166—6171.

② Stanley M. L. and Brigar F. D. , Moral Memories and the Belief in the Good Self, Current Directions in Psychological Science, No 4, 2019, pp. 387—391.

人文教育的核心是"认识你自己"。这里面的"你自己"显然不是静态的，而是动态的，包括自己的过去，那么"认识你自己"也就包含着诚实面对自己的过去。现代学校教育隔离、放任个人记忆，实际上是放弃了人文教育所开创的优良传统。我们的个人记忆基本上都是未经培育的自然粗放状态，这样的状态经不起人性弱点的诱惑，在很大程度成了"人格美容"的手段。甚至在理论上，也有人为记忆的这种功能进行辩护。比如，有人就认为记忆伦理有两个维度，一个是真实，以记忆与过去发生的事情的匹配度为标准；一个是美好生活，以当下生活为标准，记忆的价值不在于准确，而在于为当下生活服务，为了当下生活的幸福，改变记忆、遗忘过去都是必要的手段①。确实，记忆有为当下服务的一面，但如果是以扭曲的方式为当下服务，那这个当下以及即将到来的未来都是可疑的。当下会影响过去，但如果我们的记忆都是被当下熏染过的记忆，那我们还有什么机会去面对真实的自我呢？苏（L. L. Shu）等人认为，我们都是自身历史的"修正主义者"（revisionist）②，即便如此，这种修正也要在一定的范围之内，不能完全背离过去。教育对记忆的培养，就是保证记忆有一定的品质，使个人对过去的"修正"能够保持一个基本的底线。

如前所论，被学校教育所排斥的个人记忆却被电子时代的新媒体所利用，成了他们创造巨额财富的取之不尽用之不竭的资源库。新媒体为现代人的个人记忆提供公开展示的平台，结果是"秀"经历与"晒"照片、视频成了当代人的一种新风尚。这种生活方式虽然提供了新的记忆方式，却进一步败坏了记忆的品质。一方面，我们在经历事物的时候已经开始"三心二意"，因为

---

① Bublitz C., and Dresler M., A *Duty to Remember，a Right to Forget？Memory Manipulations and the Law*，In Clausen J., Levy N.（eds.），Handbook of Neuroethics，Dordrecht：Springer Science＋Business Media，2015，p. 1282.

② Shu L. L. and Gino F., *Sweeping Dishonesty Under the Rug：How Unethical Actions Lead to Forgetting of Moral Rules*，Journal of Personality and Social Psychology，No 6，2012，pp. 1164－1177.

在经历的同时就要为记忆展示做准备，比如很多人吃饭之前先要留下照片。另一方面，记忆变成了展览，结果是记忆的编辑、美化、修改前所未有，几乎没有底线。技术手段再一次成了"帮凶"，美颜、美声工具的存在使我们在镜头前的"电子化妆"轻而易举。在新媒体的推动下，记忆已经不再是过去经历的沉淀，而成了当下完美的证明。自恋在当今时代愈演愈烈，很多人都有一种自我完美的虚幻感，一个重要的原因在于，我们过去的经历是完美的，我们的记忆都是美好的。比如，在新冠肺炎疫情如此严重的时候，美国总统特朗普在镜头面前总是不忘夸耀自己，将自己的自恋展露无遗。他的过度自恋虽然让人有那么一点儿不舒服，但却不那么遭人反感，为什么呢？根本的原因是大家都是一样的人，大家都自恋，只是程度不同而已。

五、重构教育与记忆的关系

人的记忆有不同的类型，不同的记忆有不同的意义。过去时代，个人记忆处于中心位置，也是教育关注的焦点。当今时代，命题记忆处在中心位置，成了学校教育的核心关注点。也就是说，命题记忆与个人记忆在教育中的位置，在现代学校教育中是互换的，命题记忆得到了前所未有的优待，而个人记忆则遭受了前所未有的冷落。

两种记忆在学校教育中的不同遭遇也是现代人生存境遇的反映。将眼光投向世界而较少反观自身是现代人的基本生存境况。重视命题记忆，就是重视外在世界、重视客观知识与信息；轻视个人记忆，就是对人的世界、对人自身的轻视。现代学校教育置个人记忆于不顾，看似是一个"小问题"，其实却是一个"大错误"，因为人是由其记忆所建构的，对个人记忆的忽视，其实就是对人的忽视，就是眼中无人。个人记忆如果不能纳入学校教育之中，所有"以人为本""以儿童为中心"的教育思想都只能停留在口号与修辞的水平上，不能转化为真正的教育实践。现代学校把适龄儿童全部纳入教育体系之中，体现的是对年轻一代的关怀，但从对个人记忆的态度与处置来看，学校又是忽视他们的，并没有真正把他们放在心里。这样的矛盾，不能不说是一种悖论与讽刺。有人说"现代教育的兴起与道德教育的衰落是同一个过程"[①]，一个原因就是现代学校教育不关心学生的个人记忆及其人格存在状态，只关心学生对命题知识的理解与记忆，只关心他们的能力提高和工具化功能的提升，失去了道德教育的动力、方法与时机。

由此看来，学校教育对两种记忆的失衡态度与处置方案到了需要改变的时候了。当然，重建教育与记忆的关系，不是复古，即回到过去时代那种完全以个人记忆为主的时代，而是建立教育与不同记忆之间新的平衡关系。第一个平衡是命题记忆与个人记忆的平衡。科学时代，科学知识的学习不能削弱，但个人经历、经验也应该进入教育之中，二者之间应该有一个平衡。第二个平衡是将人文教育置于科学知识学习与个人经验之间。人文知识教育具有双重性，一方面其本身也是命题知识，另一方面又有人类记忆的性质，可以成为科学知识与个人记忆的共同参照。第三，命题记忆需要融入个人记忆之中才能褪去外在性进而成为学习者生命的一部分；个人记忆也需要命题记忆的照射，才能除去其中的狭隘与偏见，学校教育应该促进两种记忆的融合互通。第四，关于个人记忆，过去时代积累了那么多古老智慧，学校教育应该充分挖掘古代教育中提升个人记忆品质的传统，结合当代记忆研究的成就，探索新的提升个人记忆品质的方法与思路。

---

① 高德胜：《论道德作为现代教育之代价》，《高等教育研究》2013 年第 10 期，第 1—9 页。

第七章　论道德作为现代教育之代价

　　现代社会道德问题层出不穷，一再突破人类所能够忍受的底线，在这种情况下，人们几乎是不假思索地将责问的目光投向教育。教育从业者，尤其是道德教育者，在这种目光注视之下如芒在背。这些生活在巨大压力之下的人，包括理论研究者，对自身所从事的事业进行了各种反思和检讨，也进行了各种各样的努力和挣扎。虽然不是毫无收获，但总的来说，效果不彰。道德教育不但在当今社会所面临的道德问题面前显得苍白无力，而且自身的生存也存在着巨大的危机。道德教育的这种尴尬处境，促使我们不得不跳出现代教育的框架，从与现代教育保持一定距离的角度来重新审视道德教育与现代教育的关系：现代教育是友善道德和道德教育的，还是以道德和道德教育为代价的？

一、"四轮驱动"的现代教育

　　审视现代教育是否是友善道德和道德教育，可以从现代教育的特性入手。现代教育所具有的特性如果是友善道德和道德教育的，那么作为实践的现代教育则更可能是友善道德和道德教育的；如果其本性是不友善道德和道德教育的，则必然推动着现代教育走向冷淡、排斥、挤压道德和道德教育的方向。现代教育是人类教育发展的崭新阶段，在这一阶段，教育呈现出了不同于人类历史上曾经存在过的任何教育形态的独有特征。

现代之前的教育，尤其是学校教育总体上看都是特定阶层的权利。从西方文化的源头开始，教育就"天生"具有一种"贵族气息"：在古希腊，教育是摆脱了生存压力之后人的一种精神升华活动，对于那些还在为生存而挣扎的人来说，教育是与他们无关的另一个世界的事情。在随后的发展演变过程中，教育当然有这样那样的变化，但教育的这一基本性质依然是一个无法否认的事实。正如杜威所说，"教育，至少是初等以上的教育，过去是专门为有闲阶级设立的。它的教材和它的方法，也是为那些生活优越，因而不必去为生活而工作的人设计的"①。至于穷人，正如卢梭所说，"是不需要接受什么教育的，他所生活的环境教育是强迫性的，他不可能再接受其他教育了"②。生活在民主化教育已经深入普及时代的人们，可能觉得教育的这种"贵族气息"已经是古老的事情，但事实上，其离我们的时代并不久远。教育民主化的要求虽然早已有之，但其基本实现，是 19 世纪末 20 世纪初的事情。

教育民主化是现代教育的主导推动力，但教育民主化自身也受多种力量驱动。第一股力量是宗教传播的需要。马丁·路德（Martin Luther）被称为"国民教育之父"，但实际上他主张广设学校、教人识字的目的却是宣扬教义，使人们能够阅读圣经。夸美纽斯（J. A. Comenius）将教育视为一项人人应该享有的基本权利，但他的依据却是宗教的："上帝自己常说，他对人毫无偏袒，所以如果我们允许一部分人的智性受到培植，而去排斥另外的一部分人，我们就不仅伤害了那些与我们自己具有同一天性的人，而且也伤害了上帝本

---

① 杜威：《学校与社会·明日之学校》，赵祥麟等译，人民教育出版社 1994 年版，第 348 页。

② ［爱尔兰］弗兰克·M. 弗拉纳根：《最伟大的教育家：从苏格拉底到杜威》，卢立涛等译，华东师范大学出版社 2009 年版，第 97 页。

身，因为上帝愿意被印有他自己形象的一切人所认知，所喜爱，所赞美。"①
世俗化是现代社会和现代教育的一个显著特征，但吊诡的是，现代社会和现代教育却在一定程度上是宗教传播需要所催生的。在教育史上，教育民主化的一个重要的驱动力就是打破上层社会对宗教的垄断，使下层百姓子弟能够阅读圣经，能够没有障碍地与上帝直接交流。

教育民主化或大众化的另一个推动力则是经济的力量。近代资本主义的发展需要大量的产业工人，而这些需要与大机器生产相结合的产业工人必须具备一定的读写能力。符合工业生产需要的工人不会凭空产生，只能靠教育来培养。这也是在工业化初期，工业界巨头办教育的兴致那么高，甚至高过政府的原因。以赚钱为最高目的的商业公司，对教育的兴致当然不是出于高尚的慈善和道德目的，而是期望通过教育培养既有基本知识和技能，又具备服从和忍耐品格的产业工人。假如没有利益，资本家及其代理人是不会乐意穷人子弟接受教育的，正是因为有利可图，教育的大众化和民主化才有了实现的可能。与其说这是"政治和经济上不得已的让步"②，倒不如说是利益驱使下的主动作为。

教育的大众化和民主化当然也有政治驱动力。近代以来的民主化运动使得人们，尤其是下层民众的民主意识觉醒，不再将教育视为上层社会的特权，而是人人应该享有的基本人权。当然，单有驱动力还不够，还得具备一定的社会条件。正规教育离不开书籍。过去时代，教育之所以是少数人的特权，一个重要的原因是印刷术尚未广泛运用，书籍只能靠手工艰苦地抄写，那时的书籍稀少、昂贵，不是一般民众读得起的。印刷术的发明和运用，为教育的民主化与大众化提供了技术条件，那时的人对印刷机的感情大概类似于今

---

① ［捷克］夸美纽斯：《大教学论》，傅任敢译，人民教育出版社1984年版，第52页。

② ［美］杜威：《学校与社会·明日之学校》，赵祥麟等译，人民教育出版社1994年版，第350页。

天的人对电脑的热情。夸美纽斯对教育"信心爆棚",这信心肯定有印刷机的支撑,因为"教育印刷术"是他一个重要的隐喻。"教学艺术所需要的不是别的,只不过是要把时间、科目和方法巧妙地加以安排而已。一旦我们发现了正确的方法之后,那时无论教导多少学童都不会比印刷机在一天之内印一千份整洁的文章……更为困难"①。科层制是教育民主化和大众化的组织条件,因为民主化、大众化的教育必然导致受教育者人数的大幅度增加和教育规模的增大,如何组织则成了新的问题。而现代工业生产与管理所采用的科层制则为大规模教育的组织提供了参考,正是借助科层制,以大规模为特征的现代教育才得以有效地组织起来。

国家化是现代教育的另一股推动力,或者说,国家化是现代教育的另一个显著特征。教育国家化,即教育由国家来承办是一个从古希腊就有的梦想。苏格拉底和柏拉图对父母和家庭都不那么信任,主张教育应该脱离家庭由城邦接管。为了使儿童免受父母的影响,柏拉图甚至主张城邦的统治者把儿童从父母身边带走,由护国者进行统一抚养与教育。亚里士多德同样认为教育应该由城邦来掌控,他对雅典人各人关心各自子女、各人按自己的标准对子女实施教育颇有微辞,对斯巴达人"把儿童的教育作为全邦的共同责任"② 则大加赞扬。古罗马的昆体良也对家庭教育充满戒心,认为父母并不天然都具备教育子女的资格,在教育应该公立还是私立的问题上,他坚定地站在公立这一边。但教育国家化的这一久远的梦想,在教育史的多数时期都只是未能实现的梦想,直到 19 世纪,有权利接受教育的人绝大多数依然是在家庭教师和私立学校的帮助下完成受教育过程的。

教育的国家化与教育的民主化、大众化是同时发生的现代事件。教育国

---

① [捷克]夸美纽斯:《大教学论》,傅任敢译,人民教育出版社 1984 年版,第 78 页。

② [古希腊]亚里士多德:《政治学》,颜一等译,中国人民大学出版社 2003 年版,第 268 页。

家化的内在动机恐怕不是现代国家所宣扬的那样"高尚"，而是现代国家看到了教育的"有用性"。一方面，虽然私人商业机构对教育热情高涨，但工业化所推动的教育大众化不可能仅仅由这些零散的商业企业来主导，作为代理人的政府必须承担起办教育的责任。另一方面，将教育纳入政府职能范围，既呼应了经济发展的需要，"有利可图"，又增强了自身的政治合法性。有利可图在于，通过举办教育，使穷人子弟掌握基本的知识和技能，以此来谋生并为国家经济发展服务，使他们由国家的"债务"变成国家的"资产"；同时，通过举办教育，现代国家调和了社会矛盾，安抚了下层百姓，统治的合法性得以牢固。更重要的是，教育可以在民族认同和国家认同中扮演重要角色，这正是现代民族国家在兴起过程中所迫切需要的。无论是 19 世纪 60 年代的侵略性国家普鲁士，还是 70 年代后的战败国法国，它们都发现在自己的公民中培养集体性的自我本位意识的益处[①]。在这些动机的综合作用下，发达资本主义国家投资办教育的热情高涨，比如拿破仑制定了从小学到大学、最后进入"法兰西大学"的国民教育体系，从而使法国教育发生了国家化的永久转向。此后，教育国家化成了"历史的潮流"，哪怕是贫穷落后的国家，也不会让教育放任自流，而是将教育当成一项政府职能。教育国家化的古老梦想，经过几千年的延宕，在现代终于初步实现了，虽然这一巨变的复杂后果还有待历史的检验。

教育国家化的典型表现是义务教育的推行。义务教育发源于德国。有"国民教育之父"之称的马丁·路德提倡国家进行投入广设学校，并强迫百姓送子女入学。1691 年德意志魏玛邦颁布法令，规定 6—12 岁的儿童必须入学，这是义务教育的开端。德国是推行义务教育最早的国家，到了 19 世纪后半期，经济较发达的资本主义国家，包括英国、法国、美国等都先后颁布了义务教育法令。义务教育是教育国家化的一个装饰性说法，所谓义务教育，其

① 参见［美］约翰·S. 布鲁巴克：《教育问题史》，单中惠等译，山东教育出版社 2012 年版，第 65 页。

实是强迫教育，即在国家主办的教育面前，家长必须送子女上学，否则就是违法。"义务教育的核心内涵涉及使用强制力与法律制裁确保学生必须出勤与参与一个规定的标准化课程"①。当然，这种强迫主要针对的还是下层人民，上层阶级子女有充分的受教育权利和机会，用不着强迫。

与教育的民主化、国家化密切相连的是教育的正规化。虽然作为专门教育机构的学校早已存在，但在人类历史的大多数时期，教育主要是以非正规或半正规的方式存在的。就连作为专门教育机构的学校，在进入现代社会之前的多数时期，也很难说其是完全正规的。因为在教育国家化之前，学校的举办主体是多元化的，不同主体所举办的学校样态差别巨大，有的是组织严密的教会学校，有的是松散的私人研习所。如果说在现代之前存在少部分的正规教育的话，那也只是少数人的需要。正如布鲁巴克（John S. Brubacher）所说："在19世纪和20世纪之前，只有少数人需要或爱好学校的正规教育。"② 在现代教育之前，大部分人跟着父母在生产和生活中学习一些生存技能，少部分人则采用学徒制的方式跟着师傅个别化地学习一些技艺，更少的一部分人则是在父母与家庭教师的分别指导下学习，到一定年龄的时候去专设的贵族学校学习。也就是说，即使那些有条件上学的少部分人，他们所接受的教育也是正规和非正规参半的，或者说是半正规的。

现代教育则完全不同，正规化程度史无前例。由于教育国家化，教育的举办主体由过去时代的多元变成了现代民族国家这一元，对教育的要求自然也是统一的，改变了过去教育的"千姿百态"，这是现代教育正规化的主体基础。现代教育的正规化表现在不同的方面，第一，教师的专门化、专业化。现代教育已经彻底克服了苏格拉底所说的"无人能做教师"的心理障碍，逐

---

① 伦纳德·I. 凯尔曼：《义务教育：一种道德批判》，载〔美〕肯尼斯·A. 斯特赖克等主编，《伦理学与教育政策》，刘世清等译，北京大学出版社2013年版，第61页。
② 〔美〕约翰·S. 布鲁巴克：《教育问题史》，单中惠等译，山东教育出版社2012年版，第365页。

步建立起了一套完整的专业教师的选择、培训、资格获得制度，教师选任制度化了。第二，现代教育有了统一的课程要求（课程大纲）和标准教材，教育内容本身及其载体正规化了，一改以往时代的随意性和多种多样。第三，作为教育机构的学校，其组织架构和运行机制也正规化了，不但在学校内部有了科层化的结构，在学校之间也有了有机的联系，不同学校之间衔接与递进的制度也日趋成熟。第四，过去时代，由于教育并非国家主导的，办学主体因地制宜，甚至因陋就简，办学条件也不正规；现代教育则不同，办学条件也正规起来了，对学校场地、教室等物质条件都有了正规的要求。

现代教育的另一股推动力，或者说现代教育的另一个典型特征是科学化。现代之前的教育虽然千姿百态，但基本上都可以归为人文事业或道德事业。无论是古希腊的公民教育，还是古罗马的贵族教育，包括后来的宗教教育，都是以"做人"为核心的，关注的焦点是人自己、人与他人之间的关系。在这一过程中，虽然也有对自然世界的探索与认识，但都是以对人自身的认识为参照的，或者说是为了认识人而去认识自然的。从教育内容上看，古代教育所呈现的无非是前人对人间事务的思考，也就是利用典范来激发学习者思考自身以及学习如何做人。从现代科学的角度看，古代教育的这种人文性和道德性显然是粗糙的、主观的、非科学的。现代教育将关注点由"人事"转向自然，由人文探问转向科学知识学习。现代教育虽然从正式表述上并没有轻视道德及其教育，但其全部的注意力基本上都在于对自然世界的认识与把握，科学知识在学校教育中大行其道并逐步获得了支配性地位。现代教育的科学化是全方位的，不但教育目的是科学定向的，教育内容是科学为主的，教学方法及其组织形式也是科学化的。过去时代存在于教育中的精神与价值问题，也被转化为更为科学的心理问题。

二、"谋生术"：智者派的全面胜利

"四轮驱动"的现代教育在飞速运转，但不是没有代价。以教育民主化为

例，教育的民主化、大众化显然具有无与伦比的进步意义，人类社会的绝大多数成员都有了受教育的权利，教育不再是少数人的特权。但不承认我们为教育的民主化所付出的代价，那也不是客观的态度。正因为民主化、大众化，教育的存在形态发生了根本性的变化，民主化之后的教育与之前的教育从目的、性质到样态都发生了巨变，代价也是巨大的，用杜威的话说就是"具有一切知识而迷了路"①。同样，教育的国家化、正规化、科学化也都是有代价的。综合起来看，最大的代价就是教育变形的代价。也就是说，教育经过"四轮驱动"之后，虽然获得了新生，但我们再仔细看看，会发现新生的教育已经不再是原来意义上的教育，"面貌一新"的同时又"面目全非"。教育是一项道德事业，"面目全非"的现代教育，牺牲的主要是道德，道德成了现代教育的"轮下之物"！

现代教育是西方文化主导的，西方文化与教育的源头在古希腊。而即使是在遥远的古希腊，对教育的理解也可以区分出截然不同的两个主要的派别，一个是灵魂派，一个智者派。苏格拉底、柏拉图、亚里士多德的教育观念虽然也有不同，但他们都认为教育是灵魂的事业，教育是为了灵魂的提升，而不是习得生存的技能。苏格拉底孜孜以求的是"人应如何生活"，他毕生贡献的事业是引导弟子们通过爱护灵魂，通过灵魂德性的完满实现让有限的人生获得无限的幸福。柏拉图致力于人之灵魂转向，引导人进入理念王国，过上神一样的德性与沉思的生活。亚里士多德虽然重视实践和生活的教育意义，但也清楚地表明教育的旨归在德性不在技能，因为"任何一种活动的专门技术都不利于儿童的身心发展"②。他们的这些教育思想不是凭空得来的，而是有社会基础的。那时主导性的教育不是生存技能的训练，而是摆脱生存负担

① ［美］杜威：《学校与社会·明日之学校》，赵祥麟等译，人民教育出版社1994年版，第119页。

② ［爱尔兰］弗兰克·M. 弗拉纳根：《最伟大的教育家：从苏格拉底到杜威》，卢立涛等译，华东师范大学出版社2009年版，第29页。

之后的灵魂提升活动，这可以从"学校"的本意是"闲暇"上得到一定程度的证明。"对古希腊人来说，教育有着重大的意义。他们生存的目的就是发展成为一种更为高尚的人，他们相信，教育对于达到这一目的有着极为重要的作用"①。

但智者派也有相当的影响和生存空间，这些人以教育为职业，通过教别人知识而获得报酬，用立竿见影的效果和诱人的人生前景来招揽学生，声称可以培养出人头地的战士、立法者、政治家、致富者。在这些人看来，教育的"关键词"不是德性，而是谋生术，"智者派所宣扬的是一种舍弃了道德问题和人性问题的严格意义上的功利主义技术教育"②。他们把教育视为一种工具，一种获取好处的工具，教学生各种各样的实用技能，至于学生用这些技能干什么，是去为城邦服务，还是去为非作歹，那是学生个人的事情，与教师无关。智者派在当时的受欢迎程度也许不亚于苏格拉底及其传人，在古罗马时代昆体良的教育思想中我们还可以看到他们的影子，但就教育史而言，灵魂派的压倒性优势显而易见，这种优势不但体现在教育思想上，也落实于教育实践上。从教育思想史上看，亚里士多德鄙视将教育用于任何外在目的的思想得到了继承和发展，从奥古斯丁到洛克、卢梭和杜威，无不将教育与人的灵魂和德性紧密联系在一起，将教育视为道德事业，"这种关于教育的内在价值的见解（与任何可能导向职业利益或实际利益的见解相反）已经成为历来教育思想中的一个永久主题"③；从教育实践史上看，现代之前的教育，虽然也有不同的发展阶段和多种多样的形态，但始终有一个基本的原则：教育是人解除生存负担之后提升灵魂的活动。在教育史上，曾经有过很长一段

① ［英］伊丽莎白·劳伦斯：《现代教育的起源与发展》，纪晓琳译，北京语言学院出版社 1992 年版，第 13 页。

② ［爱尔兰］弗兰克·M. 弗拉纳根：《最伟大的教育家：从苏格拉底到杜威》，卢立涛等译，华东师范大学出版社 2009 年版，第 6 页

③ ［英］乔伊·帕尔默主编：《教育究竟是什么？100 位思想家论教育》，任钟印等译，北京大学出版社 2008 年版，第 24 页。

时间，教育对生存技能的排斥在今天看来简直到了"不可理喻"的程度。在现代以前的很长历史时期内，教育一词是意指不含任何物质性的、纯净的人类精神与习俗活动。鲍尔森在 20 世纪初根据历史和现实对教育的理解，在词典中对教育是这样定义的："受过教育，指不用双手劳作，着装举止得体，并且能够参与谈论时下社会流行的所有话题和事务。"① 这一定义有两个引人注目的要点：一是受过教育的人是天性发展纯净完美，体现人性美好的独特个体，且能参与文化生活（这一点让人想到古希腊人人参政的公民）；二是对生存技能的超越，教育与满足生存的技能完全无关，教育是以对其的摆脱和排斥为特征的。

在教育史上始终处在灵魂论压制之下的教育"谋生术"借着现代教育的肌体"满血复活"。"当今学校的主要任务是为生活实践及未来就业做准备。一切教学内容今天均被置于'是否有用'的标尺之下，这里的'有用'一般被理解为是否能为个人带来物质利益"② 。如果说古代教育的基本原则是摆脱生存之虞之后的精神提升活动，那么现代教育的基本逻辑则是生存负担沉重的现代人获取生存保障的必经之途。这一点清晰地体现在现代教育的民主化与国家化之中。如前所论，现代教育的民主化，除了宗教的推动力之外，最主要的推动力则是经济，即新兴的资本主义经济需要大量受过一定教育的劳动力。从个体的角度看，受过一定教育是获得职业岗位的前提条件，教育由此转向了"谋生术"的轨道。欧克肖特（Michael Oakeshott）将现代教育的这种转向称为真正教育的"替代方案"，即为教育附加了外在目的，让受教育者掌握生存所必需的技能，融入所生存的社会。教育的这种替代方案一开始是为穷人子弟设计的，但随着工业化的发展，得到极大的扩展，逐步统治了整个教育，原本是为穷人设计的教育方案，后来却成了教育上人人无法逃避

---

① ［德］曼弗雷德·富尔曼著，《公民时代的欧洲教育典范》，任革译，人民出版社 2013 年版，第 17 页。

② 同上书，第 168 页。

的最为基本的原则①。

教育民主化、大众化的实施者是现代民族国家，它们对作为灵魂与精神提升活动的教育没那么浓的兴趣，它们的主要兴趣在于通过教育实现民族国家的文化认同，培养符合国家经济需要的劳动力，也就是说，教育国家化与教育的工具化是同时发生的，是同一个过程。亚里士多德说人是政治的动物，这是从政治最美好的那个维度来说的。作为事实的政治总是德性、真理、人性的最大威胁，所以现代以前的教育要么远离政府与国家，要么与其保持必要的距离，因为只有这样，学校和教育才能作为"德性、真理、灵魂的避难所"而存在。而教育的国家化使教育获得了从未有的强力支持，但代价是作为"德性、真理、灵魂的避难所"这一独有地位的丧失。当很多人在为教育的国家化欢呼的时候，尼采（Friedrich W. Nietzsche）则看到了教育国家化的危险：现代国家一方面尽可能扩展教育，另一方面又把它变得狭隘（利益工具）进而削弱它，结果是教育表面上繁荣昌盛，内里则狭隘空虚，教育由于从属于国家而堕落了②。

作为"谋生术"的现代教育，与以往以德性为追求的教育不同，它以自私和利己为基本逻辑。关于现代教育的这一显著特征，杜威早就看得真切而透彻。他说，现代大规模教育是以竞争为基础的，同龄人之间的竞赛（这个词的最坏的意义）是组织教学的基本架构，没有这种"你死我活"式的竞赛，教学几乎无法组织，"以致一个儿童对其他儿童的学习有了帮助就算是犯罪"；每个人都在单纯地吸收知识，学习的动机不是社会的，而是个人的现在和未来，很自然地流于自私自利③。康德认为公共教育优于私人教育，因为在学校

---

① ［英］迈克尔·欧克肖特著，蒂莫西·富勒编：《人文学习之声》，孙磊译，上海译文出版社 2012 年版，第 80－100 页。

② ［英］乔伊·帕尔默主编：《教育究竟是什么? 100 位思想家论教育》，任钟印等译，北京大学出版社 2008 年版，第 24 页。

③ ［美］杜威：《学校与社会·明日之学校》，赵祥麟等译，人民教育出版社 1994 年版，第 32 页。

中，儿童有更多的机会与别人交流，能够学会尊重别人的自主性①。在学校生活中，能够与同龄人交往，这是过去时代以家庭教师为主导的教育模式所不具备的条件，从这个角度看，康德是对的。但问题在于同龄人相处的模式，并不是同龄人无论以什么样的形式在一起，都能学会尊重、获得德性。也许是随着时间的推移，现代教育骨子里的这一毛病越发显露无遗，杜威的体会才显得更加真切，更加符合事实。"人人为己"是现代学校中再明显不过的"显规则"，每个学生只对自己的学习负责，至于同龄的同学，他们只在竞争的意义上才被纳入视野。学生生活在同龄人群体中，但却是孤独地一个人在那里，"旁若无人"，每个人比赛性地完成同样的任务，相互之间没有配合，没有协助，孩子们在物理空间上是如此的接近，但在心理和精神空间上又是那样的遥远！"学校教给学生的东西——深入其内心并形成其习性的东西——正是竞赛本身"②。学生如此，教师也是如此。在现代学校中，每个教师都是独立于其他科目和其他教师的，只需要对自己的科目、班级负责。正是因为洞察了现代教育的这种"结构性的不道德"，杜威提出了一系列的教育改革措施，在教育思想上传播广泛，影响巨大。但"具有讽刺意味的是，尽管在整个世纪（20 世纪）的学术讨论中他始终处于中心地位，但杜威自己的观点从来没有真正渗入美国教育制度的课堂实际中"③。杜威所倡导的教育不见踪影，相反，他所痛心疾首批判的教育，却在世界各地变本加厉地发展着。

现代教育因为倒向了"谋生术"而使自私和利己成为"显规则"，也许有人会说，源于古希腊的为了灵魂与德性的教育也是为己的，在这个意义上也是自私和利己的。确实，有自我意识是人所独有的特征，这是人生在世的锚

---

① ［英］乔伊·帕尔默主编：《教育究竟是什么？100 位思想家论教育》，任钟印等译，北京大学出版社 2008 年版，第 24 页。

② ［美］伊万·伊利奇：《非学校化社会》，吴康宁译，台北桂冠图书股份有限公司1992 年版，第 61 页。

③ ［英］乔伊·帕尔默主编：《教育究竟是什么？100 位思想家论教育》，任钟印等译，北京大学出版社 2008 年版，第 226 页。

点，因此，一定程度的为我和利己是"人性原则"，在这个意义上，"人不为己"真的会"天诛地灭"。问题不在于是否为我和利己，而在于如何为我、如何利己。苏格拉底可以说是一个彻底的"自我主义者"，他"宁愿含冤受屈也不愿为恶"，因为"含冤受屈"是别人对自己不好，而"为恶"则是自己对自己不好，意味着自己要与一个"恶棍"终生厮守！也就是说，在他的判断中，自我是最终的标准。在这样的为我与利己中，德性得到了弘扬，他人得到了爱护，这样的利己有什么不好呢？他不避讳对个人幸福的追求，甚至将个人对幸福的期望视为人的最高驱动力（最高善），但在他的幸福追求中，正义是幸福的保证，没有正义就没有真正的幸福，而正义既指自己灵魂的和谐，也始终包含着对别人的关心。谋生意义上的利己与此完全不同，这种利己具有排他性质，自身利益的获得以战胜别人为条件。物质利益与价值利益有"天壤之别"，前者是有限的、消费性的、排他性的，而后者则是无限的、生成的、共享的。正是因为物质利益的这种性质，教育引导人们去追求物质利益，几乎不可避免地倒向杜威所说的自私与利己；同样是因为价值利益的性质，教育对公正和爱的引导，哪怕是纯粹为了个人的道德与人格完善，也不会走向极端的自私。

三、"教育印刷术"：现代教育对人的降格

古代教育之所以是个别化、小规模的，当然有社会条件的限制，但恐怕也与对人和教育的理解有关。贯穿教育史的一个主题是，相信人成长的内在力量，教育只是外在引导。古希腊教育的一个基本教育思想是，教育只是将已经存在于学生身上的潜能吸引、激发出来的过程。对教育的这种理解，一方面体现出了对教育作用的克制，不认为教育是人成长的决定性因素，在教与学的关系上，以学为中心；另一方面，也体现出对受教育者的尊重，即把学生视为有内在精神成长动力、向善的人。对教育功能的克制性理解，使得教育以学生为中心，教育安排与教育活动不是以方便"教"而是以方便"学"

为前提；相信人成长的内在力量，使得教育本身也成为表达对人（尤其是对成长中的人）之尊重的一种方式。明白了这一点，我们也就不难理解苏格拉底为什么会有"无人可做教师"的断言了。他这样说，不是为了否认教师的作用，而是要强调说明，真正的学习只能靠学习者自己，只有学习者才是自己真正的老师。

对教的克制与对学的尊重共同构成了古代教育的精神与道德品质。教育是一项道德事业，教育这个词本身就已经蕴含着正向的价值判断，在这个意义上，教育就等同于道德。作为道德的教育，首先要尊重学习者，相信他们有学习的能力，有向善的力量；教是为了不教，是为了激发出学习者自身的潜能，教如果僭越了学，就违背了教育的道德本性。

与古代教育相比，现代教育以大规模为基本存在样态，反映出的是对教的"放纵"和对学习者的贬低。现代教育对教之力量的自信与古代教育对教之力量的有限性的体认对比鲜明。夸美纽斯是"第一位现代教育家"，如果说现代教育是一个新世界的话，那这个新世界的大门就是由他推开的。夸美纽斯及其后来者与他们的先辈不同，对教之力量无比自信，他将自己的"大教学论"界定为：

"就是一种把一切事物教给一切人类的全部艺术，这是一种教起来准有把握，因而准有结果的艺术；并且它是一种教起来使人感到愉快的艺术，就是说，它不会使教员感到烦恼，或使学生感到厌恶，它能使教员和学生全都得到最大的快乐"①。

夸美纽斯的这段话可以说是现代教育的宣言，传递出了诸多现代教育的基本思想。

首先，教是艺术（技巧），不是道德活动。对教育的艺术化、技巧化理解，以古希腊的眼光来看，那是对教育的贬低。阿伦特根据自己对古希腊哲

---

① ［捷克］夸美纽斯著：《大教学论》，傅任敢译，人民教育出版社 1984 年版，第 3 页。

学的研究，将人类活动区分出不同的类型，位于最上端的是沉思生活，这是亚里士多德所说的人类似于神的活动；第二位的是政治生活，有理性、会说话的人是天生的政治动物，能够通过说理进行相互作用（这就是行动，也是本来意义上的政治）使正义得以实现；第三位的则是制作，即制造出各种各样的人造物，制作既包括各种技能，也包括作为制作之极致的艺术活动；处在末位的则是劳动，即为了满足直接生存需要的活动。根据这个分类框架，教育因为是人与人之间的相互作用，可以归为行动（政治），又因为教育要将人带入沉思的神境，教育也可以归为沉思。无论如何，教育都不是技艺和艺术，因为技艺和艺术的对象是物，不是人。夸美纽斯将教学视为一种艺术，在现代人看来，这是对教育的褒奖，殊不知却是对教育的一种贬低！

其次，教学和教育是"教的艺术"，不是"学的艺术"，强调的是教不是学。夸美纽斯甚至将教师的嘴当成知识的源泉："教师的嘴就是一个源泉，从那里可以发出知识的溪流，从他们（学生）身上流过，每逢这个源泉开放的时候，他们就应当把他们的注意当做一个水槽一样，放在它的下面，一点不要让流出的东西漏掉了。"[1] 这与古典时代"无人可做教师"的克制已经是判若云泥，教师成了知识的源泉，学生则成了接受知识的水槽。伊利奇关于现代学校是基于"学是教之结果"[2] 这一信条而建立的判断非常准确。教与学易位，教成了核心，学则遭到了贬低，学不再是过去的自我探求，变成了仅仅是接受教师所灌输的内容。作为学的主体，学习者也由过去的自我完善者，变成了"水槽"，变成了接受知识的容器。

最后，教学活动是"准有结果"的机器操作活动。作为推开现代教育大门的人，夸美纽斯受现代科学的影响，总是将教育中的人作物化的理解。在

---

① ［捷克］夸美纽斯：《大教学论》，傅任敢译，人民教育出版社 1984 年版，第 140 页。

② ［美］伊万·伊利奇：《非学校化社会》，吴康宁译，台北桂冠图书股份有限公司 1992 年版，第 61 页。

他的思想体系中，有很多对人的比喻，比如将人比喻成制作精巧的钟："人的本身不是别的，只是一种和谐而已，它像一个精巧的工匠所制的一座钟。"①这座钟的转轮是意志，钟锤是欲望和情感，操纵轮是理性，总之人是类似于物化的机器。再复杂的机器只要掌握了规律，都是易于操作的，人类似于精密的钟表，操作起来当然不难，教学就是操作这个精密仪器的过程。教学看似复杂，一旦发现了正确的方法，就如"印刷机"印刷一样高效而简单。

自夸美纽斯始，教与学易位，学成了教的附庸，教育作为人类自我成长的精神内涵开始加速流失；将学生视为接受知识的容器，对他们做机器化理解，教育对人的尊重的道德内涵也开始加速消退。这一切的发生都是社会需要的反映。如果不对教育做如此理解，大规模教育就没有存在的理论基础，就没有存在的合法性。夸美纽斯将学生理解为机器，将教师的嘴视做知识的源泉，是为其大规模教育构想做铺垫的。有了这些铺垫，他的"教育印刷术"才能成立。"印刷机"在夸美纽斯的教育论述中是一个醒目的隐喻，他希望并相信教育犹如印刷术一样易行可靠。他先用自然现象来论证大规模教育的合理性，说凡是需要大量生产的东西都得在一个地方生产出来，比如木材在丛林里大量生产，草在田野里大量生产，鱼在湖里大量生产，金属在大地里大量生产；又用人类大量复制的活动来类比其"教育印刷术"的合理性，说一个面包师搓一次面，热一次灶，就可以做出许多面包，一个砖匠一次可以烧许多砖，一个印刷匠用一套活字可以印出成千成万的书籍，因此，一个教师当然也可以一次教一大群学生②。问题是，学生不是木头，不是草，不是鱼，更不是金属；教师不是面包师，不是砖匠，不是印刷匠，教学也更不是生产和制作活动。

---

① ［捷克］夸美纽斯：《大教学论》，傅任敢译，人民教育出版社 1984 年版，第35 页。

② ［捷克］夸美纽斯：《大教学论》，傅任敢译，人民教育出版社 1984 年版，第139 页。

夸美纽斯对现代教育如此自信与乐观，也是因为他没能看到现代教育充分发展之后所暴露出来的弊端。杜威看到了，并对"学生听老师讲课"① 变成了教育的唯一形态而痛心疾首："教育不是一件'告诉'与'被告诉'的事情，乃是一种主动的、建设性的历程。这个原理，在理论上，无人不承认，而在实施上，则又无人不违背。"② 差不多一个世纪以前杜威着急的事情，今天依然没有解决，甚至更为严重，根源在于，大规模化的现代教育建立的前提就是以教为核心，以教师的说和学生的听为特征的，这是现代教育结构中的东西，是现代教育的构成性因素，只要现代教育存在，它们就会存在。也就是说，现代教育与所谓的"讲述症"（narration sickness）和"静听症"是一体的，没有这些症状，也就没有现代教育。

如果说现代教育的"谋生化"是从教育目的上对道德的遗弃的话，那么，"教育印刷术"则是从价值根基上斩断教育与道德的血脉联系。在这种教育样态下，人变成了物，变成了可操控的容器，不再是有内在向善动力的精神存在，人在价值上被降格到物的水平。这种降格发生在教育的深层，并由整个教育肌体散发于无形之中，只要你进入教育场域，就会在不知不觉中被感染。从广义讲，这也是一种"道德教育"，一种传递着轻视人，将人工具化、物质化的声音的"道德教育"。如果从道德教育的本真出发，现代教育是没有道德教育的。关于这一点，杜威洞若观火，他不无焦虑地指出，现代教育制度"使得任何真正的、正常的道德训练变得困难或者不可能"③。教育是道德词汇，公然排斥道德就是排斥教育自身。也正因为如此，虽然名义上的道德教育是存在的，但这种道德教育显然"徒有虚名"，也成了"教育印刷术"下的

----

① ［爱尔兰］弗兰克·M. 弗拉纳根：《最伟大的教育家：从苏格拉底到杜威》，卢立涛等译，华东师范大学出版社 2009 年版，第 6 页。

② ［美］杜威：《民主主义与教育》，林宝山译，台北五南图书出版公司 1989 年版，第 36 页。

③ ［美］杜威：《学校与社会·明日之学校》，赵祥麟等译，人民教育出版社 1994 年版，第 32 页。

一个小的"印刷环节"。

四、学校：一个道德贫乏的地方

现代人所理解的学校是一个"教育机构"，准确地说是一个"教校"，但学校的核心应该在"学"，首先应该是一个"学习的地方"。作为学习的地方，在这里不用为生存操心，或者说学校为摆脱了生存负担的人们提供了一个反思提升心灵的机会和场所。正是因为没有了外在负担，摆脱了必然性需要对人的束缚，学校里的学习者是自由的，在这里没有宗教、政治势力和世俗商业力量的偏见，有的只是对德性和真理的追求。因此，学校的理想状态是"真理的避难所"，是"道德高地"，是人类心灵的"灵修处"。应该承认，理想状态的学校在人类历史上从未真正存在过，但其作为价值指引，对人类一直有着巨大的"磁力"，吸引着人类的教育朝这个方向努力。古代教育，尤其是古典教育，曾经相当接近这种理想。但现代教育和学校，却离这种理想越来越远了，一个显而易见的事实是，学校成了一个"道德贫乏的地方"。

现代社会科层化需要学校培养有基本文化素养的人，而社会的科层化反过来又影响到学校自身的科层化。也就是说，学校与科层化的现代社会是一个双向互动的过程，学校为科层化奠定人的基础，而在这一过程中自身也向科层化靠拢，成了科层化的存在。大规模的现代工商业组织需要科层化的组织架构，同样，大规模的现代教育也需要科层化的组织框架。教育国家化也是学校科层化的推动力，因为国家化的教育对政府行政机构，尤其是教育行政机构有高度的依赖性，而这种依赖性本身就是学校科层化的表现。"学校科层制的特点不仅表现在学校的内部机构上，更多地表现为外部机构的控制"①，也就是说，学校是作为科层化的行政机构的一个环节而存在的。被科层化的行政机构所控制的学校，不可能另外建构出一套不同于行政机构的组织类型，

---

① 〔以〕舍勒莫·舍兰（Shlomo Sharan）等：《创新学校——组织和教学视角的分析》，姚运标译，中国轻工业出版社 2007 年版，第 5 页。

只能按照"上位中心机构"的模型来组织自身，以便与其对接。

在教育国家化、民主化和正规化等多重力量的推动下，学校科层化已经是一个不争的事实。"专业化、权力等级、规章制度和非人格化这四个因素是科层制组织的基本特征"①，而这些特征现代学校都完全具备。专业化是现代学校正规化的一个基本要求，反过来，专业化也为现代教育的正规化提供了依据。教育的专业化是从教师职业的专业化开始的，并由此扩展到教育的各个方面。学校系统中的权力等级再明显不过：从外部看，学校是教育行政权力等级系统的一个环节；从内部看，学校自身的权力等级系统也相当完备，不但存在于学校场域的工作人员之间，还深入到每一个班级。现代学校与之前的学校不同，不是靠感情纽带和师徒关系，而是与一般现代机构一样靠繁复的规章制度进行运作的。在科层制机构中，人的感情和情绪是需要"锁在抽屉中"的干扰因素，是对效率的巨大威胁和干扰，这一特征在现代学校中也有明确而显著的表现，比如标准化、量化考试的盛行，就是为了排除人格和感情因素的干扰。把人物化、非人格化是现代学校教育司空见惯的做法。正如巴兰坦（Jeanne H. Ballantine）的观察，"20 世纪以来，学校规模愈大，结构愈加科层化，其许多特征与韦伯的'理想类型'科层制机构特征相似"②。

作为"道德高地"的学校，却由于科层化而成了道德贫乏的地方，因为科层机构本身就是排斥道德的。在科层制机构中，规章制度代替道德成为指导人们行为的标准。在这里，规则就是一切，如果你履行了自己的道德责任而没有遵守规则，那么等待你的必然是处罚；相反，如果你遵循了规则而漠视了道德，那么一切正常。不可否认，科层制机构的规则与道德可能是一致的，也可能是不一致的。即使是与道德一致的规则也无法代替道德，因为道

① ［美］彼得·布劳、马歇尔·梅耶：《现代社会中的科层制》，马戎等译，学林出版社 2001 年版，第 7 页。

② ［美］珍妮·H. 巴兰坦：《教育社会学：一种系统分析法》，朱志勇等主译，江苏教育出版社 2005 年版，第 125 页。

德是人内心的声音。更何况科层制机构所制定的规则是为了机构效率服务的，不是为道德服务的，为了效率，一切都是可以牺牲的，包括道德。比如，学校生活中的标准化考试，其在道德上的漏洞如此明显，但为了所谓的教育效率，其存在就是合理合法的，就可以免除道德上的责难。在科层化的学校中，效率追求代替了道德目的，而规则则代替了道德成为行为的准则，学校也就与其他科层制度一样"没有任何道德准则可言"①。

科层化的学校不但没有道德的位置，甚至没有人的位置。科层化体制里没有人，只有各种各样的角色，人只能龟缩在角色的甲衣里并尽量不散发出人的气息。每个角色的全部任务就是完成体系对角色的要求，至于别人的命运和遭遇，那是完全与己无关的。这也是为什么最应该充满同情和爱的学校那么冷漠的制度性根源。那些所谓落后的学生，本来应该得到更多的关心和爱护，但在一个不具有人情味的科层化学校中，他们的劣势反而成了遭受冷遇的理由。弱者不值得同情，其实，在科层制的学校里，谁又不是弱者呢？本来有血有肉、有情有义的多样化的人，都被简化成了非人格化的角色或数据化存在，都是强大体系的可有可无的小部件！教育是尊重人的一种方式，而科层化的学校将人贬低为非人格化的物件，而这正是教育现代化所必须承担的后果。

科层化的学校对人的排斥还表现在学校对儿童生活的排除上。儿童的世界是一个他们个人的自在的世界，这个世界用游戏和想象建构而成，在这个世界里，所谓事实和规律都不重要，重要的是他们的感情和想象。但儿童的这个世界是无法进入科层化的学校生活的，只要他们踏入学校的大门，这个世界就被关在了学校的大门之外。杜威说："从儿童的观点来看，学校的最大浪费是由于儿童完全不能把在校外活动的经验完整地、自由地在校内利用；

---

① ［加］纪克之：《现代世界之道》，刘平、谢燕译，北京大学出版社 2010 年版，第 34 页。

同时另一方面，他日常生活中又不能应用在学校学习的东西。"① 儿童就是这样的人，他就是他的世界，将他的世界排斥在外，实际上也就是将儿童自身排斥在外。学校表面上接纳了儿童，但实际上并不是接受这个人本身，并未将他的世界接纳进来，而是接受了作为可以改造和灌输的物化的存在。对儿童生活的这种排斥，显然是一个现代现象，在学徒制、家庭教师制的教育形态下，是不可能发生的。即使是相对正规的小规模私立学校，也是类似于家庭的共同体，没有对儿童生活的这种正规化、制度化的截然分离。

现代学校的道德贫乏还表现在学习内容上。现代教育摒弃了过去时代的人文与道德性内容，用自身的"言行"时刻暗示或明示着这些内容的低价值或无价值。现代学校教育赋予科学知识最高的价值，整个教育内容几乎是科学知识一统天下。科学知识作为教育内容的主体，甚至是教育内容的支配性构成本身并不是问题，问题是学习科学知识的目的何在。如果能够参照人文与道德需要，将科学知识作为人类理解的一种方式，那么科学知识的学习不但有助于年轻一代理解世界，也有助于他们理解人性和社会。但是，现代学校教育中的科学知识学习缺乏这种意识，仅仅是按照科学知识的工具性作用，即其在谋生中的作用去学习的。在现代学校中，科学知识的学习变成了对纯粹客观知识的掌握，失去了人文与道德的根基，教育内容越来越"道德贫瘠"。更严重的是，现代科学技术本身存在着"结构性非道德"，如果没有人文和道德的引导，现代科学技术的非道德因素就会膨胀，进一步侵蚀学校的道德内涵。作为现代科技源头的古代理论沉思，是近乎神的活动，本身具有神圣性。这种沉思不改变自然和世界，与人世也保持着距离，不侵犯道德底线。更重要的是，沉思是对物质利益和个人必然性需要的超越，间接孕育着诸如节制、审慎、适度等德性，是人性和道德升华的一种方式。现代科技将

---

① ［美］杜威：《学校与社会·明日之学校》，赵祥麟等译，人民教育出版社 1994 年版，第 61—62 页。

自然视为对象，揭示自然秘密的知识冲动导致对审慎、节制、适度等德性的忽视。不可否认，在知识冲动之外，现代科技也有"人道目的"，即为改善人类生活服务，但科技的这种实用性以及其对自身能力的许诺，加剧了现代人对科技的盲目自信，进一步贬损了节制、适度等美德，激发了人类的无限贪婪欲望。而现代科技通过实验"逼迫自然说出自己的秘密"的研究范式折磨自然、改变世界，存在着巨大的道德风险。更不用说现代科技的道德冷淡，包括作为一种技术手段，任何人都可以利用；科技的复杂效应，一项成果的发明，可能远离其初始目的；现代人可以为任何目的而从事科技发明。现代科技正是摆脱了"道德负担"，才有今天的成就，"所谓科学在道德上的缺陷，不仅不是犯罪，而且简直是繁荣科学的前提"①。

---

① ［德］奥特弗利德·赫费：《作为现代化之代价的道德——应用伦理学前沿问题研究》，邓安庆、朱更生译，上海译文出版社 2005 年版，第 2 页。

第三部分　教育：作为道德冷漠的解救之道

道德与爱是拯救性力量，是道德和爱将人从动物性的渺小中解救出来。逆转人心变冷，我们在爱之外无所依靠，只有靠爱的力量来救人与自救。

爱作为对冷漠的拯救，既是救人，也是自救。通过爱，我们将他人纳入我们的生命之中，我们不再是他人命运的旁观者，可以使他人免受我们冷漠的伤害。我们的冷漠会伤害他人，相应地，他人的冷漠也会伤害我们。那么，我们的爱会给他人以温暖，相应地，他人的爱也会给我们以温暖。

第八章　解除痛苦：教育的固有使命

一、教育与痛苦在"这里"相遇

痛苦是令人不快、备受折磨的体验，因此我们总是有意无意地回避痛苦。教育也有回避痛苦的倾向，而且，教育对痛苦的回避，有一个更堂皇的理由：教育以增进幸福为宗旨，似乎是处在远离痛苦的另一端，与痛苦没有交集。因此，在教育理论与实践的话语体系中，幸福话语远远多于痛苦话语，痛苦话语甚至是处在销声匿迹的状态，教育领域里似乎没有痛苦，也无须思考痛苦。

实际上，教育对痛苦避无可避，原因在于痛苦是人的痛苦，教育是人的教育，教育与痛苦在人"这里"相遇。如果说教育不限于学校场域，可以发生于人的诸多生活空间的话，痛苦更是如此，即在教育发生的一切维度，痛苦也发生着，甚至是教育无法发生的维度，痛苦也可能发生。即使是专门的教育场域，比如说学校，也无法把人的痛苦关在大门之外，痛苦也会随着走进学校的人一起走进学校。教育作为人类活动，旨在增进幸福，但也会制造痛苦。客观地说，历史与现实的教育在增进幸福方面贡献巨大，在制造痛苦方面也不遑多让。此外，痛苦与人类生活的特性密切相连，不关注痛苦问题，就无法理解人类存在。教育作为增进幸福的活动，以了解人类存在为基础。也就是说，即使是从增进幸福的角度，了解痛苦也是教育的本然任务。更何况幸福与痛苦是交织在一起的，没有对痛苦的消解与超越，幸福就会是镜花水月，可望而不可即。

因此，直面痛苦，思考痛苦，消解痛苦，是教育理论与实践的当然责任。

二、痛苦的混沌

人人都体验过痛苦，但思想史上关于痛苦的研究相对较少。一方面，人在经受痛苦的时候，往往被痛苦揪住了，生命力都用在抵御痛苦了，所以极少能够对自己所经受的痛苦进行"进行时的思考"。在痛苦过去之后，由于痛苦是一种不堪回首的折磨，从痛苦深渊中爬出的人，避之唯恐不及，也很少人愿意再回过头对痛苦进行思考。对他人的痛苦，正常的人都会有不忍之心，但他人的痛苦也令我们感到害怕。一方面是害怕这痛苦会波及自身，另一方面则是害怕面对他人的痛苦呼唤，自己无能为力。对他人痛苦的这种害怕，往往会衍生出对痛苦的厌恶，他人之痛苦就会演变成一种负担。再加上痛苦是特定人的痛苦，受苦的人从来就不是"某件东西"，而是一个具体的人，所以痛苦不能客体化，一旦将痛苦客体化，就容易"忘记了痛苦始终是一个实在的人的痛苦而不是某个事物的痛苦。这就导致了把痛苦和忍受痛苦的人分割开来"①。

这些因素综合在一起，导致我们虽然受苦，却对痛苦知之甚少。真可谓双重的痛苦，即"痛苦的混沌"和"混沌的痛苦"（前者意谓我们对痛苦认识理解的混沌，后者意谓因为这种混沌所导致的痛苦，是一种"痛苦的痛苦"）。痛苦的混沌包括，我们都经受过痛苦，对痛苦都有自己的感受，但又都说不清什么是痛苦，因为每个人的感受差异那么大，在一个人那里是痛苦

---

① ［法］贝尔特朗·维尔热理：《论痛苦——追寻失去的意义》，李元华译，浙江人民出版社 2003 年版，第 171 页。

的事情，在另外一个人那里可能根本不是事儿，甚至还可能是享受；痛苦令我们备受折磨，但诸多宗教和哲学又以痛苦为基础。那么到底该如何认识痛苦的性质，痛苦是恶还是善？痛苦是特定人的痛苦，那么痛苦仅仅是个人的吗？人作为一种追求幸福的存在，为什么会遭遇痛苦？痛苦到底来自哪里？

在汉语里，"痛"的本意是指由疾病引发的身体疼痛；"苦"本指一种苦味的草，引申为味觉上的苦涩感受。大概是身体之痛与味觉之苦相通，或者说是一种同时发生的伴随感受，"痛"与"苦"逐渐靠近而成"痛苦"一词。一个显而易见的事实是，作为思考对象的身心可分，作为存在事实的身心从来都是不能截然分开的，身体的痛与精神之痛在多数情况下也相互伴随，由此痛苦自然引申到心理领域，也指精神上的难过或折磨。英语里，pain 与身体之痛联系直接一些，suffering 与精神之痛关系紧密一些，但这四者并不是两两对应的关系，pain 也可以用于描述精神受苦上，即精神之痛，suffering 也可以用于描述因身体折磨导致的受苦状态。

"痛苦的混沌"首先体现为身体之痛（physical suffering）与精神之痛（mental suffering）的纠缠不清。身体之痛是最直观的，但身体之痛既是一种身体反应，也是一种心理感受，也就是说，身体之痛要经过心理感受这一中间环节来进行"处理"。正是因为有了这一中间环节，人对身体之痛就有了复杂多向的"理解"，有的上升为痛苦，有的则根本算不上痛苦，在特殊情况下，身体之痛甚至可以被感受为一种享受。另一方面，身体之痛又总是伴随着精神之痛，由身体之痛引发的精神之痛又有使身体之痛和总体之痛加倍的作用。由此看来，精神之痛似乎更为根本，更能给人带来折磨。这也与经验事实相符，身体之痛虽然可以给人以极大的痛苦，但有时候精神痛苦却可以超出身体痛苦千百倍，在巨大的精神痛苦面前，甚至是极端的身体痛苦都不算什么。但精神之痛可以脱离身体之痛，也就是说，精神之痛并不一定引发身体之痛。这与真正的身体之痛一定引发精神之痛不同，似乎又标识着精神之痛的"第二性"。身体痛苦更容易引起同情和关注，这也是消除身体痛苦的医疗事业远比消除精神痛苦的精神事业发达的原因所在。在文明史早期，身体痛苦就得到了承认，而精神痛苦则与个人品性相关，不但得不到承认，反而是个人品性不端的证明。比如，古希腊哲人归纳出三种善，包括灵魂善、身体善、外在善；与此相对应，也有三种恶，即邪恶、疾病、贫穷。而精神痛苦，就是由灵魂恶引发的，几乎是不道德的代名词①。身体痛苦、精神痛苦，真是说不清、道不明。我们能够确定的是，身体痛苦直接、尖锐，且引发、伴随精神痛苦；精神痛苦间接、深沉，或由身体痛苦引发，或与身体痛苦无关，脱离身体痛苦单独存在（也会在身体上有所反映），二者到了极端，都足以致人于死地。

无论是身体痛苦还是精神痛苦，都是人的一种感受。人有各种感受，但痛苦显然不是好的感受，而是不好的、坏的感受。就身体痛苦来说，一个人如果失去了痛觉，即使有身体伤害，也不会有痛苦感受，这时的伤害就不那么痛苦。就精神痛苦而言，对一些人来说是难以忍受的苦闷，对另外一些缺乏这种敏感性和感受力的人来说，却是等闲之事。从这个角度看，痛苦具有主观性。但痛苦仅仅是主观感受吗？痛苦有没有客观的一面？

痛苦的主观性与客观性，也是异常地纠结，这是痛苦混沌的第二个方面。痛苦是人的主观感受，但这并不否认痛苦有客观的一面。正如不能将幸福仅仅理解为主观感受，即幸福感，也不能把痛苦只理解为痛苦感。幸福是主观感受，更是一种欣欣向荣的人生状态；同理，痛苦既是内心感受，更是一种身心受损、内外交困的人生状态。在日常生活中，我们也是经常在两种意义上使用痛苦，一是糟糕感受，一是不幸或灾祸。显然，前者是痛苦的主观维度，后者则是痛苦的客观维度（类似于客观色彩明显的苦难）。痛苦的客观性还在于，虽然个人的感受千差万别，但面对一个痛苦状态，多数人往往都有类似或相同的感受。比如，从身体上来说，我们都有大致相同的痛觉，对饥

① Jeff Malpas，etal.，*Perspectives on Human Suffering*，New York：Springer Dordrecht Heidelberg，2012，p. 132.

饿都有类似的痛苦体验；从精神上来说，至亲至爱的伤亡在多数人心里都会引发极大的痛苦。这也说明，即使是从主观感受的角度看，痛苦也绝非纯粹的个人感受，而是具有超越主观的客观性。

痛苦主观与客观的混沌还在于，如果过于强调主观性，忽视客观性，就会导致痛苦的私人化、矫情化，为忽视痛苦提供了现成的借口。所谓痛苦的私人化，即痛苦是个人的，你之所以有那么强的痛苦感受，完全是你个人的感受性问题，至于痛苦产生的社会条件，比如由不平等的制度所导致的贫困，则在痛苦的私人化过程中轻松溜走。那些占有社会优势资源的人，也会以痛苦的主观性为依据来夸大自己的痛苦，对劣势群体或处在水深火热之中的人来说，这是一种"身在福中不知福"的痛苦，是一种"矫情的痛苦"。如果过于突出痛苦的客观性，也有这样那样的后果。如前所论，痛苦是特定人的痛苦，强调痛苦的客观性，很容易将痛苦对象化、客观化，反而忽视、遗忘了承载痛苦的具体的人。另外，身体痛苦比精神痛苦具体、客观，更容易得到重视，而精神痛苦则易于被忽视。事实上，在科技发达、物质丰富的今天，精神痛苦对人的威胁更大，或者说精神痛苦是现时代主导性的痛苦。

如前所论，痛苦都是特定人的痛苦，痛苦首先是个人的痛苦。这一判断符合人的常识与经验。痛苦是由个人的感受界定的，个人"认定"自己是否痛苦，个人"决定"是否或如何将自己的痛苦呈现出来（不一定是给他人看，有时候就是一种痛苦的自然流露，不带什么意图）。问题是人不是孤立的存在，人总是在"人间"（人之间）。痛苦对人有伤害性，正在受苦的人无论主观意愿如何，都会或隐或显地将痛苦散布出来。个人的痛苦，总会溢出个人，达至个人所在的"人间"。我们的痛苦会牵涉他人，他人的痛苦也会牵涉我们。从人是关系性存在的角度来看，痛苦是对个人的伤害，也是对关系的伤害，因为每个人都是关系网络中的一个节点。从人的本性来看，如果我们没有感受力，他人的痛苦即使散发出来，我们的牵涉也只是表面的。但人的不同就在于，人有天生的同情能力，不但能够感受到他人的痛苦，还会有一种

"不忍之心"。"不忍之心"有两个成分：一个是他人的痛苦在"我"这里所引发的痛苦，另一个是去解除他人痛苦（同时也是解除自身痛苦）的冲动。当然，在具体的情境中，"不忍之心"的这两个部分是融为一体的，很难区分。由此可见，痛苦既是个人的，也是人际的。其混沌性在于，即使我们能有相对严密的陈述，也无法解决实际的痛苦困境，一方面，即使我们承认痛苦有人际的一面，但对痛苦遭受者来说，其痛苦并不会因此而自然减少、减轻，在很多情况下，他人的同情或帮助也无法消解个人的痛苦；另一方面，如果由此而否定、轻视痛苦的人际性，则为道德冷漠预备好了通道。

痛苦混沌的另一个表现是痛苦到底有没有意义。痛苦是折磨，是一种坏的感受，谁都不愿意去主动招惹痛苦。因此，直观看来，痛苦是没有意义的。但如果我们说痛苦毫无意义，又与历史和现实经验不符。从物种角度来说，痛苦是一种预警机制，它的作用在于使人对来自内外的身心威胁保持一种敏感性。以痛感为例子，如果没有痛感的预警并使我们避开更大的危险，个人与物种的存活机率可能都要大大下降。杰佛里（Renee Jeffery）总结出痛苦具有惩罚、拯救、作为生活的一部分、作为回报等四种意义①。古希腊将精神痛苦与不道德相联系，痛苦就是对灵魂恶的一种惩罚。与此一脉相承，后世的很多宗教都把痛苦作为对人前世今生行恶与念恶的一种惩罚方式。惩罚与拯救（补救）紧密相连，从外在（宗教与社会）来说，痛苦作为一种惩罚就是对罪人或犯错者的拯救；从受苦者自身来说，痛苦是自我拯救（补救）必须承担的代价，只有付出补偿所犯错误的代价，才能回到良善正途。作为生活构成部分的痛苦是指人作为有限存在，不可能事事顺遂，有限性引发的痛苦不可避免。而痛苦的时常照面，正是提醒人在有限的命定中去创造无限的意义。作为回报的痛苦，则是指人为了获得某种更重要的事物而主动选择痛苦，将痛苦作为实现重要目标而选取的一种必要的恶。

———————————

① Renee Jeffery, *Evil and International Relations: Human Suffering in an Age of Terror*, New York: Palgrave Macmillan, 2008, pp. 25－28.

是不是所有痛苦都有意义呢？只要一提出这个问题，我们就已经发现痛苦在意义这一维度上的混沌。显然，很多痛苦，是无法用意义来标定的。比如说，一个人得了癌症，忍受了几乎无法忍受的痛苦，最终还是未能战胜病魔，这痛苦对他到底有什么意义？从宗教的角度看，也许可以赋予这痛苦以意义，但从世俗生活的角度看，任何意义赋予都是牵强附会的。再比如，对于纳粹集中营中的幸存者，他们所受的超出想象的非人折磨与痛苦到底有什么意义？无论如何，幸存者还是活着走出了"人间地狱"，那些葬身于此的人，他们所受的极端痛苦到底有什么意义？我们不但要问是不是所有痛苦都有意义，还要问痛苦对谁有意义。有时候我们说痛苦有意义，不是说对痛苦承受者有意义，而是说对他人、对群体有意义，这是关于痛苦意义思考的一个惯性思维。问题是，如果痛苦对受苦者没有意义，他人也好、群体也好，有什么资格去"享用"他们的痛苦所带来的意义？再一个问题是，我们说痛苦有意义，是指痛苦本身就有意义，还是我们从痛苦中学到了什么，进而建构出意义？即使我们承认痛苦有意义，是哪种意义上的意义依然是一个问题。如果是后一种意义上的意义，那么痛苦是否有意义只取决于人面对痛苦的态度，意义不是来自于痛苦本身，而是来自人对痛苦的理解与处置。如前所论，痛疼对身体有预警作用，在这个意义上痛疼是有意义的。问题是"谁使谁有了意义"？显然，"痛疼使生命有了意义"非常谬误，只能是"生命使痛疼有了意义"，痛疼本身是否有意义，依然是一个悬而未决的问题。我们多数情况下所讲的痛苦意义，都是指从痛苦中学习到什么这一意义上的意义。至于痛苦本身是否有意义，那取决于我们如何看待痛苦的本性。

　　关于痛苦的本性，或者说痛苦到底是恶性还是具有善性，也是痛苦混沌的一个表现。从痛苦有一定的意义来看，痛苦对人来说也是有一定价值的。但亚里士多德说："痛苦是恶，是应当避免的。它或者在总体上是恶，或者以某种方式妨碍实现活动而是恶。"① 亚氏这样说，一方面是他哲学思考的结果，另一方面，也是时代使然。在古希腊语中，痛苦是 kaka，而 kaka 的另一个含义是 evil（恶）②。也就是说，在古希腊，痛苦与恶是一个词、一回事。妨碍德性实现活动意义上的痛苦之恶不难理解，比如身体上的疾病及由此产生的痛苦对人的理智德性、行动德性和伦理德性的实现都是阻碍。痛苦总体上或本性上是恶，亚氏并未加以论述，他只是将"令人痛苦的东西"与"卑贱的东西""有害的东西"并置，从都是人所竭力避免的东西这一角度来说明痛苦之恶③。就人而言，所谓善与恶，用最简单的话来说，就是对人是好还是坏（当然，怎么理解好与坏依然是一个很大的问题）。对人好的，我们喜欢，就是善；对人不好的，我们不喜欢，想竭力避开，就是恶。痛苦对受苦者来说，是不好的，每一个真正的受苦者无须反思，都会自然而然地想摆脱痛苦，那么痛苦就是一种恶。梅耶菲尔德（Jamie Mayerfeld）认为，痛苦对受苦者来说是一种内在恶（intrinsic evil），具有无须证明的自明性。他并不否定痛苦的工具价值，承认痛苦有改善与提升人的作用，但痛苦的工具价值来自于我们对痛苦的利用，不是痛苦本身的价值，痛苦的工具性价值并不能否定痛苦本身的内在恶。更何况并不是所有痛苦都能使人变好，更多的痛苦是使人变得更糟糕，有些痛苦则只会毁灭人④。

痛苦不仅对受苦者是恶，从非个人的角度看，痛苦同样是恶。痛苦的非个人之恶，在梅耶菲尔德看来也是内在的、自明的。如前所论，痛苦是个人

---

① ［古希腊］亚里士多德：《尼各马可伦理学》，廖申白译，商务印书馆 2010 年版，第 221 页。

② Jeff Malpas, et al., *Perspectives on Human Suffering*, New York：Springer Dordrecht Heidelberg，2012，p. 157.

③ ［古希腊］亚里士多德：《尼各马可伦理学》，廖申白译，商务印书馆 2010 年版，第 40 页。

④ Jamie Mayerfeld, *Suffering and Moral Responsibility*, New York：Oxford University Press，1999，pp. 85—86.

的，又总是溢出个人，这溢出的是痛苦本身，也是恶本身。痛苦既是对个人的伤害，也是对关系的伤害，前一种伤害是恶，后一种伤害也是恶。对他人的痛苦，我们会有一种"不忍之心"，而"不忍之心"本身已经包含着由他人痛苦所引发的痛苦。"不忍之心"中的痛苦对承载者也是一种伤害，也是一种恶，只不过这种恶与去除恶的冲动是直接一体的，很容易被我们忽略。如果我们将"不忍之心"化为助人行动，这其中的恶已经被战胜而成为善；反过来，如果我们没有将"不忍之心"付诸行动，这其中的伤害与恶就会通过羞耻、愧疚等形式现身。同样，在非个人的维度上，痛苦也是有工具价值的，但这种工具价值同样不能否定痛苦本性上的恶。

再一个纠结的问题是，痛苦来自于哪里。大体来说，痛苦无外乎来自外在与内在。人虽自封为"万物之灵"，也要在自然与物质世界中生活，而这外在于人的客观世界自有其存在方式，不以人的意志为转移。相反，只能是人去服从外在世界的"意志"。比如，自然灾害及与自然灾害密切相关的瘟疫给人带来的毁灭与痛苦，甚至让人产生了幻灭感。即使人竭力去服从自然之意，限于人的无知与傲慢，拂自然之意的情况比比皆是。因此，人与自然和谐相处是例外，与自然发生冲突与矛盾则是常态，自然带给人的痛苦总是无边无际。更痛苦的是，人虽然在精神上超越了自然世界，但身躯与生命却依然是自然的一部分，总会遇到生老病死，总得服从自然规律，这对自我意识高度发达的人来说，是一种存在性的痛苦。痛苦是恶，是对人的伤害，人人都想避开痛苦，按理说，人不会自找痛苦。但很多痛苦来自人自身，恰恰是人自找的。精神痛苦虽然有外在因素，但更多源于内在精神，自私会导致痛苦，贪婪会导致痛苦，傲慢会导致痛苦，嫉妒会导致痛苦，沉溺会导致痛苦……甚至很多身体痛苦都是人自找的，比如贪食导致的肥胖及相关疾病与痛苦，药物及毒品成瘾导致的痛苦等。除此之外，痛苦还可以来自他人和社会。他人对我们的伤害可以给我们造成巨大的痛苦，在一个不确定的世界里，谁都无法保证自己不会成为他人伤害与犯罪行为的受害者与牺牲品。同样，痛苦还有社会来源，与社会不平等密切相关的贫困、压迫、剥削、绝望、无尊严给很多人带来了深不见底的痛苦。来自他人与社会的痛苦显然不是外在于自然的，但也不是人自身内在的，是一种介于两者之间的痛苦之源。

三、教育的"痛苦使命"

教育与痛苦相遇于人。教育作为一种求善、向善、为善的人类活动，在人的痛苦面前，不能无动于衷，肩负着消除痛苦的使命。所谓教育的"痛苦使命"是指教育消除痛苦的使命。如果教育能够作为主体，有自我意识，承担这一使命应该是高尚的、快乐的，而不是痛苦的。即使是痛苦的，承担使命也没有任何犹豫、退缩的空间，因为消除痛苦与增进幸福一样，是教育的天然使命。

人是有限存在，却又有无限的思想，这一矛盾注定了人的存在性痛苦。痛苦是一种恶，对痛苦承受者及相关者来说都是一种坏的感受，因此，摆脱痛苦是人的自然反应，也是一种无须论证的自明需要。人始终无法摆脱恶而成为纯善的存在，但人始终要反对恶，不能被恶所控制（正是在与恶的斗争中，善得到了发扬，人得到了升华）。同样，虽然痛苦无法彻底摆脱，但与痛苦的斗争一刻都不能停，也正是在与痛苦的斗争中，哲学、伦理、科学、宗教等多种人类事务得以发生、发展。

人类历史既是一部追求幸福的历史，也是一部消除痛苦的历史。在文明史的早期，人从人之外的存在，诸如宇宙和天神那里寻找痛苦的解决办法，渴望像神那样过无痛无苦的生活。各种神话传说，既反映了先民对美好生活的追求，也折射出他们摆脱痛苦的渴望。轴心文明时代，苏格拉底、孔子等先哲把希望从天神那里拉回到人间，用哲学、伦理、教育来消除痛苦。在苏格拉底那里，正义是疗治痛苦的良药：对城邦来说，每个人各安其位就是正义，就是公正而少痛苦的状态；对个人来说，理性、激情、欲望各安其位就是灵魂的正义，就是一种和谐而超越痛苦的状态①。在孔子那里，治疗痛苦的良药则是仁：对天下来说，施行仁道，则天下太平；对个人来说，拥有仁则成君子，而君子是克服了"小人之戚戚"（痛苦）达至"坦荡荡"的人。灵魂和谐的人、君子来自哪里呢？来自教育。也就是说，从轴心文明时代开始，先哲们已经赋予教育以"痛苦使命"。

先哲们的这种哲学的、伦理的痛苦解决方式显然带有精神精英气息，虽然"人人皆可为尧舜"，但事实上普罗大众与凡夫俗子对此都是敬而远之的。比较起来，宗教的解决办法更容易为普通人所接受。宗教多与痛苦相关，或者说是以痛苦为根基、建立在痛苦解脱之上的。如果人没有痛苦，恐怕各种宗教都会失去存在的基础。走出宗教"迷雾"的唯物主义者，总以为宗教是欺骗愚昧者的迷信。在科学高度发达的今天，宗教虽然不再是人类生活的支配性力量，但其影响力依然不容忽视。也就是说，科学并不能完全解决痛苦问题，宗教存在的痛苦基础依然坚固。基督教以人的原罪为逻辑起点，将此身的痛苦视为赎罪和救赎的过程，以获得升入作为极乐世界的天堂的资格，避免死后经末日审判被打入万劫不复的地狱。不难看出，基督教的理路是承认人之痛苦，既为人的痛苦找到了根由，即人生而有罪；也为人的痛苦设定了解脱方式，即爱上帝、爱作为上帝之子民的邻人。佛教也是以痛苦为基础，以解脱痛苦为目的，"一切存在皆苦，生命的目的在于从苦中得到解脱"②。如果撇开宗教色彩，从哲学的角度看，佛教简直就是一个关于痛苦及解脱痛苦的学说与实践体系。

对信众来说，宗教可以给予他们解除痛苦的无穷力量；但从非信众或超特定宗教的客观视野来看，宗教引发、激发、制造的痛苦并不比其所解除的

①　［古希腊］柏拉图：《理想国》，郭斌和译，商务印书馆 2002 年版，第 167—175 页。

②　［德］雅斯贝尔斯：《大哲学家》（上），李雪涛译，社会科学文献出版社 2005 年版，第 91 页。

痛苦少，直至今天，人类的诸多仇杀背后都有宗教仇恨的影子。在这个意义上，宗教作为消除痛苦的一种方式算不上成功。轴心文明时代的先哲们已经将解除痛苦设定为教育的使命。这一使命的依据就在于痛苦是恶，而教育是善，教育正好站在痛苦的反面，在这个意义上，教育就是为对抗、消除痛苦而生的。从最抽象的意义上来看，痛苦对人来说是一种坏的感受，对人是一种损害，这就是一种呼唤。为善的教育如果听不到这种呼唤，不去响应，那还何以为善？虽然我们不能完全消除恶和痛苦，但恶与痛苦都是本不应存在的事情，与痛苦和恶作斗争正是发展善的过程，如果教育对人的痛苦无动于衷，那这善的事业从起点上就迷失了方向。

教育的"痛苦使命"常被忽略，一个重要的原因是我们总把目光放在增进幸福上。如果消除痛苦和增进幸福发生了矛盾，到底哪个优先？显然是消除痛苦优先。首要的原因在于痛苦就是一个道德呼唤，一个要求救助的呼唤，作为善的事业，教育必须对这现时的道德急需给予回应，否则就是一种不作为之恶，就是道德冷漠。反过来，增进幸福并不是一种现时的、急需的呼唤，而是一个主要来自教育自身自觉的长期过程。第二，虽然幸福具有消除痛苦的作用，我们可以想象一个幸福的人更容易克服各种产生痛苦的因素，更容易摆脱、超越痛苦，但一个人如果陷入了痛苦，或者说被痛苦支配了，这时一切增进幸福的活动都是多余的、无意义的。如果说幸福是"地面之上"的存在物的话，那么痛苦就是"地面之下"的存在物，教育要想把地面之上的"建筑"建好，首先要把地面之下的问题解决好，否则就根基不牢，在地面之上付出再多的努力也是徒劳。当然，更多情况下，人都是苦乐参半、痛苦与幸福共存的。在这种情况下，教育可以有多种路径选择，可以是消除痛苦与增进幸福双管齐下，也可以是消除痛苦或增进幸福为主，以消除痛苦来增进幸福，或用增进幸福来抵消痛苦。

教育肩负"痛苦使命"的另一个原因在于，痛苦对人类的影响如此之深，理应成为包括教育在内的人类主要活动的核心关注点。政治、文化、经济等人类主要活动，对民族骄傲、国家荣光、个人成就的关注，从来都是"无所不用其极"的。与此相对照，痛苦与苦难被有意无意地置于阴暗之处，得不到人类目光的照射。一方面，被搁置的、被忽视的痛苦不会安分，总会在阴暗中酝酿、躁动、发酵，然后给人类带来加倍的痛苦；另一方面，我们对民族骄傲、国家荣光、个人成就的过度关注又会衍生、制造新的痛苦。教育作为自觉的文化活动，理应比其他活动更清醒、更智慧，自觉承担自己的"痛苦使命"，将痛苦作为自身活动的主要关注点之一，克制对群体荣耀、个人成就的过度关注，避免制造新的痛苦。

教育的"痛苦使命"还在于大多数人类痛苦，包括贫穷、饥饿、无家可归，都不是自然造成的，而是人类自身制造的，用珀普尔（David E. Purpel）的话说，"都是人性失败的结果"①，来自于人的自私、贪婪、无知、愚蠢、傲慢、恶斗、仇杀等人性堕落。面对人类痛苦，我们在很大程度上不能"怨天"，只能"尤人"，从人性反思的角度去寻找消除痛苦的方法。在这一过程中，教育具有双重责任：一方面，教育是基于人性并使人具有人性的活动，也就是说，教育是人性事业，负有教化人性的责任，教育正是通过教化人性来达成减轻、消除人类痛苦的责任；另一方面，制造痛苦的人性失败虽然原因很多，但这里面也有教育的"功劳"，教育也应承担人性失败的责任，以自身出色的人性教化来补救人性失败的过失。人性失败往往有社会制度的基础。可以说，人类的诸多痛苦，既是人性失败的结果，也是社会不平等的产物。社会学家将不平等视为人类痛苦的首要社会来源。贫困、压迫、剥削、绝望、尊严丧失给许多人带来了无穷无尽的痛苦，而这些痛苦的引发因素都与社会

---

① David E. Purple, *The Moral Spiritual Crisis in Education：A Curriculum for Justice and Compassion in Education*, Massachusetts：Bergin and Garvey Publishers INC., 1989，p. 4.

不平等紧密相连①。在这个维度上，教育的"痛苦使命"就体现在对人类正义的追求上，通过自身对正义的追求来消弭引发痛苦的不平等因素。教育发出正义的声音，既是对受苦者的声援与扶助，也是对痛苦施加者的谴责与声讨。除此之外，教育作为人类的"道德高地"，应该慈悲为怀，给予不平等的受害者及其子女以特殊的关怀，尽最大努力来消除他们所遭受的痛苦。

教育是成年人对下一代的关爱。这种关爱既体现为增进年轻一代的幸福上，也体现为保护他们免于痛苦的伤害、消除他们正在遭受的痛苦上。教育对年轻一代的"痛苦使命"，既着眼于他们自身，也放眼于人类。也就是说，教育既要致力于消除年轻一代自身的痛苦，也要引导年轻一代走出自我、地方、当下而进入人类，孕育出一种人类情怀，有消除他人、人类痛苦的慈悲之心。一代人，包括每一个个体，如果走不出自身，不能够投身于"人的世界"，无论其自身能力有多强，都无法摆脱痛苦的折磨。如果说教育对年轻一代正在遭受之痛苦的关注与消除是一种"小爱"的话，那么引导他们将自身汇入人类事业，用自身的卓越追求来摆脱痛苦，则是一种"大爱"。

消除痛苦是教育的天然使命，但教育是否有能力去消除痛苦呢？

教育消除痛苦的潜能首先在于其能够帮助人面对痛苦、认识痛苦。人总有一种逃避痛苦的倾向，这种逃避倾向不但无助于痛苦的解除，还给了痛苦以恶化、膨胀的机会。这是教育承担痛苦使命的第一个着力点，即教育年轻一代形成不回避、不逃避痛苦，敢于直面痛苦的态度。这就要求教育自身不回避痛苦，一方面，将人类过去遭受过的痛苦、现在正在遭受的痛苦作为教育的资源和内容，引导学生从人类的痛苦经验和痛苦体验当中学习；另一方面，以年轻一代的当下生活为教育的关注点，与他们一起面对成长中的烦恼和痛苦，将教育的慈悲情怀体现在日常关切上。痛苦的混沌是阻碍我们消除

---

① ［美］乔尔·查农：《社会学与十个大问题》，汪丽华译，北京大学出版社 2009 年版，第 143 页。

痛苦的一个关键因素。教育可以借助自身优势去穿越痛苦的混沌，与年轻一代一起去探索痛苦、认识痛苦。教育知识资源丰富，既有科学知识，也有人文知识，可以综合起来对痛苦的身心关系、痛苦的主客观关系、痛苦的个体性与超个体性、痛苦的意义与非意义、痛苦的本性等问题进行深入的学习与探索。

　　教育的概念在今天已经变得比过去狭窄。提起教育，人们本能的理解往往是与身体锻炼无关的知识学习。当代社会的一个滑稽现象非常扎眼：成人社会非常重视养生与健身，这方面的真真假假的信息充斥着各种媒介，与此同时，学校教育对体育与健康的忽视则到了一种无以复加的程度。成人社会对养生与健康的重视一方面暴露出身体痛苦给现代人带来的折磨，另一方面，也说明因为教育无视体育与健康教育，正确的健康观念未能确立，各种错误观念乘虚而入，给人带来了无穷无尽的恐慌。实际上，无论中外还是古代教育都是包含体育在内的全面教育。对古希腊人来说，教育意味着品格与品味的培养，意味着身体、智慧和想象力的和谐发展，体育是教育非常重要的一个维度。古希腊教育对体育与健康的重视，与那时的社会风气和观念完全合拍，当时非常流行的一个酒歌是这样唱的："凡人最大的幸福莫过于健康，其次是身体的俊美，诚实所得的财富，还有，在朋友中间永远年轻漂亮"①。古代教育已经显示出教育具有消除身体痛苦的能力。首先是将对身体的锻炼作为教育的一个有机构成部分，这不仅有利于获得健康的体魄，还有益于提升品格，通过"修身"来"养性"。运动能力的获得，享受运动带来的快乐，可以让人终身受益。其次，教育可以引导年轻一代养成良好的生活习惯，包括在饮食、休息、保护、运动等方面的习惯，这既是避免身体痛苦的必要环节，也是精神与品格提升的基础。再次，教育可以引导年轻一代树立正确的健康观念。有些身体痛苦来自于错误的健康观念，比如畸形的身体审美观念带来

---

① ［德］汉斯·利希特：《古希腊人的性与情》，刘岩等译，广西师范大学出版社2008年版，第3页。

的痛苦。教育可以通过改变观念来消除由错误观念导致的痛苦。此外，教育还可以帮助年轻一代正确对待疾病与身体痛苦，为直面疾病与身体痛苦做必要的预备。

如前所论，人类很大一部分痛苦都是来自人性失败。人性失败者不仅自身是痛苦的，还会给他人带来痛苦。教育是"人性工程"、人性事业，教育存在的目的就在于培植人性，避免人性失败。人是复杂的动物，有各种各样的生命冲动，但人之所以为人，就在于人能控制自己。自我控制是"全部道德德性的基本条件，是全部人类价值的基本前提，甚至，是人类本性的基本特征"①。人性失败就在于失去自我控制能力，让生命、灵魂中的负面冲动和欲望主导了自己。本真意义上的教育就是引导年轻一代学会控制自己，学会控制自己的欲望，并以此为起点去生成各种道德德性。控制不仅仅是一个人内在生命和谐的前提，还是人际友善的前提。教育不仅可以引导年轻一代学会协调内在的生命力，还可以引导他们协调自我与他人关系。教育应帮助人走出自我、地方、当下，通过倾听卓越的声音，使教育中的人汇入他人、走向人类。人是自我的，但人之为人，还在于一定程度的忘我。汇入他人、人类的人，不仅免除了自身的痛苦，也是他人和社会的福音。

教育可以通过对人性的探索来消除痛苦，也可以通过对自然的探索来实现消除痛苦的功能。自然也给人带来了各种痛苦，从对自然天象的恐惧到各种自然灾害的打击，不一而足。教育，尤其是现代教育，将认识自然现象作为自身的任务之一，不但可以消除因为愚昧无知而引发的痛苦，还帮助人获得了更多利用自然的技术。虽然在自然灾害面前，人类依然弱小，但教育和科学上的进步还是增强了人类抵御自然灾害的能力。

如前所论，社会不平等是痛苦的一个重要来源。查农（Joel Charon）指出，社会不平等以多种方式与痛苦联系在一起，"它产生贫困，导致犯罪，迫

---

① ［德］弗里德里希·包尔生：《伦理学体系》，何怀宏、廖申白译，中国社会科学出版社 1988 年版，第 412 页。

使一些人做一些糟糕的工作，促使一些人剥削他人，创造低自尊和失去希望，导致整个社会中的高压力，形成产生及维持苦难的制度"①。应该承认，靠教育一己之力是无法消除社会不平等及因此而生的痛苦，在大多数时期，教育都是社会现状的盟友，是社会不平等的有意无意的"维护者"。这是教育现实的一面，但绝不是教育的全部，教育还有超越性的一面，即超越地域、国度、时代，站在人类、人性的高度上塑造人的一面。教育的这一面，天生就是对社会不平等的反抗。人生而不平等，这既是生物学事实，也是社会学事实，但教育却可以超越这种事实，让人生而平等的思想在人类个体的心底扎根。贫困作为社会不平等的后果，给穷人带来了双重痛苦，即贫困本身的痛苦和因贫困而受人鄙视的痛苦。虽然前一种痛苦是更为根本的痛苦，但后一种痛苦给人的伤害甚至更大。教育是打破贫困痛苦循环的重要机会与机制，或者说教育是穷人摆脱贫困的主要渠道，在这个意义上，教育具有反贫困的功能。即使做不到这一点，教育还可以传递一种尊严观念，即一个人即使身处贫穷和困境，也是有自尊和尊严的。教育可以对抗社会流俗，使富者及一般社会大众反思并羞于自身的傲慢与冷漠，学会给予贫困者以应有的尊重。因贫穷而丧失尊严，或因富有而失去对他人的起码尊重，都是精神贫困的表现，在这个意义上，教育也具有反对精神贫困的功能。

四、"他人的痛苦"与教育的"特殊使命"

教育具有"痛苦使命"，即减轻痛苦的使命。痛苦都有特定的承载者，从承载者的角度，可以把痛苦分为"我们的痛苦"与"他人的痛苦"。具体到教育领域，"我们的痛苦"就是发生在教育领域之中的痛苦。教育不是可以与教育中的人分割开来的孤立活动，因此教育也就无法把教育中发生的痛苦，即教育中人的痛苦当作"他人的痛苦"。"他人的痛苦"则是教育领域之外的痛

①　［美］乔尔·查农：《社会学与十个大问题》，汪丽华译，北京大学出版社 2009 年版，第 143 页。

苦，包括围绕在教育机构周围的社会痛苦，以及与特定教育机构相距遥远的痛苦。教育的"痛苦使命"里的痛苦是一般意义上的痛苦，也就是说，无论痛苦来自哪里，是何种类型，教育作为一项人性活动，都要尽力去消除这种痛苦。教育具有"痛苦使命"，意味着无论是"我们的痛苦"还是"他人的痛苦"，教育都不能袖手旁观、无动于衷，都应以自己的行动与之进行斗争，去减轻、消除它。当教育去努力实现自己的"痛苦使命"时，教育就是善的活动，就是道德教育。

在教育的"痛苦使命"中还有一个特殊的成分，即教育学生去减轻、消除"他人的痛苦"，这是教育与道德教育的一项"特殊使命"。对学生个体来说，自身痛苦之外的痛苦，都是"他人的痛苦"，既包括身边同龄伙伴的痛苦，也包括教育之外的社会痛苦和远距离痛苦。如前所论，痛苦具有超个体性，作为个体，消除他人痛苦是我们的自明责任（prima facie duty）。教育作为人性活动，既要以自身的行动去承载"痛苦使命"，也要教会学生去承担消除他人痛苦这一自明责任。

自明责任是不用证明的责任，即不需要证明就可以得到理解的确定无疑的责任。人是道德存在，对是非对错有一定的天然判断力，不需要去做特别的论证或证明。自明责任有这样一个预设，即特定种类的行为是错的或是对的，我们都知道，不需要去思考其为什么是对的或错的。比如，我们都知道救人是对的，害人是错的，至于为什么救人是对的，害人是错的，根本不需要去加以证明。责任众多，有些责任需要理由，而自明责任不需要理由，这种责任本身就是尽责的理由。这是自明责任的第一个特征。自明责任的第二个特征是它不是我们自己主观所认定的责任，而是独立于我们个人看法的客观责任，是我们的客观社会关系所规定的责任。[①] 自明责任的客观性与责任的确定无疑性是内在相通的，即无论一个人主观上是否承认，自明责任都是确

---

① 龚群：《罗斯的自明义务论》，《齐鲁学刊》2009 年第 6 期，第 90—95 页。

定无疑的，也是客观存在的。如果有人不尽某种自明责任，我们常常会有这样的反应："没有这样做的。"这样的反应揭示的正是自明责任的客观性，即不是"应当如此"，而是"事实如此"。

需要说明的是，自明责任虽然是"自明的"（self-evident），但并不是"明显的"（obvious），正如罗斯（W. D. Ross）所说，一种行为……是显见正当的、自明的，并不是说它从生命的一开始就是自明的，也不是说第一次接触到这一命题就认识到它是自明的，而是说当我们的心智达到一定的成熟程度而且对这一命题给予了充分的注意时，才能认识到它是无须证明的，也无须在其自身之外寻找根据"①。而且，自明责任虽然是不需要证明、确定无疑的责任，但也不是无条件的责任，不是无论如何都要去履行的责任。一方面，自明责任有很多，彼此之间会有冲突，在冲突的情况下，到底哪种责任优先，也需要根据具体情况进行判断和选择；另一方面，自明责任的履行也是有限度的，自明责任并不等同于无限责任。

自明责任的意义在于对内在善（intrinsic good）的自动化维护。"正是自明性的责任把这种自明性的内在善变为现实，而且是越多越好，如果不如此行动，内在的善就不会实现……有三种主要的内在善，即美德、知识和带有特定限制的快乐"②。就美德而言，从自我完善、不伤害他人到仁慈，都是内在善，与此相关的自明责任就是维护这些内在善。知识不仅对我们自己，而且对他人都是一种善，与知识相关的自明责任就是维护知识之善。至于快乐，总体上是一种内在善，因此，我们有增进自身和他人快乐的自明责任，但必须给快乐加上一些限制，比如符合道德、不过度、不伤害自己、不影响他人等。

解除他人痛苦作为一项自明责任，是对美德（仁慈）这一内在善的维护，

① W. D. Ross，*The Right and The Good*，New York：Oxford University Press Inc.，2002，p. 29.

② Ibid.，p. 24.

通过对恶的消除来使美德之善得以彰显。解除他人痛苦作为一种自明责任，其实是无须论证或证明的。如果非要论证的话，可以从痛苦的本性那里去寻找依据。第一，痛苦对经历者是坏的，这是痛苦本性属恶所决定的。第二，痛苦从非个人的角度（impersonal perspective）看，也是坏的，这是由痛苦本性属恶与痛苦的非个人性共同决定的。第三，无论是从痛苦经历者个人的角度，还是从非个人的角度，我们都有责任去解除痛苦，这既是助人，也是自助[1]。解除他人痛苦之所以是自明责任，归根结底，就在于痛苦是恶，痛苦的出现，是对人的不可侵犯性（intactness）的侵犯，也是对我们生活的这个世界的伤害，无论其损害的是我们自己还是他人，我们都有阻止其发生或消除其损害的责任。痛苦作为恶，不应该发生，这是"硬币"的一面，另一面则是我们做正确的事情阻止其发生，消除已经发生痛苦之危害。

如果说消除我们自身的痛苦是一种自明的责任，相信理解起来毫无困难，因为每个人都有这样的个体经验。虽然有"两害相权取其轻"的情况，即在特殊情况下甘愿忍受痛苦，但在正常情态下，正常的人都不愿忍受痛苦，解除痛苦不需要任何理由。困难在于"他人的痛苦"，即解除他人的痛苦也是一种自明的责任。解除他人痛苦，其实每个个体都有与解除自身痛苦一样的经验，即我们都有不忍之心。正如孟子所言，见人落井而救之，这种由不忍之心所推动的行动，"非内交于孺子之父母也，非所以要誉于乡党朋友也，非恶其声而然也"（《孟子·公孙丑上》），而是"我突然不再是我自己一举一动及其所含私利的主人，是存在本身，通过我，为他人的利益而行动起来"[2]。这就涉及自明责任的第二个特征，即责任的客观性。无论是谁的痛苦，既是对痛苦承受者的伤害，也是对非个人的人性和内在价值的伤害，可以说痛苦具

---

① Jamie Mayerfeld，*Suffering and Moral Responsibility*，Oxford University Press，1999，p. 85.

② ［法］弗朗索瓦·于连：《道德奠基：孟子与启蒙哲人的对话》，宋刚译，北京大学出版社 2002 年版，第 3 页。

有客观的价值损害性（disvalue）。作为人，我们有"主体无涉"（agent-neutral）的理由去清除它。主体无涉，意味着无论痛苦承受者是谁，我们都有理由和责任去解除痛苦①。我们可以从一个反例中看出解除他人痛苦的这一责任的自明性。从个人来说，痛苦可以是自我导致的、他人导致的、自然导致的，比较而言，他人导致的痛苦，尤其是他人基于主观故意导致的痛苦最难以忍受。痛苦无论来自哪里，都是痛苦，在程度相同的情况下，对人的伤害也是相当的，为什么我们会觉得人为导致的痛苦更令我们痛苦呢？这当然有对痛苦施加者的厌恶的因素，但主要还是我们对人、对同胞有期待，期待他们能够在我们遭遇痛苦时施以援手。在人为痛苦的情境中，不但我们得到救助的期望破灭了，而且痛苦又是同胞施加的，怎能不让人感到绝望？从这一现象中，我们可以看出，在我们遭遇痛苦时，我们把得到他人的救助当成一种自然、自明的期待，那么反过来，在他人遭遇痛苦时，他人对我们也有一种自然、自明的期待。

解除他人痛苦作为一种自明的责任，并不是自发有效的，有太多的因素可以遮蔽、扭曲这一责任，比如对自我利益的考虑。不少人在面对他人痛苦时，不是没有"不忍之心"，不是没有意识到解除他人痛苦的自明责任，而是对个人利益的考虑超过了道德直觉和责任承担。不履行解除他人痛苦这一自明责任的后果其实也是自明的。如果说痛苦是对人不可侵犯性、完整性的威胁，那么拒绝承认、拒绝解除他人的痛苦就是一个多重威胁。这既是对受苦者的拒绝，是对他们作为人的拒绝，也是对他们与我们的关联性（connectedness）的拒绝，更是对我们基于这种关联性的人性的拒绝②。正是因为有相互之间的扶助，人才得以与其他物种拉开距离并在地球上卓然而立。在他人的

---

① Jamie Mayerfeld, *Suffering and Moral Responsibility*, New York: Oxford University Press, 1999, p. 112.

② Jeff Malpas, et al., *Perspectives on Human Suffering*, New York: Springer Dordrecht Heidelberg, 2012, p. 13.

痛苦面前掉头而去，拒绝帮助他人，表面上看是对他人的拒绝，实际上也是对我们得以生存的内在善和普遍人性的拒绝。拒绝了让我们得以立世成人的善良人性，那我们还是人吗？

承担解除他人痛苦这一自明责任，在全球化和电子化时代具有迫切的意义。过去时代，人们的生命活动半径有限，他人的痛苦往往非常直观，甚至就在眼前，不忍之心更容易得到激发和表达。在全球化时代，"远距离痛苦"作为一种新型的痛苦形式走进了我们的生活。这种痛苦一方面与我们相隔遥远，带有一种陌生气息；另一方面，涌到我们眼前的这些痛苦都是有媒介的，是通过媒介送到我们眼前的，与我们就在现场的他人痛苦相比，有强烈的间接性。陌生性和间接性可以给我们压抑不忍之心以很好的借口，使自明责任变得可疑。在电子媒介时代，媒体是"眼球行业"，能吸引眼球才有利可图，其运行逻辑是"语不惊人死不休"。那么什么内容最能博人眼球呢？正常不吸引人，反常才能引人注意。在这种逻辑下，痛苦和苦难成了电子媒介的主体内容，世界各地的痛苦与不堪通过现代媒介技术被送到地球的每一个角落。他人的痛苦成了现代人的消费品、娱乐品，我们对他人痛苦的"脱敏"（desensitized）不可避免，随之而来的则是全球性的"同情疲劳"（compassion-fatigue）和"灵魂麻木"（anesthesia for the soul）。如果任由这种趋势无限发展，人性堕落及由此导致的后果将不堪设想。

培养年轻一代有承担解除他人痛苦这一自明责任的意识，是教育和道德教育的特殊使命。要完成这一特殊使命，首先有赖教育自身的道德性和道德教育的质量。教育的道德性和道德教育的高质量，可以孕育学生心灵，充分发掘每一个学生自身所具有的道德潜能，进而在每一个学生身上实现可能的德性卓越。真正的德性具有领域汇通性，即可以跨越领域界限运用于各种情景。也就是说，学生如果有良好的基本品德，其在面对他人痛苦时，承担解除他人痛苦这一自明责任往往是水到渠成、自然而然的事情。正是在这个意义上，梅耶菲尔德认为，一般的道德行为原则可以作为解除他人痛苦这一自明责任的"第二原则"（secondary principles），即我们践行一般道德原则，比如勿杀生、勿伤害、不羞辱、守诺、保护亲人等，虽然不是特意为了减轻、解除他人痛苦，但实际上却具有不制造痛苦、消除他人痛苦的客观意义[①]。

　　培养年轻一代的自明责任意识，可以通过生活熏陶的方式进行。当教育以解除他人的痛苦作为自身的道德责任时，预设的是人的本性善良，培育的也是人的仁慈之心。学生在这种生活之下，解除他人痛苦的责任意识在不知不觉之中就已形成。当教育把他人的痛苦当成刺激学生努力竞争的工具，预设的前提是人的自私性，利用的是人的自我保护本能。在这种生活之下，对自我利益的考虑会超过一切，他人的痛苦也就很难感受得到，或者即使感受到了，也会无动于衷。也就是说，培养年轻一代解除他人痛苦的自明责任意识，关键在于教育对痛苦的态度和对"痛苦使命"的承担。而这正是当今教育最失败的地方，即利用年轻一代对痛苦的恐惧，以痛苦来威胁学生努力为自身前途而奋斗，甚至不惜在教育过程中制造痛苦，以痛苦作为控制学生的有效手段。当然，人有主体选择性，在良好教育下，不是每个人都能学好；在恶劣教育下，也不是每个人都会学坏。但教育作为一种自觉活动，不能寄希望于这种个体偶然性，而应在清楚自身局限性的同时，尽最大努力去做到最好。

　　培养解除他人痛苦这一自明责任意识，可以从消除承担这一自明责任的最大障碍着手。从他人痛苦中脱身，或者只当他人痛苦不存在是我们承担解除他人痛苦这一自明责任的最大障碍。人是复杂的动物，面对他人痛苦既有不忍之心，也有厌恶之情与否认之冲动。否认、无视他人痛苦的存在，也是我们根深蒂固的一个心理需要。这种心理需要源于人的自我保护，因为痛苦是一种糟糕的体验，我们都怕痛苦上身，担心他人的痛苦变成我们自己的痛苦，为了自身的安全，就可能有意无意地压抑不忍之心，对他人的痛苦视而

---

　　① Jamie Mayerfeld，*Suffering and Moral Responsibility*，New York：Oxford University Press，1999，p. 120.

不见。正是因为人有这种心理需要，才有诸多心理机制来使之得到满足。第一个机制就是选择性盲视，即他人的痛苦虽然就在眼前，但我们就是视而不见。也就是说，我们的眼睛虽然是视觉器官，但在很多情况下，看见或看不见什么不是由眼睛决定的，而是由心愿决定的，即愿意看见或看不见什么。在这个意义上，我们可以说"眼随心"，是"心之眼"（mind's eye）。第二个机制是将痛苦的根源归结为受苦者自身，然后我们就可以受苦者是自作自受为借口摆脱解除其痛苦的责任。第三个机制则是在我们自己和受苦者之间拉开距离，将我们与他们区分开来，以此来为自身开脱：不是我们不愿意帮助他们，而是因为他们是与我们不一样的人。

要克服第一个障碍，教育首先要做到的是让自身"看见"痛苦，即有"看见痛苦之心"，用自身对痛苦的敏感来熏陶、激发受教育者对他人痛苦的敏感。第二，人皆有不忍之心，教育应保护并培育学生的不忍之心，并使之得到扩展，使之能战胜、克服对他人痛苦的厌恶与否定之冲动。孟子的方法是将不忍之心"达之于其所忍"（《孟子·尽心下》），即将极端情境下的自发反应扩展到日常事务上。第三，教育还可有意识地引导学生关注他人、社会和远距离痛苦，在对痛苦的敏感中培养感受痛苦之心。要克服第二个障碍，就要从痛苦的本性出发，一方面帮助学生认识到痛苦无论来自哪里，都是一种恶，既是对受苦者的伤害，也是对我们的伤害；另一方面，没有人真正愿意主动承受痛苦，即使是那些看起来是自我导致的痛苦，背后都有社会和制度的原因。比如在课堂上主动挑衅老师、自找惩罚的学生，他们的痛苦看上去一切都是自找的，实际上却是学校制度已经预先设定了他们的命运。要克服第三个障碍，就要通过教育破除各种人为壁垒和偏见。人是复杂的动物，从前没有、将来也不会有单纯的人存在，人总是以各种自发或人为的群体或制度存在，这种群体和制度化生存在给人以保护和依靠的同时，也带来了各种壁垒和偏见。人与人之间的各种壁垒和偏见，正是妨碍我们承担解除他人痛苦这一自明责任的障碍，也是现成的借口。教育作为一种超越地方、超越小群体、超越狭隘自我利益的力量，破除各种壁垒和偏见是自身使命所在。

如前所论，解除他人痛苦这一自明责任不是无限责任，在培养学生的责任意识时不能用圣人的高标准来要求他们，而应从承担最基本的责任做起。安德森（Ronald E. Anderson）根据"牺牲"（笔者并不赞同"牺牲"这个词，尽责不是牺牲，而是努力或奉献）大小、社会距离（亲疏）和痛苦程度（高低）三个标准，将助人者分为八个层次（1）完全利他之人（ultra-altruist，为陌生人的严重痛苦而做出重大牺牲），（2）善人（philanthropist，为陌生人的严重痛苦做出小牺牲），（3）行善者（benefactor，为亲近之人的严重痛苦做出大牺牲），（4）善心之人（compassionate，为亲近之人的严重痛苦做出小牺牲），（5）志愿者（volunteer，为陌生人的轻痛苦做出大牺牲），（6）捐助者（donor，为陌生人的轻痛苦做出小牺牲），（7）关怀者（caregiver，为亲近之人的轻痛苦做出大牺牲），（8）帮助者（helper，为亲近之人的轻痛苦做出小牺牲）[1]。根据这一分类，可以教育学生从解除亲近之人的严重痛苦出发，逐渐延伸到解除亲近之人的轻痛苦和陌生人的严重痛苦；由解除亲近之人的轻痛苦和陌生人的严重痛苦出发，再延伸到消除陌生人的轻痛苦，遵循不忍之心的扩展规律，逐步提高承担解除他人痛苦这一责任的意识和能力。

如前所论，在电子媒介的盛世，远距离痛苦是一个难解的时代症结，一方面，电子媒介有苦难偏好，疯狂地将世界各地的苦难送到寻常百姓的客厅、卧室；另一方面，即使有消除远距离痛苦的意愿，作为普通人，我们所能做的非常有限，按照波尔坦斯基（LucBoltanski）的观点，无非是捐款（paying）和言说（speaking）这两种方式而已[2]。而且，这两种方式都是间接方式，无法直接达至受苦者。捐助虽是一种行动，但救助者和被救者往往互不

---

① Ronald E. Anderson, *Human Suffering and Quality of Life*: *Conceptualizing Stories and Statistics*, New York: Springer Dordrecht Heidelberg, 2014，p. 90.

② LucBoltanski, *Distant Suffering*: *Morality*, *Media and Politics*, Cambridge: Cambrideg University Press, 2004，p. 17.

清楚，救助者无法了解自己行动的效果。在多数情况下，捐助行为只是对捐助者起到了一种良心安慰的作用，即无论有无效果，反正"我"已经有所行动。正是在这个意义上，有人认为捐助行为可能变成一种逃避责任的方式。言说连行动都算不上，只是话语而已，对受苦者没有实质性的帮助，要想发挥效果，必须借助于体制、制度的建构。即便如此，也不能忽视这两种方式的道德意义。对没有收入的学生来说，捐助不是主要承担责任的方式，但在特殊情况下，也可以引导他们参与解除远距离痛苦的捐助活动，让他们有帮助远方受苦者的机会，在实际行动中体验承担责任的过程。教育本身就是以言说为主要活动方式的，言说可以成为未成年人承担消除远距离痛苦的主要方式。学生对远距离痛苦的揭示与呈现，虽然不一定能够引起多大的社会关注，更不要说推动制度变革，但正是在这样的过程中，他们体会到了他人的痛苦，开阔了道德视野，使不忍之心得到了表达和扩展。善良的力量正是在这样的过程中得到集聚和强大，在适当的时机下，就可以化为制度变革的力量。

第九章　教育爱的复归

一、爱的拯救

我们这个时代，地球在变暖，而人心却在变冷。地球变暖所引发的伤害已经显现，且其严重后果可能超出我们的想象。我们对地球变暖的忧心，既是基于其对环境的伤害，更是因为其对人类自身的伤害。与此相对照，多数人对人心变冷的担心低于对地球变暖的忧心，虽然人情变冷所引发的伤害也已经显露，且其严重后果可能更加超乎想象。这种悖论式现象的出现，原因多样。一个显见的原因是生存危机凸显，环境问题引起了全球公众的注意和重视，而人心变冷问题虽然已经显露在人类生活的每一个角落，但还是没有引起足够的关切，一个隐性的原因则是环境问题是外在问题，虽然人人有责，但又人人无责，关注起来既不费力，又显高尚；而人心问题却是一个内在问题，我们根本无法将其外推而成他人问题，只能向内责己，关注起来就既吃力又难堪。虽然环境问题已经得到了关注，但地球变暖的逆转前景依然不容乐观。人心问题被我们有意无意地回避了，逆转前景就更没有一丝乐观的理由了。更致命的是，人心变冷，伤害的不仅仅是人类，不仅仅是我们每一个人，也包括环境。由人心到环境的机制并不复杂：人心变冷，意味着竞争的加剧、争夺的激化，所有这一切都需要环境资源的支持，都会有环境后果。在一定意义上，环境问题其实也是人心问题，环境问题的根源在于人心。也就是说，人心变冷还有环境代价，这代价必须由无辜的地球来承担。

康德关于"头顶上的星空和心中的道德法则"的言说传播甚广，但一般我们都会望文生义，以为是说我们心中的道德法则与我们头顶上的星空一样恒久伟大。其实他的本意是说"头顶上的星空"标识着人的渺小与微不足道，正是"心中的道德法则"将我们从动物性的渺小中拯救出来提升为人格性的存在①。道德与爱（道德以爱为基础，道德在广义上也是人与人之间的爱的方式）是拯救性力量，是道德和爱将人从动物性的渺小中解救出来。逆转人心变冷，我们在爱之外无所依靠，只能靠爱的力量来救人与自救。面对冷漠，我们最直观的反应是借助同情。确实，同情是克服冷漠的一种起点性反应，类似于亚里士多德所说的初始因（moving principle），但同情并不可靠，因为同情具有被动性、暂时性。同情都是由他人的痛苦所引发的，这是同情的被动性；同情虽然是一种自发的情感反应，但来得快去得也快，尤其是在我们需要付出较大努力或代价的情况下。爱是同情的升华，具有主动性和稳定性。与同情由他人的痛苦引发不同，爱是一种主动性的情感，我们对他人的爱作为一种将自身纳入他人之中、将他人纳入自身之内的活动，从来都是积极的而不是消极的。爱作为一种融合状态，已经上升为爱者的品质，具有稳定性。

同时，爱作为对冷漠的拯救，既是救人，也是自救。通过爱，我们将他人纳入我们的生命之中，我们不再是他人命运的旁观者，可以使他人免受我们冷漠的伤害。我们的冷漠会伤害他人，相应地，他人的冷漠也会伤害我们。我们的爱会给他人以温暖，相应地，他人的爱也会给我们以温暖。我们的冷漠在伤害他人的同时也会伤害我们自己。人是关系性的存在，是爱与道德才使人成为人。冷漠或道德冷漠，消解的正是人作为人的那种特性，使人降格

---

① 参见［美］汉娜·阿伦特：《责任与判断》，陈联营译，上海人民出版社2011年版，第53页。

为物的存在。也就是说，我们在冷观他人痛苦的同时，也是在做使自己降格的事情，这是对自己的第一重伤害。冷漠，从本性说是"该为善时不为善"，虽然不是直接作恶，但通常也是"作恶链条"上的一个环节，在特定情况下就是作恶本身。也就是说，冷漠使人处在作恶的边缘，一不小心，就跨越了边界，变成了作恶自身。对一个有道德要求的人来说，经常处在作恶的边缘，对自身的伤害是显而易见的。这是冷漠对我们的第二重伤害。第三重伤害则是冷漠会压抑、窒息我们去爱的能力，也就意味着泯灭了我们成为更好的人的机会，最终使我们变得品质低下。从这个角度看，用爱疗治冷漠，不仅仅在救治社会人心，更是对我们自身的救治。

在人心变冷的时代，对爱进行沉思具有特别重要的意义。既然爱是拯救性力量，那我们就要思考何为爱、如何爱。爱造就了人，但人对爱的沉思却相对匮乏。首先在于爱与我们是一体的，我们很难从爱中抽身，站在爱的对面，将爱对象化。其次，爱复杂、多样、多变，不同的人所理解的爱千差万别，是非常难以把握的"领域"。在学科分工细密的今天，我们对爱的思索则愈加困难，因为爱牵涉整个人性，没有任何单一学科能够独立完成对爱的探究。康德说，"教育是由前一代人对下一代人进行的"[1]，反映的是前一代人对后一代人的爱。教育，归根结底，是爱的体现、爱的活动。也就是说，在人类之爱中，有一个特殊形态的爱，即教育爱。教育爱这种特殊形态的爱到底特殊在哪里，教育爱的本性和特性到底是什么，教育爱在抵制冷漠中能够扮演什么角色，这些都是值得研究的话题。

二、爱：人之根

爱对人的意义，或者说爱与人的关系是首先需要考察的问题。不是因为我们是人我们才有爱，而是因为有爱我们才是人，在这个意义上，是爱造就

---

[1] ［德］康德：《论教育学》，赵鹏、何兆武译，上海人民出版社 2005 年版，第 3 页。

了人。"爱是一种古老的痴狂，一种比文明还要悠久的欲望，其根深深地扎入黑暗、神秘的年代"①。我们一般都知道达尔文的《物种起源》和进化论学说，知道他的"物竞天择""优胜劣汰"理论，却不太了解他的《人类的由来》，不知道他的爱的学说、群体选择理论，更不知道《物种起源》和《人类的由来》之间的关系。根据大卫·洛耶（David Loye）的文献研究，达尔文对生物起源的研究其实是为揭示人类由来所做的铺垫，意在突出人类的不同凡响。但由于进化论思想满足了资本主义早期发展的需要，很快成了资本主义竞争思想的理论基础，得到了广泛传播，而达尔文更为重要的关于人类特性及其由来的思想则被忽视和淹没。"一百多年来，印在这本书后面的目录——学者们——直把它作为揭示《人类的由来》重要内容的指南使用——无非是一个写满'爱'的目录"②。达尔文在《人类的由来》里所发现的，是人类不同于其他物种的起源基础，即道德意识。也就是，没有道德意识，就不可能有人类这一物种的诞生。道德意识来自哪里呢？来自三种本能，即性本能、亲子本能和社会本能。这三种本能虽然性质不同，但概括起来说，就是爱的本能。性本能让生物体有了走出自我的动力，被迫去考虑另一个生物体的状态与需要，这是"关心他人"的初始状态。亲子本能驱使人类祖先照料自己的后代，进而孕育出超出本能的亲情和爱。社会本能，或者说是一种结群欲，引导人克服纯粹的利己主义本能，进而沉淀为一种关心群体、与群体共命运的本能。"在历史的长河中，'相互关爱'联系着一代又一代，生物体在走过几亿年的生命历程后，为我们的祖先留下了'道德意识'赖以建立的基础"③。与《物种起源》所讲述的动物间以自私和攻击为逻辑的优胜劣汰逻辑完全不同，在

---

① ［美］黛安娜·阿克曼：《爱的自然史》，张敏译，花城出版社2008年版，序言第3页。

② ［美］大卫·洛耶：《达尔文：爱的理论》，单继刚译，社会科学文献出版社2004年版，第5页。

③ 同上书，第83—84页。

《人类的由来》里，达尔文要告诉世人的是，对同类生物体的关爱才是人类得以诞生的推动力。

爱是使人得以诞生的力量，也是使人类得以延续、发展的力量。人类个体如此脆弱，原始人类如果没有以爱为纽带的合作，根本没有生存下来的机会。也就是说，爱是早期人类战胜自身脆弱、战胜恶劣环境的强有力武器，"早期人类群体为了在恶劣的环境中生存下来，势必要相互爱怜、相互合作——这也是他们的基本欲望和基本行为方式"①。人类历史上那些已经灭绝的种群，其灭绝原因无外乎"内忧外患"，也许更多的是"外患"的结果，即被其他种群所灭，但"内忧"肯定也是不可忽视的因素。正是因为"内忧"，即种群内部的感情淡漠与团结缺失，为"外患"提供了可乘之机。如果说这些事例还是推理的话，那么乌干达伊柯人行将灭绝的悲剧则直接证明了爱的缺乏对种群的影响。生存环境的恶化和发达文明的剥夺导致伊柯人蜕化为生物性存在，爱和道德观念都被遗弃，生活变成了为获得食物而进行的残酷争夺，人与人之间没有亲情，甚至可以偷吃别人、自己家的孩子。这样的生存状态，导致伊柯人人口急剧减少，已经到了完全灭亡的边缘②。爱在人类个体诞生与生存中的重要性则更加显而易见。人类之爱的基本形态——两性之爱导致个体生命的孕育和诞生。一如早期人类，初生婴儿也是如此脆弱，没有父母之爱（爱的另一种基本形态）的呵护，个体幼儿没有一丝活下来的机会。

爱不仅是人得以诞生、存活的力量，也是人最深沉的精神需要。人来自于自然，在成为人之前，人类祖先本身就是自然的一部分，与自然是一体的。成为人，意味着人有了意识和自我意识，意味着人意识到与自然的分离。也就是说，来自于自然的人，却发现自己不再属于自然，无法再回到自然这一

---

① ［英］德斯蒙德·莫里斯：《人类动物园》，刘文荣译，文汇出版社 2002 年版，第15 页。

② ［美］黛安娜·阿克曼：《爱的自然史》，张敏译，花城出版社 2008 年版，第174—177 页。

来源处。从自然中脱颖而出，不再被动地受自然束缚，有了主宰自身命运的可能，这是人的卓越与幸运。同时，脱颖而出也意味着处在一种拔根状态，意味着一种"与世（自然）隔绝"的孤独。弗洛姆把人的这种处境比喻成人的"监禁状态"，"如果不能从他的监禁中解放出来，如果不能以这种方式或那种方式，同他人或周围世界结合在一起，他就会疯狂"[①]。处在拔根状态下的人，必须找到新的扎根方式，"自然老家"已经回不去了，唯一的选择就是扎根人间。由于有自我意识，人意识到了自我，也意识到了与他人的分离。这种意识导致人既有自主的需要，也有与他人联结的需要。如何才能既保证自主，又能实现与他人的融合呢？答案就是爱。弗洛姆说，实现与他人的融合、扎根人间的方式并不是唯一的，除爱之外，还有顺从和控制。但顺从是把自己完全交给别人，失去的是自身的自主性、独立性；控制则是使别人成为自己的一部分，牺牲的是别人的自主性、独立性。在顺从与控制中，实现的只是人与人之间的表面融合，人与人之间实际上还是处在一种隔离状态，并没有真正扎根。"对人类存在问题的真正和全面的回答是要在爱中实现人与人之间的统一"[②]。正是在爱中，通过爱，人走向了他人，实现了与他人的统一，而又没有丧失自我。之所以说爱是人类最深沉的精神需要，就在于从自然拔根的人，必须依靠爱来实现自身的再扎根。

柏拉图在《会饮》篇中借助阿里斯托芬之口将爱描述为对另一半，也是对自身完整性的寻求。他这里讲的是情爱，但我们可以将之视为爱的一种原型。这个原型有诸多我们理解爱的"头绪"。单个的人都是被神劈成两半的存在，不完整、不完善、脆弱、孤单。这不恰恰是个体存在状态的隐喻吗？唯有找到离散的另一半，人才能完整、幸福、强大，这不恰是爱之力量的隐喻吗？西蒙·梅（Simon May）在这个基础上，将爱理解为"本体论意义上的归根"："我们都需要爱，因为我们都需要在这个世界上找到家的感觉，给此

---

① ［美］艾·弗洛姆：《爱的艺术》，李建鸣译，上海译文出版社2008年版，第8页。
② ［美］艾·弗洛姆：《爱的艺术》，李建鸣译，上海译文出版社2008年版，第8页。

时此地的生活以归属感，给我们的存在以价值和完整性，增强我们的存在感，让我们感受到现实生活的牢不可破。"① 意识到自身存在的个体，也意识到了自己在浩瀚的宇宙中的漂浮感与无力感，借助爱，人才找到了在世存在的根基，找到了存在的家园，才有了安全感和有力感。

作为扎根方式，爱首先是走出自我、走向他人。树将自己的根须探出自身、伸向大地，进而获得坚实的扎根生存；人则是将自己的情意探出自己、伸向他人，进而获得坚实的人间生存。爱发生在人间，走出自我是第一步，没有这第一步，就没有爱。树伸向大地的是根须，而人伸向他人、伸向人间的则是对他人的关心。走向他人，是渴望与他人共在，但这种渴望的实现是以对他人的关心为前提的。也就是说，爱是以关心他人这种独特的方式走向他人的，正是在这个意义上，哈特曼说"爱是一种为了另一个人的情感"②。走出自我、扎根人间，从更根本的意义上讲，这是为了自我，为了本体论意义上的归根，但从每一个具体的爱来说，爱都是对自我的"克服"，都是为了他人。只为自己、不关心他人，那就不是爱，或者说根本就没有爱。

亚里士多德关于友爱（爱的一种基本形态）以善意为前提的思想可以说命中了爱的另一个关键性特征。所谓善意（goodwill），就是"希望对方好"③。善意是爱的一个起点，只有这个起点当然是不够的，否则就会变成一个抽象的意愿。希望对方好，就要关心对方现在的状况，就要了解什么是对对方好的。也就是说，关心对方，使善意有得以实现的机会，是爱自身所要求的。善意也好，关心也好，如果只停留在心意层面，没有见诸行动，那还不是真正的爱，真正的爱是由行动来实现的。亚里士多德说德性不是静态地

---

① ［英］西蒙·梅：《爱的历史》，孙海玉译，中国人民大学出版社 2013 年版，第6 页。

② ［德］爱德华·封·哈特曼：《道德意识现象学——道德情感篇》，倪梁康译，商务印书馆 2012 年版，第 65 页。

③ ［古希腊］亚里士多德：《尼各马可伦理学》，廖申白译，商务印书馆 2003 年版，第 231 页。

拥有，而是展现于实现活动之中，"在奥林匹克运动会上桂冠不是给予最漂亮、最强壮的人，而是给予那些参加竞技的人"①。同样，爱（在亚里士多德那里，友爱本身就是一种德性）也不是静态的善意和停留在心意之中的关心，见诸行动才是真正的爱。

在柏拉图对话《会饮》篇中，苏格拉底借狄欧蒂玛这一女性之口说爱既是一种匮乏，也是一种丰盛。我们表达丰盛的方式就是繁殖与给予，正是在这个意义上，产生了给予之爱，或者说爱可以以给予这种方式作为一种存在形态。那么，我们所要繁殖的是什么东西呢？是"美的事物"，爱一个人，就是在对方那里繁殖美好的事物。弗洛姆认为爱是给予，所给予的是自身有生命力的东西，这与《会饮》中的爱是美的繁殖的观点一脉相承。弗洛姆说："一个人究竟能给予别人什么呢？他可以把他拥有的最宝贵的东西，他的生命的一部分给予别人。……他应该同别人分享他的欢乐、兴趣、理解力、知识、幽默和悲伤——简而言之是在他身上有生命力的东西。"② 爱是一种给予，爱者所给予的是一种有生命力的东西，目的不在于使被爱者接受这些东西，而是在被爱者那里唤起同样的有生命力的东西。

爱是走出自我、走向他人，这是爱的一个向度，爱的另一个向度则是回到自我。如前所论，爱是一种扎根需求的实现与满足，这本身就带有"为己性"。从根本上说，"爱压倒一切的任务就是为我们的生命和存在找到一个家"③。扎根也好，寻找家园也好，都是为己的，但爱的这种为己性，并无损于爱的价值。爱作为对缺乏（无根状态）的一种满足，正是自我的不足与缺乏驱动我们走出自我，学会去爱，为己是爱的动力。奇妙之处在于，爱的这

---

① ［古希腊］亚里士多德：《尼各马可伦理学》，廖申白译，商务印书馆 2003 年版，第 23 页。
② ［美］艾·弗洛姆：《爱的艺术》，李建鸣译，上海译文出版社 2008 年版，第 23 页。
③ ［英］西蒙·梅：《爱的历史》，孙海玉译，中国人民大学出版社 2013 年版，第 6 页。

种为己性是通过为他的方式实现的。为他与为己往往是矛盾的，但在爱这里却奇妙地得到了统一，即爱作为为了另一个人的情感，却实现了为自己扎根的需求，或者说，爱是一种需求的满足，却驱动我们走向了他人。正是在这个意义上，沃格勒（Robert E. Wagoner）说，"爱是朝向他人的，但却又是一个自我事务（a matter of self-interest）"①。

爱对自我的根本意义在于扎根，但又不限于扎根。爱还具有自我诞生的意义。爱是走出自我，这时候的自我还是一种原始状态的自我，是还没有经过爱的孕育的自我的原型。通过爱，通过与他人的关系，自我才得以建构。正是爱的光芒映照，我们作为人的各种自然本性得以重组与调谐，人格性的自我才由此得以挺立。爱还是使我们的生命得以升华的力量。苏格拉底说爱是"介于人与神之间的中间物"②。我们都是普通的生命存在，但通过爱，我们可以到达"神的高度"。比如，一个妈妈，作为一个人、作为一个女性，她是普普通通的，但她对子女的深爱却具有神圣性，借由母爱的神圣性，作为母亲的她也由此有了神圣性。

爱是朝向他人，是一个人与另外一个人相结合的一种方式。结合方式不同，爱的形态也不同。最基本的爱的形态是父母之爱、情爱（友爱）。父母之爱是一种非对称的爱，即父母的付出远远大于所得，而子女所得远远大于付出。情爱是以性或身体吸引为中介或基础的一种结合方式，是另外一种基本的爱的形态。与父母之爱、情爱源于血缘或自然性的吸引力不同，友爱是宽广得多的结合方式，既可以单独存在，也可以存在于父母之爱、情爱之中。情爱、友爱虽然基础不同，但却都是平等之爱，即感情的双方是平等的，付出与给予相对均衡，不存在父母之爱那样的不平等性、不对称性。父母之爱、

① Robert E. Wagoner, *The Meanings of Love: An Introduction to Philosophy of Love*, West-port Connecticut: Praeger Publishers, 1997, p. 20.

② Robert E. Wagoner, *The Meanings of Love: An Introduction to Philosophy of Love*, West-port Connecticut: Praeger Publishers, 1997, p. 19.

情爱、友爱都是有特定对象的爱，而爱心则是一种无特定对象的爱，是一种对所有人都有的友善态度和责任感。如果说有特定对象的爱是人通过特定对象扎根人间的话，那么爱心则是通过与所有人的结合而扎根人间。弗洛姆说，爱既是同特定对象之间的关系，"更是一种态度、性格中的一种倾向。这种态度决定一个人同整个世界而不是同爱的'唯一'对象的关系"①。爱心不一定发展成特定对象之爱，但特定对象之爱中一定有爱心。在这个意义上，我们可以说爱心是所有特定对象之爱的"底色"。

　　爱是关系，是情感，更是品质。爱是走向他人，与他人建立"同一性"（将自己纳入他人、将他人纳入自身）联系的行动。爱的指向既是对方，也是双方的关系。爱当然是一种深沉的情感，一种将自身托付并承担对方托付的情感。没有情感的爱，一定不是真爱。但爱又不仅仅是情感，还是品质。"爱似乎是一种感情，友爱则似乎是一种品质"②，亚里士多德用品质将友爱与其他类型的爱区分开来。他关于友爱是一种品质的论述非常有说服力，那就是友爱基于善意，友爱意味着希望对方好；友爱的初衷不是其他，而是对方自身的善。也就是说，我以某人为朋友，不是为了利益或快乐，只是因为他本身具有的良好品质；我之所以欣赏他的这种良好品质，在于我也有同样的品质，或者我虽然没有这种品质，但至少渴望拥有这种良好品质；我以他为朋友，总是抱有善意，总是希望他好。由此看来，说友爱是一种品质毫无问题。那么，其他形态的爱是不是一种品质呢？爱的能力以品质为基础，即如果一个人没有一定的道德品质，是没有爱的能力的。一个品性坏掉的人，实际上已经失去了爱别人、爱自己的能力。这样的人走不出自我，其对别人的所谓爱，其实都是为了自身的私欲与私利；其对自身的所谓爱，不是对自身美好

---

① ［美］艾·弗洛姆：《爱的艺术》，李建鸣译，上海译文出版社2008年版，第42页。

② ［古希腊］亚里士多德：《尼各马可伦理学》，廖申白译，商务印书馆2003年版，第238页。

部分的维护，而是对自身堕落部分的放纵。这样的人，很难对别人有基本的善意，也许可以在口头上希望别人好，但实际上却是为了自己"好"（其实也不是真好）。这从反面证明爱必须有一个品质基础。从正面来看，任何类型的爱，都应该有希望对方好的善意。有了这个善意，就已经标明爱的品质性。善意，即希望对方好，一方面是对自身关切的超越，另一方面则意味着知道什么是对对方真正好的。前者显然是一种善，或者说是善的基础；后者是为对方考虑，更是善的表现。所有形态的爱中都有爱心，而爱心作为一种态度，一种性格倾向，显然是一种品质，只有拥有这种品质，我们才能对所有人都表现出一种友善的态度和责任感。

三、何为教育爱？

教育是由上一代人对下一代人所进行的活动。上一代人为什么能对下一代人进行教育呢？根本的原因在于"成熟差"，即后一代人相比前一代人在身体、经验、知识、能力、社会性等方面的劣势。这些劣势如果不能得到弥补，人类就会退化，就会无以为继。家庭与父母的养育是弥补这些劣势的一种方式，学校产生以前，弥补两代人成熟差的任务主要是由家庭和自在的生产、生活来完成的。随着人类生活、生产的进步，单纯靠家庭和自在的生活、生产活动已经无法完成这一任务，专门化的教育才得以产生。教育所要弥补的成熟差是下一代人的劣势，显然这是上一代人在为下一代人着想，体现出上一代人为下一代人好的善意。这种善意不仅表现在心意层面，还有实际行动，也就是说上一代人用自己的付出和给予去帮助、扶持下一代人，体现出一种给予之爱的特征。而且，上一代人给予下一代人的，不是物质性的东西，而是"有生命力的事物"，包括德性、知识、能力等。

因此，教育爱的第一个含义就是作为爱的方式的教育本身，即"教育就是教育爱，教育爱就是教育"。在这个意义上，教育爱对年轻一代的意义就是教育对他们的意义。这里不谈教育的其他意义，只谈教育爱对年轻一代爱的意义。人是爱的动物，有爱才有人，培养年轻一代爱的能力显然是教育的首要任务。"想要爱人，首先得被爱过。没有被爱过的孩子长大成人后常常不知道爱为何物，更有甚者，有的还可能遭遇悲惨的命运。没有爱，人便可能陷入抑郁的流沙之中"①。被爱的体验首先来自家庭，来自父母。家庭、父母之爱的珍贵性不可否认，但却还不够，因为每个孩子都要走出家庭、走向成人主导的整个社会空间，需要感受到来自上一代人的整体之爱。孩子从父母那里体会到一种个别化的爱，通过这种爱，其与先在的人世建立起了一种单一而牢固的联系；孩子从教育那里体会到一种普遍的爱，通过这种爱，其与先在的人世建立起一种广泛而可靠的联系。如果说父母之爱是孩子进入人间的一个小窗口的话，那么教育则是孩子进入人间的康庄大道。教育爱其实意味着上一代人敞开胸怀去接纳下一代，正是这种接纳，使下一代能够在先于其而在的人世找到在家的感觉，由此出发去爱这个人世，去爱在这个人世生活的其他人。如果说"母亲充满爱意的第一丝微光让我们了解到自己是被爱着的，而这些闪光与我们成年时期钟爱别人的能力密切相关"②，那么，教育就应该犹如太阳，让年轻一代感受到他们是被上一代的爱所普照的，而这正是他们爱他人、爱人间、爱世界的起点和根基。

母爱是爱的"第一显现形式"③，教育爱在很大程度上类似于母爱，我们可以称教育爱为"类母爱"④。母亲爱子女，不需要什么条件，无论自己的子女如何，作为母亲都会爱他。在这个意义上，母爱是一种无条件的爱。当然，无条件中包含着条件，即爱的对象是她的子女。教育爱在这一点上与母爱类

---

① [英]西蒙·梅：《爱的历史》，孙海玉译，中国人民大学出版社 2013 年版，第 180 页。

② [美]马克·马陶谢克：《底线：道德智慧的觉醒》，高园园译，重庆出版社 2013 年版，第 15 页。

③ [德]爱德华·封·哈特曼：《道德意识现象学——道德情感篇》，倪梁康译，商务印书馆 2012 年版，第 135 页。

④ 高德胜：《时代精神与道德教育》，教育科学出版社 2013 年版，第 41 页。

似，只要是学生，作为上一代人之代表的教育者都要爱他，无论学生是来自富贵还是贫贱之家，是聪慧还是笨拙，是淳朴还是顽劣。也就是说，只要是学生（这是他们获得教育爱的唯一条件），就应得到教育爱。教育爱与母爱一样，都不是需要去争取的爱。如果一个孩子需要靠自身的努力去赢取母亲的爱，那这母子关系就很可疑；如果一个学生要靠自身的努力才能获得教育爱，那这种教育关系也同样可疑，很可能不是教育关系，而是商业关系。

教育爱作为一种"类母爱"，虽与母爱相似，毕竟还是有所不同。母爱之根很深，深到哺乳动物的"亲子本能"。教育爱没有这样的本能基础，如果非要找教育爱的本能基础的话，那就是一种间接的"群体本能"，即上一代人为了群体的延续弥补下一代人成熟差的本能。如果说专门化教育之前的教育还与这种群体本能有比较清楚的联系的话，在专门化教育里已经很难看出这种联系了。专门化教育与其说是一种群体本能，不如说是一种群体自觉和理性选择，即为了群体的延续与发展，用专门设计的教育去弥补年轻一代的成熟差。如果说母爱是一种自然而然的爱，体现出"天经地义"的特点的话，那么教育爱则是一种理性之爱，体现出"理所当然"的特性。母爱是一种特殊之爱，一个母亲爱的不是别的孩子，而是她自己的子女；要求她像爱自己的孩子一样去爱别人的孩子，那是不符合母爱特性的。教育爱则不同，在很大程度上，教育爱是一种普遍之爱。教育爱的不是某个特定的学生，也不是某个特定的班级，而是所有学生。具体的教育者所爱的当然是具体的、特定的学生，但其所代表的事业，爱的则是学生全体。当然，教育爱的这种普遍性不是博爱的普遍性，不是对所有人的爱，而只是对学生这一群体的爱。因此，与母爱的纯粹特殊之爱不同，教育爱是一种具有普遍性的特殊之爱。

诸多形态的爱都具有对等性，比如情爱和友爱。在这些以对等性为特点的爱中，如果爱只是单向的，即只是一方付出、另一方接受，那就不是真正的爱。但对等性的爱不是爱的全部形态，除此之外，还存在着非对等性的爱，比如父母之爱。父母之爱的不对等，首先表现为爱的地位的不对等：父母是

"施惠方"，总是尽心尽力为子女操劳，而子女作为"受惠方"，则很少考虑父母的需要、为父母着想。其次表现为爱的程度不对等：父母总是全身心地爱自己的子女，而子女则很少能够做到这一点。再次表现为时间上的差异：父母从孩子一出生，甚至是未出生就开始爱孩子，而且这种爱会持续一生，而孩子则一开始不懂得、没能力爱父母，等长大之后懂得了、有能力了，却又会爱自己的孩子超过爱父母[1]。以此标准来衡量，教育爱也是不对等的爱。第一，教育者与学生的地位是不对等的，前者是"施惠方"，为学生成长服务是其使命；后者是"受惠方"，从前者那里获得教益却不用想着回馈。第二，爱的程度也是不对等的，学生是教育者职业使命的全部，而教育者只是学生生命中的一部分。第三，教育者对一批又一批学生的爱是永远的，而学生对教育者的爱则是针对给予他们教育的特定者。第四，在教育爱的滋润下成长起来的学生，回馈教育爱的方式不是针对教育者，而是针对他人、社会和他们自己的事业。

相互性是爱的一个基本特征，这种不对等的爱在相互性上有一个明显的"错位"，何以成立呢？亚里士多德对此的解释是，这种爱之所以成立，在于其特殊性——创造者与被创造者的关系。第一，父母爱子女与子女爱父母是不同的，父母爱子女是把子女当作自身的一部分，而子女爱父母则是因为父母是他们存在的来源。第二，子女是父母的"创造物"，是父母的"产品"，在这个意义上，父母犹如工匠，而工匠钟爱的是自身活动的产品，而不是被产品所爱。作为人，我们都爱存在，正是通过生养子女、制造产品，我们的存在得以实现。我们爱子女，实际上是爱存在。第三，这是高贵的活动，父母爱子女，为子女付出，本身就是高贵的，因为这付出正是作为父母的德性

---

① 廖申白：《亚里士多德友爱论研究》，北京师范大学出版社 2009 年版，第 131—133 页。

的完美实现（这恰是幸福的含义）①。

亚里士多德用创造者与被创造者的关系来解释父母之爱，极富启发性，也适用于对教育爱的理解。首先，如果说父母给了孩子生命（包括生理的，也包括部分精神的），那么教育则是学生精神生命的主要创造者。如果说父母是其子女个体生命的创造者，那么教育就是年轻一代"代生命"的创造者。关于这一点，康德讲得最为清楚："人只有通过教育才能成为人。除了教育从他身上所造就出的东西外，他什么也不是。"② 当然，子女、学生都是有生命的人，不是工匠制造的"产品"，他们有自身的自主与选择，不可能像产品那样完全接受父母与教育的塑造；但离开父母与教育，他们的生命诞生与成长是不可能的。在这个意义上，可以说父母、教育是他们生命的创造者。年长一代正是通过教育来延续自身存在的，他们对年轻一代的爱，也可以理解为对存在的追求。当然，教育爱也是一种高贵的行动，是在对年轻一代的关心、扶助的过程中实现自身德性完满的活动。

教育爱显然是给予之爱，不是需求之爱。作为给予之爱，教育所给予学生的不是物质财富等消耗性的东西，而是有生命力的无限性的美好事物。这种给予不是直接植入，而是作为一种激发性因素，用来激发学生身上有生命力的东西。教育者所能给予学生并在学生身上激发出来的东西有很多，如果用一个词来概括的话，那就是"德性"。所谓教育，最简单的理解，就是教育者用自己的德性去激发、培养学生的德性。这里的德性，不单是道德德性，而是古典意义上的德性，"就是既使一个人好又使得他出色地完成他的活动的品质"③，或者说是"灵魂卓越"意义上的德性。

---

① ［古希腊］亚里士多德：《尼各马可伦理学》，廖申白译，商务印书馆 2010 年版，第 251、273 页。

② ［德］伊曼努尔·康德：《论教育学》，赵鹏、何兆武译，上海人民出版社 2005 年版，第 5 页。

③ ［古希腊］亚里士多德：《尼各马可伦理学》，廖申白译，商务印书馆 2010 年版，第 45 页。

从德性使用领域的角度看，教育所给予、所激发、所培养的德性，既包括人与世界相处上的卓越，也包括人与人相处上的卓越，更包括人与己相处上的卓越。要与世界和谐相处，就要了解、把握这个世界，需要有关于这个世界的知识和态度，也需要有对这个世界进行探索与改造的能力。要与他人、社会友好相处，就要理解他人和社会，学习人类在这方面所积累的经验和成果，形成对他人和人世的善意态度和行动能力。要与自己真诚相处，就要学会心灵对话，学会认识自我的基本方法，养成自我反思的基本习惯，既知道自身的局限性，又知道努力的方向，能够为自身的卓越与幸福积极行动。我们常说教育是灵魂的交流，教育爱就是这种交流的体现，就是教育者用自身在以上三个维度的灵魂卓越去激发、培育学生在这些方面的灵魂卓越。

从教育爱的给予性出发，我们很容易推导出教育爱的牺牲性。比如，教育领域的"蜡烛喻"就是牺牲论的一个典型证明。不能说牺牲论完全错误，其还是抓住了教育爱的给予性特点。牺牲论的错误在于不了解给予不一定是牺牲，在有些情况下，给予也是获得。因为教育者给予学生的不是物质性的东西，而是有生命力的东西。物质性的东西，你给别人一份，你自己的就会减少；而有生命力的东西，你给别人一份，你自己的并不会减少，相反，在给予别人的过程中，你激发了别人有生命力的东西，这两种有生命力的事物互相激荡，你自己的那份在这一过程中会变得更加丰富。"蜡烛喻"的错误就在于将教育者的给予和付出完全视为自我消耗和牺牲，未能反映这种给予所内含的自我丰富意义。教育者在给予学生德性、激发学生德性的过程中，自身德性得到了丰富与发展。给予的过程也是获得的过程，教育者通过给予，使自身德性得到了发展和完善。对教育者而言，孩子的成长就是我们德性的完满，我们在孩子的成长中所体会到的快乐和幸福是无与伦比的，一个真正爱学生的教师是真正成功的教师，他在学生成长中体会到的一定不是自我牺牲或自我消耗，而是生命的丰富与充盈。

即使是给予与获得兼备的给予之爱，也因为给予的主导性而导致给予一方的优势地位。比如，在父母之爱中，父母作为给予一方，其与子女在这种爱的关系中地位是不平等的。不平等是这类爱的特征，但如果给予的一方不能很好地自我节制，就很容易滑向以给予为手段的控制。正是看到了这种不平等之爱的危险性，哈特曼才说，"爱的同一性本能需要上升到友谊并且以友谊加以限制，否则就会导向控制"①。在哈特曼那里，父母的给予给父母以优越感，会强化父母将子女纳入自身、变成自身一部分的冲动，结果是损害子女自身的独立性和自主性。避免这种危险的出路在于，随着子女的成长，父母子女之间应该发展出友谊，用平等的友谊来中和父母的控制冲动。

教育爱作为一种"类母爱"，也面临同样的问题。如果教育者缺乏自我节制的自觉，很容易导向以爱为名义来对学生进行控制。教育爱如果滑向了控制，或者一开始就隐含着控制，用给予为控制做铺垫，那就不是爱，而是操纵。因此，给予之爱的一个不可分割的成分就是，从一开始就为自己的隐退做准备。路易斯对此有清晰、清醒的表述："给予之爱肩负着重任，它必须朝着自己的引退努力。我们的目标必须是使自己成为多余。当我们能够说'他们不再需要我了'，那一刻便是对我们的奖赏。"② 教育不是为了控制下一代人，不是为了增强下一代人对上一代人的依附与依赖，而是为了下一代人的独立自主，为了下一代能够以上一代所开创的生活为基础，去开创属于自己的生活。

教育爱也是一种道德爱（moral love）。按照惯常的理解，爱与道德没有干系，尤其是在浪漫的情爱中，道德往往是爱情所要超越的障碍，因为道德与其他社会条件一起常是浪漫爱情的阻碍因素。此外，我们一般将爱理解为自然而然的情感，不需要道德努力，一种爱如果需要以责任、义务来保证，

---

① ［德］爱德华·封·哈特曼：《道德意识现象学——道德情感篇》，倪梁康译，商务印书馆 2012 年版，第 139 页。

② ［英］C. S. 路易斯：《四种爱》，汪咏梅译，华东师范大学出版社 2007 年版，第 38 页。

那么这种爱就不自然了，意味着感情的成分已经大大降低。确实，爱与道德不是一回事，二者不能等同。但同样不可否认的是，爱与道德也有相同、相通的一面。如前所论，爱是一种感情，更是一种品质，以善意为基础，爱是走向他人，所有这些均说明了爱的道德性。道德不限于爱，但人的诸多道德规范都是以爱为基础的，没有爱这一根基，人的道德就会变得僵硬。

道德爱的含义虽然与爱的道德性有关，却另有意蕴。道德爱是从相爱关系出发界定的爱，爱者对关系的承诺甚至高于对被爱者的承诺，因为这关系界定了他是谁，"他承诺不惜代价来维持这一关系。他不能放弃这一关系，因为放弃就意味着对自我认同的放弃"①。一个人不恋爱，他还是他自己，恋爱关系虽然重要，但不能定义他这个人；一个母亲，生了孩子却放弃对孩子的抚养，就等于放弃了她对作为母亲、作为道德人的认同，她就不再是她自己了；一个医生，如果不尽自己的职责，放弃了为病人负责的这种医患关系，他也就等于放弃了自我认同。由此可以归纳出道德爱的两个维度：一个是对关系的维护，一个是对自我同一性的维护。爱是将我与他人和人间联系在一起的纽带，这是一种外在同一性；爱也是将内在自我联系在一起的力量，这是内在同一性。

教育爱呈现出典型的道德爱之特征。无论是从代际，还是从教育爱所具有的给予性、时刻准备着退场等方面来看，教育爱都具有突出的道德性。从道德爱的两个维度来看，教育爱不仅仅是对学生的爱，更是对教育关系的道德承诺，即无论学生如何，教育者都对这种教育关系负有道德义务和道德责任，无论付出什么代价，都不能放弃这一关系。正是这一关系，定义了作为教育者的个人同一性，定义了作为教育者的身份，放弃对这一关系的承诺，也就等同于放弃了作为教育者的自己。如果说情爱是爱对方的个性，那么作为道德爱的教育爱则是既爱学生，又爱教育关系，更爱作为教育者自身的完

---

① Robert E. Wagoner, *The Meanings of Love: An Introduction to Philosophy of Love*, West-port Connecticut: Praeger Publishers, 1997, p. 75.

整。教育关系，或者说教育职业，本身就是一种召唤（calling），召唤教育者去履行自己的职责，不论在这一关系里被爱者的品质与状态如何。在教育爱里，我们再一次见证了爱的奇妙：教育爱是为学生的，不是为我的，但正是这种"忘我"却更好地实现了"为我"，使教育者在"忘我"中达到了自我的完美同一。

四、拿什么去拯救爱？

以上关于爱和教育爱的论述都是以应然、以理论为逻辑的，一旦回到现实，我们就会发现应然与理论的苍白。这是一个爱正在失落的时代，而且，爱的失落不是外在事件，而是内生于我们每个人的"内在趋向"。虽然不能说作为人之根的爱已经消失，但整个人类社会的运行，基本上都是以"人人为己"作为基本价值基础和运行动力的。政治变成了个人安全、个人利益的保护工具，经济发展更是以人的欲望作为动力，技术的发展也是为了更好地表达每个人的利益主张，方便个人与他人"保持距离"。家庭作为爱的最后堡垒，也正在经历着爱消散的考验：一方面，家庭沦为自私个体的单纯组合，表面上看是一个群体，其实代表的自私个体的"合伙"；另一方面，家庭内部成员之间的利益冲突明显加剧，我们这个时代的家庭的解体比例比任何时代都高就是明证。人是爱的动物，在一定程度上，爱已经生理化而为人的本能，只要有适当的条件，我们的爱就会发芽、成长、茁壮，但这个时代有太多的因素在同时抑制爱，或者说我们过的就是一种压抑爱的生活方式。

当我们将求助的眼光投向教育，渴望教育来拯救失落的爱时，却发现教育爱本身也是风雨飘摇。教育的代际关怀依然存在，却是以异化的方式存在着。在现代社会运行逻辑下生存的一代又一代人，将为己作为生存之道，他们通过教育所教给下一代的也是这种为己的生存之道。我们可以想象，一位自私的母亲，深爱自己的子女，却将自己全部的爱用来教子女学会自私。当今的教育所做的，大概就是这位自私的母亲所做的。具体到如今的教育现实，本应是"类母爱"的教育爱已经失去了母爱的大多数本质，变得以竞争为基本运行方式，以人人为己为基本价值基础，在教育中生存的人，学会的不是爱自己、爱别人，而是如何在竞争中获胜，如何打败别人。教育爱不再是无条件的，而是有条件的，作为学生，必须达到一定的标准、考取一定的分数才能得到基本的尊重和重视。教育者所给予学生的不再是德性，而是能够换来物质象征物的考试化知识，学生必须用考试分数来给予回报，给予之爱变成了一种利益象征物的交换。

我们说爱是一种拯救性力量，渴望用爱来拯救人类、拯救地球。问题是谁来拯救爱。如果是在过去时代，人们可以将失望的眼神转向神，转向超越性力量，渴望神秘力量能够伸出援手，用他们的伟力在我们的心灵里重新灌注爱。在一个科学昌明的时代，这样的"自欺"、自我麻醉的机会也不再有了，虽然依然有这样那样的宗教信仰，但人类在整体上已经知道，这样的超越性的力量并不存在，人类只能靠自己。因此，爱的拯救者只能是人。

遗失爱的是人，拯救爱的也只能是人。这个时代有太多抑制爱的因素，但人爱的本能并未完全丢失，我们每个人都还有爱的渴望。教育就要从这尚存的本能渴望开始去拯救人、拯救爱。一方面，学生与成年人相比，更有"赤子之心"，他们对爱的渴望更加强烈，教育所要做的，当然首先是保护、培育孩子的爱心。我们总是强调教育去做什么，不太留意教育不能做什么。教育最不能做的，就是用功利化的竞争与利诱毁坏学生的爱心。另一方面，教育改革的方向不在于能力提升、素养提高，而在于转型，从以利益诱惑和同龄人竞争的教育转向以爱心和关怀为价值基础的教育。当然，这种转型不是一朝一夕的事情，肯定会遇到巨大的阻碍。但在绝望中我们还是有希望的理由，因为如今以爱的损害为代价的教育，虽然表面上繁荣昌盛，但内在的危机也已经到了一个临界点。一个明显的证据是，学校对年轻一代的吸引力前所未有地消退，如果没有利诱和强迫，有多少孩子愿意去上学呢？

第十章　教育重构：从一端到中道

一、张力中的教育

自觉的、专门化的教育自诞生之日起，就处在各种力量的制衡之中。各种制衡力量在历史进程中此消彼长，教育形态随之变换。综合起来看，影响甚至决定教育存在形态的力量，不外乎以下这些：

（1）谁来办学？是家庭还是国家？办学主体不同，教育存在形态会迥然有异。在教育史上的很长时间里，教育主要是家庭的义务，送子女上学主要是父母的责任，那时的教育与今天由国家来承办的教育有着天壤之别。（2）为什么而办学？为精神还是为生存？为精神提升的教育是一种形态，为生存技能做准备的教育则是另外一种形态。（3）谁受教育？是少数人有资格接受教育，还是多数人都有资格接受教育？少数人才有资格的教育形态与多数人都有资格的教育形态从旨趣到组织形式都是千差万别的。（4）以什么方式组织教育？以个别的方式，还是以集体的方式？以个体作为教学活动的对象和以集体作为教学活动的对象，这是完全不同的两种组织形式和教育形态。（5）以什么作为教学内容？人文知识，还是科学知识？以人文知识为主导内容的教育是一种精神气质，以科学知识为主导内容的教育则是另一种精神气质。这五个方面，可以说是型塑教育形态的五个着力点。在每个着力点上，有多种力量在发力，但总体来看，在每个着力点上都有两个方向相反的作用力。比如，在办学问题上，一端是家庭（社会可以视为家庭的联合），另一端则是国家；在为什么而办学的问题上，一端是精神，另一端则是生存；在谁有上学资格的问题上，一端是少数人，另一端则是大众；在教育组织形式上，一端是个体，另一端是集体；在教学内容上，一端是人文知识，另一端则是科学知识。纵观教育史，专门化的教育总是在两端之间位移，有时候偏向一端，有时候偏向另一端。粗略地看，古代教育相对偏向于家庭、精神、少数、个体、人文这一端；而现代教育则偏向于国家、生存、大众、群体、科学这一端。按照线性历史观，这就是发展和进步。但人类事物并不总是一直向前式的进步，也有钟摆式的运动。执于一端，有其逻辑和问题；执于另一端，也有其道理和问题。

二、执于一端的古代教育

教育国家化曾经是雅典思想家的一种理想，一种渴望。柏拉图的"理想国"，也是一个"教育国"，渴望教育的国家化："为了使城邦中的所有儿童不受他们亲生父母的影响，统治者把城邦中的儿童从他们亲生父母的身边带走，交由城邦的护国者管理。"① 亚里士多德也力倡教育国家化："既然城邦有着惟一的目的，那么很明显对所有的公民应实施同一种教育。对教育的关心是全邦共同的责任，而不是私人的事情。"② 但理想毕竟不是现实，雅典的教育现实是，教育基本上是由私人主导的，亚里士多德因此抱怨雅典的教育是"各

---

① ［爱尔兰］弗兰克·M. 弗拉纳根：《最伟大的教育家：从苏格拉底到杜威》，卢立涛等译，华东师范大学出版社 2009 年版，第 13 页。
② ［古希腊］亚里士多德：《政治学》，颜一等译，中国人民大学出版社 2003 年版，第 267 页。

人关心各自的子女，各人按自己认可的准则施教"①。一方面，学校是由教师作为私人事业开办的，教师自己决定收取多少费用和教授什么科目；另一方面，儿童上不上学，上什么样的学校，是由家长决定的。城邦对教育的管理只是引导性的，比如规定学校和体育馆的道德原则，上学、放学的时间等。雅典的教育可以分为三个阶段：6—14岁是初等教育阶段，14—18岁是中等教育阶段，而18岁之后则是两年的军事训练。第一阶段和第二阶段完全是自由的，由家庭主导，只有三个阶段是强迫性的，由城邦主导。但由城邦主导强迫性的第三阶段是军事性的，类似于我们今天的服兵役②。

长期以来，很多人都以为斯巴达的教育是"国家化"的，是"公办的"。确实，斯巴达的教育是由城邦统管的，达到年龄的儿童必须离家去上寄宿学校。从教育由城邦统一安排这一点来说，斯巴达的教育是"国家化"的，但"那种假定男孩子上寄宿学校前或上学后都是由城邦出资供养的说法是没有根据的"，"斯巴达父母是要为上学的男孩支付一些费用的。教学不收费，那么费用一定是用于伙食的。因此，在斯巴达上学的男孩都是父母能够为自己及孩子支付公共伙食费用的家庭的孩子"③。教学不收费，是因为在斯巴达没有职业教师这一阶层，教师都是由有名望的公民自愿承担的，他们将这作为服务城邦的一种方式，不存在像雅典那样教师通过收取学费谋生的情况。但伙食费大部分是由家长承担的，不足的部分由孩子一起去偷窃来弥补，因为偷窃在斯巴达那里具有教育价值，侦察、埋伏、盗取等都是军事训练的构成部分。因此，如果从出资的角度来衡量，我们也很难说斯巴达的教育是"公办的"。

---

① ［古希腊］亚里士多德：《政治学》，颜一等译，中国人民大学出版社2003年版，第267页。

② ［英］肯尼思·约翰·弗里曼：《希腊的学校》，朱镜人译，山东教育出版社2009年版，第31—45页。

③ 同上书，第11页。

古罗马教育是雅典教育的继承者，把教育视为私人事务，富裕阶层的儿童几乎是在家庭里接受全部教育。那个时代的思想者和教师代表应该是体会到了私人教育的缺陷，提倡公共教育，只不过，他们所提倡的公共教育是指脱离家庭的公共学校教育，并不是指由国家的公共经费来办理的学校。罗马帝国崩溃之后，如果不是天主教会这种私人团体的支持，脱离家庭的正规学校教育或许早就消失了。从中世纪一直到近代国民教育诞生，这一漫长的历史时期，国家在教育中的踪影难觅，教育几乎都是私人性质的，包括文艺复兴时期创办的以复兴古希腊罗马文化为宗旨的人文主义学校，其费用也是由当时新兴的富裕中产阶级家庭承担的①。如今，通过教育获得生存能力是再自然不过的事情，但在古代，教育与生存根本不搭界，为生存而教育是很奇怪的事情。从根本上说，专门化的教育是人类摆脱了生存压力之后对自身进行探索的活动。没有对生存压力的摆脱，就没有专门化教育的产生。雅典与斯巴达的公民都拥有大量的闲暇时间，他们不必为生计操心，因此，对他们来说，闲暇与教育是一回事，闲暇意味着教育，教育也就等同于闲暇。脱胎于闲暇的教育，从一开始就是排斥生存技能的。亚里士多德说："应该有一种教育，依此教育公民的子女，既不立足于使用也不立足于必须，而是为了自由而高尚的情操。"② 如果说亚里士多德教育城邦化的理想落空了的话，他的"为了自由而高尚的情操"的教育思想则得到了实现。对古希腊人来说，教育就意味着品格与修养的提升及身体、智慧的和谐发展，传授和学习一切旨在赚钱的技术都是庸俗的，不能冠以教育的名义。

在古罗马，学校与教育完全是希腊式的③。中世纪的教育被教会主导，这

① 〔美〕约翰·S. 布鲁巴克著，《教育问题史》，单中惠等译，山东教育出版社 2012 年版，第 544—545 页。

② 〔古希腊〕亚里士多德：《政治学》，颜一等译，中国人民大学出版社 2003 年版，第 271 页。

③ 〔美〕S. E. 佛罗斯特：《西方教育的历史和哲学基础》，吴元训等译，华夏出版社 1987 年版，第 92 页。

一时期的教育有两个主要目标，一个是培养教士，一个是培养骑士。对教士来说，此生都不是关注点，更不用说生存技能了；对骑士来说，勇气、牺牲精神和绅士风范是第一位的，生存技能根本不在考虑之列①。富尔曼把 17 世纪晚期到 20 世纪早期这一历史时期称为"公民时代"。"公民时代"形成了自己的"教育典范"，即"教育一词作为不含丝毫物质性的、纯净的传统习俗的总称""一个受过教育的人""是一个不用双手劳作的人""一个通过教育培养和课程使其天性发展成纯净完美，展示人性和精神品质的独特个体"②。这种完全排斥生存的"教育典范"影响深远，为很多思想家所津津乐道。比如，尼采就曾说过："为了生存，为了进行他的生存斗争，人必须多多学习；可是，他作为个体为这个目的所学、所做的一切仍与教育毫不相干。相反，唯有在一个超越于这个窘迫、必须、生存斗争世界的大气层里，教育才开始。"③

古代教育之所以能够超越生存，根本的原因在于接受教育者是少数人，他们不用为生存这类"低下"的事情烦心劳神，他们的生活所需是由那些没有资格接受教育的人供给的。雅典和斯巴达的教育虽然有一定的民主性，但并非人人都有受教育资格，公民身份和一定量的财产是受教育的前提。在 20 世纪初世界各国国民教育体系确立之前，教育基本上都是少数人的特权。"在中世纪，公共教育机构是为第一等级（僧侣）而设的；其主要的教育理想是属于僧侣的。在文艺复兴和宗教改革时期，第二等级（贵族）和第三等级（中产）也开始参加教育运动……自启蒙运动和新人文主义获得胜利以来，直到十八世纪末，中产阶级在都市中取得了领导地位。在十八世纪教育中占

---

① ［美］约翰·S. 布鲁巴克：《教育问题史》，单中惠等译，山东教育出版社 2012 年版，第 7 页。

② ［德］曼弗雷德·富尔曼：《公民时代的欧洲教育典范》，任革译，人民出版社 2013 年版，第 17—20 页。

③ ［德］弗里德里希·尼采：《论我们教育机构的未来》，周国平译，译林出版社 2012 年版，第 66 页。

统治地位的，遂是中产阶级所决定的教育理想，即古希腊人文主义的理想。"①普通大众获得受教育权利，那是非常晚近的事情。至于穷人，受生计所迫，生存都是问题，哪里还有余力去接受教育！

与教育私人化、精神化、精英化相联系的是古代教育组织形式的个体化。古希腊的教育是如何组织的，目前还缺乏明确的文献。但从已有的资料，比如弗里曼在《希腊的学校》中所引用的古希腊出土文物上所描绘的学校上课图景来看，学生学习语言、艺术等内容时，都是个别进行的。在夸美纽斯之前，大规模教育在教育史上都不是普遍现象，一方面，受教育的只是少数人，没有以群体作为教育对象的需要；另一方面，作为精神化的教育，从内在精神上也要求教育组织形式的个别化。教育以人的精神成长为旨归，就必须尊重每个学生，激发每个学生内在的精神力量。以群体作为教育对象，是很难实现这一点的。因材施教作为一种教育思想，产生于古代教育，古代教育是因材施教的存在土壤，个别化教育是古代教育的常态，甚至连不被尼采视为教育的生存技能学习也是以学徒制这样个别化的方式来施行的。但在大规模教育已经常态化的今天，已经没有因材施教的土壤了。

正如涂尔干所说，"有两种也只有两种主要的事物类型，可能成为思维的对象：一是人事的现象，一是自然的现象；一是心智的世界，一是物质的世界"②。教育内容可以在这两个世界里进行选择，显然，古代教育选择了"人事"，选择了"心智的世界"。斯巴达的教育内容几乎全是体育，但体育背后是品格教育，即培养城邦所需要的勇敢、纪律、顽强等品格。文学、音乐和竞技运动是雅典学校的基本教育内容，选择这些内容的着眼点在于培养儿童的品格、鉴赏力以及身心的和谐。体育也承担着磨砺品质的任务，"古希腊人

---

① ［德］F. 鲍尔生：《德育教育史》，滕大春译，人民教育出版社 1986 年版，第 194 页。

② ［法］爱弥尔·涂尔干：《教育思想的演进》，李康译，上海人民出版社 2003 年版，第 449 页。

坚信，体育锻炼能够增强人们的决心和意志力量。因此，他们当中多数人也认为，体格健美或许是道德美的重要标志之一"①。古罗马人继承了古希腊的课程，以文法、修辞、逻辑这所谓"三艺"作为教育的主要内容，甚至为了更好地学习希腊文化、打开希腊文化宝库，他们在课程中加入了古希腊语言课程。中世纪基督教学校的课程以宗教和道德学习为主，但"三艺"依然有其影响。到了宗教改革和文艺复兴时期，以古典"三艺"为基础的人文学科再次成为学校教育的核心内容。不难看出，古代教育这种内容选择，以认识人自身、认识人的世界为旨归。

毋庸讳言，古代教育历史周期很长，在不同时代差异很大，并不全是居于家庭、精神、少数、个体、人文这一端。但从总体特征上看，这种粗略化的概括基本符合历史事实。而且，我们所要研究的不是具体的历史细节，而是站在历史的高度去审视教育发展的得失成败。

显然，古代教育并不是理想的教育形态，其最大问题在于等级性和不平等性。古代教育基本上是私人性质的，由家庭来主导和承担，但不是所有的家庭都有能力为子女的教育提供条件，结果是只有一小部分人才能够接受教育，受教育成了少数人的特权。这种特权的享有以排斥另一部分人的受教育权作为前提条件，即少数人及其子女之所以能够不用操心生存问题，安心享受教育过程，依赖于另一部分人通过劳动所提供的物质保障。如果另外一部分人的子女也能享受教育，那么，特权及特权存在的根基都会动摇。因此，享有特权与对另外一部分人受教育权的排斥是一体两面的。享受教育特权不仅是特定阶层的一种生活方式，也是他们保持、重新获取上层地位的手段。无论是古代中国，还是现代以前的欧洲，受过教育既是上层社会成员的标志，也是保持、进入上层社会的条件。正是在这个意义上，批评者认为古代教育基本上是一种"地位教育"："专门教育是统治阶级的一种生活样式，正像其

---

① ［美］约翰·S.布鲁巴克：《教育问题史》，单中惠等译，山东教育出版社 2012 年版，第 262 页。

他形式的社会财富一样，为统治阶级所占有，特定的教养成为区别于其他社会阶层的标志。"①

古代教育的等级性和不平等性不单是一个历史事实。诸多哲人都在为这种等级性寻找、提供理论依据，使其合理化，视其为理所当然之事。柏拉图所主张的公正就是"各安其位"（既包括社会上不同的人各安其位，也包括灵魂内部不同部分各安其位），在他那里，人天生是不同的，为不同的人提供不同的教育才是公正的。为了让人接受对人三分（统治者、护国者、劳动者）以接受不同教育的思想，柏拉图甚至不惜人为制造"金命""银命"和"铜铁命"这样"善意的谎言"。洛克（John Locke）也是如此，他"关注的教育问题是特殊阶层成员的教育——是针对那些将来会成为土地所有者、政治家、神职人员、管理者和官员之人的英国绅士教育"②，他甚至提出让穷苦儿童接受从出生到23岁按契约约束的奴役。作为第一个认真对待童年的人，卢梭的"爱弥儿们"显然不包括出身社会底层的孩童，他甚至直接说，"穷人家的孩子是不需要接受教育的"。康德关于人是目的的思想为现代人权思想奠定了理论基础，但他也认为学校"这种教育机构可能不会很多，能在其中就学的学童也不会太多，因为它们费用昂贵，而且单是建立这样一所学校就要花很多钱……也因为如此，除了富家子弟外，其他孩子很难进入这种学校就读"③。在康德那里，公共学校是对家庭教育的完善，以良好的家庭私人教育为前提，穷人家庭父母本身未接受过良好的教育，又不能为儿女提供良好的私人教育，因此接受这种以完善为特征的公共教育不但不具备条件，也是一种浪费。尼采甚至将教育的普及化当作毁坏教育的罪魁祸首，"最大可能的普及教育使教

---

① 刘精明：《国家、社会阶层与教育》，中国人民大学出版社 2005 年版，第 81—82 页。

② ［爱尔兰］弗兰克·M. 弗拉纳根：《最伟大的教育家：从苏格拉底到杜威》，卢立涛等译，华东师范大学出版社 2009 年版，第 79 页。

③ ［德］伊曼努尔·康德：《论教育学》，赵鹏、何兆武译，上海人民出版社 2005 年版，第 12 页。

育大为贬值，以至于它不但不能给人以特权，甚至不能使人受到尊敬。最广泛的普及教育恰恰就是野蛮"①。尼采理解的教育是一种天才的教育，衡量一国教育水平的标准不是教育的平均水准，而是是否造就了英雄或超人。因此，教育不可能是为多数人的，而只能是为少数人的，而且这少数人也不是教育的目的，他们只是天才成长的环境与陪伴者。

古代教育存在着实践与理论上的等级性，这是古代教育最大的问题。如果说这是古代教育的阴暗面的话，那么致力于人的精神提升，追求人的卓越性和高贵性则是其闪光面。首先，古代教育始终致力于人的精神提升。古代教育是在生存之外的存在，是完全超越生存的教育形态，只集中精力于人的精神成长。古典时期，哲学与教育不是没有被宇宙和世界所魅惑过，苏格拉底勇敢而智慧地带领雅典人走出了迷雾，将哲学与教育重新定位于"人应该如何生活"这一主题上。受苏格拉底的引领，古代教育的主题始终是"人事""人的世界"。用涂尔干的话说，"让学生反思性地思考人事"② 是人文教育的巨大贡献。正是在这个意义上，欧克肖特认为教育只有两个主题，一个是"人的世界之特性"，另一个是理解、建构这个世界的方式、方法。"人的世界"，不是物理的世界，而是意义和价值的世界，是由人对自身的理解、对世界的信念所构成的。③ 人来自于自然界，当然有与动物一样的本能性需要，但这不是人之特性，人的世界从本质上讲是动物所没有的精神的世界。因此，教育的主题是人的世界，实际上就是人的精神世界。这也是为什么古代教育那么关注人心、关注人的灵魂、关注道德的原因，因为这些本身就是古代教育的使命。"对古希腊人来说，教育有着重大的意义。他们生存的目的就是发

---

① ［德］弗里德里希·尼采：《论我们教育机构的未来》，周国平译，译林出版社2012年版，第26页。

② ［法］爱弥尔·涂尔干：《教育思想的演进》，李康译，上海人民出版社2003年版，第449页。

③ ［英］迈克尔·欧克肖特：《人文学习之声》，孙磊译，上海译文出版社2012年版，第65—66页。

展成为一种更高尚的人，他们相信，教育对于达到这一目的有着极为重要的作用"①。这一古典教育传统，历经千年而不衰，化身为古代教育的灵魂。

古代教育念兹在兹的是"认识你自己"，而这恰是人文教育的精髓。人文教育只是现代人的词语，古人是不用这个词语的，古人认为教育就是人文教育，他们无法理解还有与人文教育相区别的另外的教育形态。认识人自身，首先就要回到人的内在心灵，因此，教育也就是一个心灵修炼的历程。在教育史上，人文教育作为心灵修炼的活动，往往采取学习经典的方式。为了能够阅读人文经典，学习语言，主要是学习古希腊文和拉丁文，在古代西方教育中长期占据重要地位，一代又一代人需要花费大量的时间与精力去学习语言。这里面的逻辑是，一方面，"认识你自己"不限于实然的个人状况，更在于体会人性的可能高度；另一方面，"认识你自己"不限于对个体自我的体认，更重要的是对人性本质的体悟。在学习经典的过程中，年轻一代可以体会伟大心灵的高度与高贵，体会作为一个人所能过的可能生活。正是在接触这些伟大心灵所留下的作品的过程中，学习者超越了个人生活境况所施加的限制和偏见。另外，对人性的把握，对意义的追求，永远都是一个过程，没有人能够提供现成的答案。学习经典，就意味着从那些世世代代已经在学习如何做人、如何把握人性的人身上去反思和学习。人文教育崇尚经典，因为经典犹如一个阶梯，依靠这个阶梯，学习者努力向上，去触摸自身所能达到的人生高度与人性高贵。

教育始终有两个基本的要素，一个是教，一个是学。不同的教和学的关系下，教育形态也迥然相异。如果说现代教育是"以教为中心"的话，那么古代教育则是"以学为中心"；如果说现代学校其实不是学校，而是"教构"（教的机构），那么古代学校则是真正意义上的"学校"（学习的地方）。相信成长的内在力量，相信学习是人的特性，人不是生来就成为人的，而是通过

①　［英］伊丽莎白·劳伦斯：《现代教育的起源与发展》，纪晓琳译，北京语言学院出版，1992年版，第13页。

学习而成为人的，这是贯穿教育史的一个基本信念。柏拉图认为单纯的教学不是教育，因为这种教学是来自外部的说教，真正的教育是将学生身上已有的潜能引导出来的过程。在教与学的关系上，古代教育基本上遵循这一原则：教是辅，学是主，教是为了学。这一思想体现的是对学的尊重、对教的克制。古代教育所秉持的这一信念，与古代教育的精神性血脉相连。试想，如果教压制了学，以教师的教控制学生的学，教育从基本精神上就变成了控制，哪里还谈得上精神提升？古代教育的这一基本信念，也从教育形态和组织形式上得到了保证。从办学形态上看，古代教育基本上是私人性质的，学生及其家长才是学校的"拥有者"，教师只是被"雇"来为学生服务的，这从办学体制上保证了学的中心地位。从教育的组织形式看，古代教育的个别化形式，也是学是主、教是辅这一信念的落实与保证。

三、执于另一端的现代教育

19 世纪早期，欧洲各国国民教育体系初步形成。"国民教育体系成了教育发展史上的一个分水岭。它标志着大众教育时代的到来和扫盲事业的发展，同时也成了'国家办学'的源头——这一体系逐渐在 20 世纪各个现代国家教育发展中取得主导地位"[①]。自此，柏拉图等先哲所渴求的教育国家化在人类发展史上第一次真正实现了。虽然在英国、美国等国家中，私立教育依然有顽强的生命力，但从世界范围内看，教育已经基本上演变成由国家主导、控制的学校教育，教育基本上等同于学校教育。教育国家化，不仅意味着教育是以国家的名义举办的，教育即国民教育，还意味着教育由国家出资，国家成了教育的投资人，教育目标的设定、内容的选择等都必须体现国家的意志，学校自身也被纳入国家管理体制之中，成为国家制度的一部分。千百年来，教育基本上一直是家长的权力和责任，如今"对学校教育机构及其办学活动

---

① ［英］安迪·格林：《教育与国家形成：英、法、美教育体系起源之比较》，王春华等译，教育科学出版社 2004 年版，第 7 页。

的组织与调控就是现代国家的一项基本的权力和责任，并成为国家公共事务的一个重要组成部分"①。

与古代教育处在生存之外不同，现代教育就是为了生存的。作为谋生手段的教育，其现实形态就是"为了就业的教育"（education for employment）、"为了工作的学校"（school to work）（阿普尔语）。如今的教育虽然还有"浓妆艳抹"的一面，但如果洗尽铅华，我们看到的只能是在为"干一份活儿"做准备的粗糙面孔。我们身处一个矛盾的时代，一方面科技发达、物质丰富，另一方面又到处充满了不确定性，似乎每个人都有生存之虞。"年轻人微不足道的个人志趣——'成功'，也就是说，给自己找个落脚的地方——贯穿了他的一生"②。接受教育，只不过是"给自己找个更好的落脚的地方"的一种方式。在我们这个时代，对个体来说，上学、接受教育不是为了其他什么目的，而是为了谋生，"任何超越个体的教育目的，哪怕是有法律效力的教育目的，也要拿到个体理性的法庭上接受审判。不过，这些个体理性是有限的，并为自我利益所主导"③。

教育不仅是个体获得生存技能的条件，还是国家生存的工具。现代教育脱胎于资本主义经济需要，一开始就是为资本主义的经济发展服务的，"在当时，一群企业巨头认识到，公共教育培养和驯化的作用会给他们带来巨大的财富"④。在资本主义的发展过程中，教育的贡献无可置疑，尝到甜头的现代国家，对教育的经济回报期待越来越高。在全球化时代，各国之间的经济竞

---

① 劳凯声：《公立学校200年：问题与变革》，《北京大学教育评论》2009年第4期，第78—105页。

② ［美］艾伦·布卢姆：《美国精神的封闭》，战旭英译，译林出版社2007年版，第41页。

③ ［德］沃夫冈·布雷钦卡：《信仰、道德和教育：规范哲学的考察》，彭正梅、张坤译，华东师范大学出版社2008年版，第17—18页。

④ ［美］约翰·泰勒·盖托：《上学真的有用吗?》，汪小英译，生活·读书·新知三联书店，2010年，第8页。

争如此激烈，政府花在教育上的每一分钱"都应该听出响儿来"，都应该有助于在竞争中获胜。现代国家在办教育的时候，往往将这一功利目的隐藏起来，隐藏在一些冠冕堂皇的目的之后，但只要稍加留意，我们就可以发现这一被掩盖起来的真正目的。正如诺丁斯所言，美国教育目的的公开表述总在变换，但其潜在的目的一直是保持美国在经济上的强大和给每个孩子以经济上成功的机会①。在教育史上，现代教育第一次实现了教育大众化，教育由过去时代少数人才能享受的特权变成了一项人人都能享有的基本人权。随着义务教育的产生、发展与深入，接受教育不仅是一项基本权利，还是一项基本义务，也就是说，无论家长和儿童愿意与否，儿童都必须去上学，上学变成了一项强制性的义务。随着教育大众化进一步深入，在很多现代国家，不仅基础教育已经普及，高等教育也进一步大众化，有机会接受高等教育的年轻人越来越多，在同龄人口中的比例也越来越高。

与教育大众化紧密相连的是教育的大规模化。一方面是人口激增，另一方面是人人都有权利和义务接受教育，现代教育所要面对的教育对象规模前所未有。如果还沿用过去时代小规模、个别化的教育组织形式，显然是无法完成教育任务的。现代教育由此呈现出另外一个特征：大规模化、体系化和集体化。巨型学校、巨型大学在全世界范围内普遍存在。学校也开始分门别类、上下衔接，形成了一个阶梯性的完整体系。更突出的是，教育已经不再像过去时代面对每一个学生，而是面对一个群体，教育活动所要通达的对象由过去的个体变成了如今的同龄群体。

自从 19 世纪中期斯宾塞以"什么知识最有价值？"（What knowledge is most worth？）的疑问来挑战人文知识的地位以来，人文学科在学校教育中的地位一落千丈，成为一次又一次被删减的对象，而科学知识则越来越重要，逐步占据了压倒性的优势地位。虽然人文知识在学校教育中尚有遗存，还没

---

① ［美］内尔·诺丁斯：《幸福与教育》，龙宝新译，教育科学出版社 2010 年版，第 77 页。

有彻底灭绝，那也只不过是苟延残喘。而且，这仅存的人文知识遗迹，其实也是被科学知识改造过的，是按科学范式重新组合过的人文知识而已。如果说，古代教育以人文知识为载体去帮助人认识人自身的话，那么现代教育则专注于以科学知识为工具来帮助人认识外在世界。这样的内容取向既是历史事实，也是逻辑结果。现代教育是国家化的，国家投入教育的一个突出的目的在于增强国力，什么内容最有利于增强国力呢？显然是科学知识内容。个人接受教育不是为了精神提升，而是为了获得生存技能，科学知识是最能提高生存竞争能力的知识。科学知识是与个人生活体验基本无关的外在客观知识，与大规模、以集体为教育对象的教育组织形式正好匹配，二者也是相辅相成的关系。

现代教育显然也不是理想的教育形态，同样是既有光鲜的一面，也有阴暗的一面。

现代教育最闪光的地方是大众化。得益于教育的国家化，世界各国基本上都建立起了国民教育体系，甚至实现了强制性的义务教育。作为一国国民，无论来自哪里，无论出身于何种家庭，都能接受一定程度的教育。教育（至少是一定程度的教育）再也不是少数人的特权，而是每一个人的基本权利。这是非常了不起的成就，生活在现代社会中的人往往把这视为理所当然的事情，体会不到教育大众化的伟大。但只要我们想想，多少个世纪以来，正规学校教育都只是对很少一部分人开放，书籍非常稀少而昂贵，普通人终其一生都无法阅读，而在今天，"我们大多数人都经历过一个正规的教育过程，而由学校或大学所提供的与正规教育相联系的文字印刷品和电子通信，已经成为我们生活中必不可少的东西"①，我们就能感受到教育大众化的丰功伟绩。

大众化是现代教育最突出的成就。这一成就的取得，是现代教育形态转换的结果。如前所论，教育国家化为教育的大众化奠定了政治基础。在现代

---

① ［英］安东尼·吉登斯：《社会学》（第4版），赵旭东等译，北京大学出版社2003年版，第467页。

国家接管教育之前，在很长的历史时期里，教育都是由教会主导的。让每一个教徒都能读懂经书，曾经是教会办教育的一个动机，可以说教会为现代教育的大众化与普及化作出了先行探索。但即使在一国之内，都不太可能出现所有国民都信奉一种宗教或属于一个教派的情况，总有一部分人被排斥在外。只有国家，才是一国国民的最大公约数，才能让教育之光普照到每一个国民头上。"大众教育并非单纯因大众需求或市场规律自发地产生。在很大程度上，大众教育是由国家自上而下地组织开展的"[①]。也就是说，教育国家化不仅提供了教育大众化的静态政治条件，教育大众化本身也是现代国家动态政治行动与努力的结果。此外，教育的正规化、集体化也为教育的大众化提供了教育保证。教育正规化，不仅提高了学校容纳学生的容量，也提高了教育的效率。教育的集体化，使教育的效率空前提高，克服了教育史上一直无法解决的"一个教师同时教一群学生"的困难，使教育大众化从可能成为现实。

现代教育的另一项成就是对科学事业的推动。首先，与古代教育不同，现代教育将关注点由"人事"转向自然，由人文探问转向科学知识学习。我们甚至可以说，现代教育的全部注意力都在对自然世界的认识与把握上，科学知识在学校教育中大行其道并逐步获得了支配性地位。现代教育的科学化是全方位的，不但教育目的是科学定向的，教育内容是科学为主的，教学方法及其组织形式也是科学化的。如果说古代教育是人文伦理事务（在特定时期里是宗教事务）的话，那么现代教育就是科学事务。以探索高深学问为己任的大学，教育与科学是二而一的，在这个意义上，大学教育就是科学研究。循此视角，为高等教育输送学生的基础教育就是科学事业的准备阶段。其次，科学定向的现代教育，极大地推动了科学事业的发展与进步，一方面，现代教育为现代科学扫清了思想与情感障碍，使现代民众从宗教迷信的束缚中解放出来，直至逐步变成现代科学的"信徒"；另一方面，通过提高民众的科学

---

① ［英］安迪·格林：《教育与国家形成：英、法、美教育体系起源之比较》，王春华等译，教育科学出版社 2004 年版，第 336 页。

素养，既为现代科学的普及与推广，也为科学人才辈出奠定了基础。而且，教育本身就是科学事业的构成部分，教育的高级阶段就是科学事业本身。可以说，没有现代教育助力，现代科技是不可能取得如今的成就的，没有现代教育的支撑，现代科技是不可想象的。

执于一端的现代教育，成就不容易质疑，但代价甚至是罪恶也是不容回避的。正如弗拉纳根让所有现代人尤其是教育从业者都会感到芒刺在背的冷静陈述："20世纪的前半段，人类历史上受教育程度最高的一批人参与了对欧洲的践踏以及对欧洲人的杀戮。"① （何止欧洲，亚洲不也是如此吗?）一位纳粹集中营幸存下来的校长是这样揭露现代教育之罪恶的：

> 在新学期的第一天，他给所有教师都发了一封信：
> 亲爱的老师：
>
> 我是集中营的幸存者。我亲眼目睹了作为人永远都不应目睹的事实：毒气室由优秀的工程师建造，孩子被受过良好教育的科学家毒死，婴儿被训练有素的护士杀害，妇孺被高中和大学毕业生射杀、焚烧。因此，我对教育相当怀疑。请求你们：帮助你的学生成为人。你的努力一定不能造就有学识的怪物、有技术的变态者、有教养的艾希曼。阅读、写作、数学只有在它们服务于增强孩子的人性时，才是重要的。②

现代教育是人类历史上第一次真正大众化的教育，受教育的人口比例前所未有。但也正是在这种情况下，人类历史上规模空前的大屠杀真实地发生

---

① ［爱尔兰］弗兰克·M. 弗拉纳根：《最伟大的教育家：从苏格拉底到杜威》，卢立涛等译，华东师范大学出版社2009年版，第200页。

② H. Svi Shapiro, *Losing Heart：The Moral and Spiritual Miseducation of America's Children*，Taylor and Francis e-Library，Lawrence Erlbaum Associates，Inc.，Mahwah，New Jersey，2008，p. 66.

了。显然，这种巨恶不能简单地只归因于教育，但要说与现代教育毫无关联，那也是自欺欺人。正如这位校长所言，现代教育在诸如知识、技术教育等方面的成就毫无疑义，但在"帮助学生成为人"这一方面存在着重大缺陷，丢失了古代教育所珍视的很多传统与珍宝。

首先，教育的国家化导致教育的工具化，教育在很大程度上失去了独立性、独特性。教育国家化曾经是可望而不可即的一种教育理想，但先哲们忽略或不曾料到的是，国家与父母不同，作为教育承担者的父母是具体的人，而国家则是一个统治机器。作为新教育的承担者，国家有不同于父母的"教育使命"。我们总是不假思索地将现代国民教育或公立教育的确立与社会进步、社会及教育的民主化联系起来，有意无意地忽略了教育史上一个简单的事实：国民教育体系首先是在专制、集权国家建立起来的。格林（Andy Green）在对教育史的考察中发现，发展国民教育符合专制政府的利益；中等教育能够为国家机器提供训练有素的职员；技术与职业教育既能够为战争提供精干的士兵，又能够为机器生产和公共事务提供工程人员；小学教育能够加强国家意识，为皇家部队准备学员。"由此可见，一个普及的、由国家控制的、由各层机构管理的国民教育体系的建立，是专制国家统治时期的典型产物"①。19 世纪的法国成功地建立了一套高度中央集权、高度国家化的国民教育体系，它反复向年轻人灌输法兰西道德、思想和传统，把他们培养成忠诚的臣民。德国在稍晚一点也建立了类似的国民教育体系，目的也是培养能干、驯服、忠诚、甘愿为国家奉献一切的臣民②。大屠杀的发生，已经证明了专制国家对教育的改造是多么"成功"！

正如欧克肖特所说，现代国家对"真正的教育"（人文教育）没有兴趣，

---

① ［英］安迪·格林：《教育与国家形成：英、法、美教育体系起源之比较》，王春华等译，教育科学出版社 2004 年版，第 125－126 页。

② ［美］S. E. 佛罗斯特：《西方教育的历史和哲学基础》，吴元训等译，华夏出版社 1987 年版，第 398－401 页。

他们之所以愿意投入经费创办学校，真正的目的在于塑造易于统治的大众①。教育国家化使教育有了历史上未曾有过的实力强大的可靠、稳定的"投资者"，但教育也因此被"投资者"所左右，变成了"投资者"实现自身目的的工具，失去了自身的独立性和独特性。鲍尔生（F. Pauls-en）看得很清楚：政府控制教育常常产生一种附带的现象，即本来应该是精神与文化为特征的教育机构，很快就会变成与政府机构雷同的强制性机构，"这种作用是从政府的性质产生的，因为政府基本上就是司法组织和军事组织，因此，在各项社会生活部门中，严格而统一的法令必然占至高无上的地位，而在其背后总是有强制性"②。也就是说，由国家投入、控制的教育，有一个无法逃脱的宿命，即成为国家机器的一部分，成为与政府部门并无本质差异的官僚机构。基于此，我们能说尼采关于"教育由于从属于国家而堕落了"③ 的言论真的是疯人疯语吗？

教育的生存化导致教育的精神性消逝。几千年来，教育基本上都是在生存之外，因为只有在远离生存窘迫的地方，教育才能真正开始。但现代教育走向了完全不同的方向，其存在本身就是为了生存的。虽然我们不能简单地说生存之外的教育就优于生存之内的教育，但我们一定可以说一个几乎不顾精神性、道德性的教育显然是有问题的。人是有限的物质性存在，受必然性的支配，为解决必然性问题而学习、而接受教育当然有其自然正当性。但人又是精神性存在，这是人更为根本的特异性，为解决人的精神性问题而学习、而接受教育更有其自然正当性。现代教育的问题在于，"在这里，任何一种教育，倘若会使人孤独，倘若其目标超越于金钱和收益，倘若耗时太多，便是

---

① ［英］迈克尔·欧克肖特：《人文学习之声》，孙磊译，上海译文出版社 2012 年版，第 97 页。

② ［德］F. 鲍尔生：《德育教育史》，滕大春译，人民教育出版社 1986 年版，第 191 页。

③ ［英］乔伊·帕尔默：《教育究竟是什么？100 位思想家论教育》，任钟印译，北京大学出版社 2008 年版，第 201 页。

可恨的，人们通常拒斥这些不同的教育趋向"，要求一种相反的教育，"即一种速成的教育，以求能够快速成为一个挣钱的生物，以及一种所谓的深造教育，以求能够成为一个挣许多钱的生物。一个人所允许具有的文化仅限于赚钱的需要，而所要求于他的也只有这么多"①。也许尼采的这些话过于偏激，但生活在现代社会、经受过现代教育历练的人，哪个能理直气壮地说这些话全非事实呢？教育精神性的消逝，其后果我们都能体会到。现代人的物质享受前所未有，但现代人的空虚、无聊、无意义感也是前所未有的，这些"现代病"是现代人挥之不去的噩梦。

现代教育是大众化教育。我们总是将教育的大众化与教育的民主化等同。不可否认，教育的大众化有客观的民主化效果，但二者差别巨大。国民教育体系作为教育大众化形式肇始于现代专制国家，其目的不是让每个接受教育的人获得民主意识和能力，而是成为服从且有生产能力的臣民。正是因为总是将大众化与民主化相混淆，我们忽略了大众化教育、大规模教育的另一种不可避免的后果：教育与人的平庸化。大规模教育"只会把每个人降低到同一平庸的水平，培养和训练出一群整齐划一的民众，消除异见和创造性"②。门肯的论断有简单化的嫌疑，即直接将教育的平庸化与教育的规模联系起来。但也不可否认，教育的规模与教育和人的平庸化有切不断的联系。比如，大规模教育导致学习者由过去的精神与德性的探索者降格为知识的被动接受者，为教育与人的平庸化奠定了基调。这是问题的一个方面，问题的另外一个方面则是大规模教育所要追求的是什么。如前所论，大规模教育追求的，在国家的层面上是符合统治需要的臣民，在个人层面上则是生存技能，这是现代教育骨子里的平庸。"庸人"（philistine）就是"欠缺人文文化的人，一个只

---

① ［德］弗里德里希·尼采：《论我们教育机构的未来》，周国平译，译林出版社2012年版，第25页。

② ［美］约翰·泰勒·盖托：《上学真的有用吗?》，汪小英译，生活·读书·新知三联书店2010年版，序言第5页。

对物质和日常生活感兴趣的人"①。用这一定义来衡量现代教育，谁能否定现代学校不是生产这种"庸人"的工厂呢？如果说古代教育以有资格接受教育的人通过教育过程可以变得更为高贵为预设的话，现代教育则以人人都有改善物质状况的欲望为前提。正如施特劳斯（Le. Strauss）所言，现代教育"只生产没有精神或远见的专家和没有心肝的纵欲者"②。不仅如此，现代教育由于痴迷于生存，几乎放弃了道德要求，而这也是平庸的表征之一，因为高贵还在于不断向自身提出更高的道德要求，铭记并践行自己的使命。

教育的集体化则导致教与学的彻底颠倒。现代学校已空有"学"之名，不再是"学之校"而是"教之机构"。伊利奇关于现代学校是基于"学是教之结果"③ 与杜威所说现代学校"唯一的教育活动就是'学生听老师讲课'"④都是对这一问题的洞察。古代教育之所以是个别化、小规模的，一方面是由于社会条件的限制，但另一方面则与对人和教育的理解密切相关。古希腊教育的一个基本教育思想是，"唤醒学生的潜在力，促使学生从内部产生一种自动的力量，而不是从外部施加压力"⑤，对教的克制与对学的尊重共同构成了古代教育的精神与道德品质。现代教育对教之力量的自信与古代教育对教之力量的有限性的体认对比鲜明。教与学易位，教成了核心，学则遭到了贬低，学不再是过去的自我探求，变成了仅仅是接受教师所灌输的内容。

---

① ［英］弗兰克·富里迪：《知识分子都到哪里去了》，戴从容译，江苏人民出版社2005年版，第1页。

② ［美］列奥·施特劳斯：《什么是自由教育》，载刘小枫、陈少明主编，《古典传统与自由教育》，华夏出版社2005年版，第5页。

③ ［美］伊万·伊利奇：《非学校化社会》，吴康宁译，台北桂冠图书股份有限公司1992年版，第61页。

④ ［爱尔兰］弗兰克·M. 弗拉纳根：《最伟大的教育家：从苏格拉底到杜威》，卢立涛等译，华东师范大学出版社2009年版，第133页。

⑤ ［美］列奥·施特劳斯：《什么是自由教育》，载刘小枫、陈少明主编，《古典传统与自由教育》，华夏出版社2005年版，第5页。

四、教育的预言式存在

对古今教育的评价，存在着两种极端倾向：一种是基于现代教育诞生于对古代教育的否定，视古代教育为落后、腐朽的存在，认为古代教育是光辉灿烂的现代教育的反面；一种是将古代教育视为理想的教育形态，现代教育不但丢失了人类教育的全部珍宝，空有教育之名，而无教育之实，是真正教育的"山寨版"（比如，欧克肖特就认为现代教育是用"社会化"替代了真正的教育，教育变成了融入当前社会的工具，上学就意味着掌握当前社会的生存技能①）。这两种极端的评价显然都不符合事实。古今教育各执一端，都不是理想的教育形态，都是优劣兼具的教育存在。如果现代教育固执于一端，在国家化、生存化、集体化、科学化的轨道上高速运行，不反思自身已经丢失的珍宝，离年轻一代"成为人"的使命越来越远，甚至背道而驰，就可能重蹈大屠杀那样的覆辙，正如杜威所说的，"具有世界上的一切知识而迷了路，在教育里就像在宗教里一样是可怕的命运"②。即便如此，现代教育的未来方向也不是回到古代教育。一方面，历史没有回头路，我们也无法回到过去；另一方面，古代教育也有自身的问题，作为理性的存在，人类不可能有意识地去重复过去的错误，试想，有谁愿意回到只有少数人才能享受教育的高度等级化的状态呢？

出路在哪里？如果要给教育一个预言式的未来的话，我认为既不是重回古代教育的那一端，也不是执于现代教育的这一端，而是居于两端之间，居于中道。

首先是让教育居于国家与家庭之间，保持相对的独立性。如前所论，教

---

① ［英］迈克尔·欧克肖特：《人文学习之声》，孙磊译，上海译文出版社 2012 年版，第 87 页。

② ［美］杜威：《学校与社会·明日之学校》，赵祥麟等译，人民教育出版社 1994 年版，第 119 页。

育完全私人化、家庭化，由家庭来主导教育，一个不可避免的后果就是教育的等级化；教育完全国家化，由国家来主办、主导教育，一个不可避免的后果则是教育的工具化。在这两种情况下，教育本身都不是自主的，要么被家庭所支配，要么被国家所控制。显然，有第三条道路可走，那就是置教育于国家和家庭之间，成为一个独立、自主的体系，既与家庭、国家保持联系，又不依赖、受制于任何一方面。在国家牢牢控制教育的今天，这条道路看上去有点虚无缥缈，几乎没有实现的可能性。即便如此，也并不是毫无意义。在教育发展的过程中，现实和惯性有时候会把我们的思考和行动限制在一个既有的框架内，使我们无法跳出给我们划定界限的黑屋，这时候我们更需要来自"黑屋之外的思考"。这就是"预言式思维"，即将种种现实限制都悬置起来，纯粹只靠逻辑、理性来寻找一种新的可能。居于国家与家庭之间的教育，就是这种新的可能。

这种来自理性思考和逻辑推理的教育并非完全没有现实可能性。教育与政治之间一直存在一种紧张和冲突，因为从一般意义上来讲，政治倾向于秩序，而教育（哲学）则倾向于打破所有限制，倾向于突破和创新。雅典的统治者感受到了来自教育（哲学）的威胁，通过审判处死了不朽之师苏格拉底。但暴力终究不是处理二者关系的良善之道，经过漫长的摸索，政治与大学找到了和平共处之道。大学诞生于中世纪，在很大程度上是政治给（也是大学争取的结果）大学划出一块独立的领地，让大学在培养人和研究学问这些主业上享有自主、自治，作为回报，大学远离政治，不干预对具体政治的运作。这一和平相处之道对大学来说益处显而易见：大学既获得了一定程度的经济支持，又能在人才培养、学术研究上独立自主。虽然失去了对大学的控制权，但政治和国家也不是全无所得：一方面，缓解了因为压制大学所带来的紧张，消除了打压大学的恶名，解除了来自大学的威胁；另一方面，从长远看，政治毕竟也是人类的一种理性活动，也是为了造福于人，包容大学的创造性，也是政治的内在要求，更重要的是，政治可以坐享自主的大学在人才培养和学术探究方面所取得的成就。可惜的是，这种和平相处之道已是历史陈迹，如今的大学也已重新被政治、国家所控制，成了国家利器。即使如此，这种短暂的美好还是意义非凡，它启示我们，国家是可以在不控制教育的情况下与包括大学在内的整个教育和平共处的。我们可以设想这样的国家与教育关系：国家依法对教育进行投入，并为教育设立一个最低标准，至于教育的具体运作，则是教育专业自己的事情。

在现代教育的运行过程中，家庭已被边缘化，失去了曾经的主导权和话语权。现代家庭所能做的，是遵照现代国家为教育所设定的既定的工具性角色，使自己的子女成为更为有用的工具以获得国家的肯定和可靠的生活保障。在教育、国家、家庭这一三角关系中，家庭已经是最为弱势的一方。但这并不意味着在将来家庭不可以发挥更大的作用。伊利奇"非学校化社会"的预言在网络化的今天已经有所实现，将来的教育很可能不再只是学校的事情，而是整个社会的事情。在国家放手教育的时代，家庭可以与教育机构联手建构真正的"学习的地方"，即为年轻一代提供学习的机会和通达教育资源的渠道。

其次是让教育居于生存和精神之间。每种教育形态都有自己的价值预设。现代教育的一个基本预设就是培养社会所需要的劳动力。正是在这个意义上，欧克肖特说现代教育是"穷人的教育"[①]，即通过教育使穷人子弟掌握基本的生存技能，以满足国家和社会对劳动力的需要。或许欧克肖特有明显的贵族优越感，但不容否认，他确实一语道破了现代教育的生存特性。教育发展到今天，已经与生存血脉相连，到了无法分离的地步。更何况在我们这个风险时代，人人都有生存之虞，要想使教育回到与生存无关的状况，显然没有任何可能。但人毕竟是精神与道德的存在，这是人的特异性。"动物止于何处，

---

① ［英］迈克尔·欧克肖特：《人文学习之声》，孙磊译，上海译文出版社 2012 年版，第 92 页。

人始于何处"①，精神性是动物所不能企及的高度，却是人得以出发与诞生的地方。正是出于这个原因，古代教育以精神孕育、道德提升为旨归，形成了精神性的教育传统。

未来的教育要从执于生存到居于生存与精神之间，推动力不单在于人的精神性和教育的精神传统，还在于现代人、现代教育偏执于生存所导致的精神危机。我们见证了现代人在物质生存方面的巨大改善，与现代社会发展初期的人们相比，我们每一个人都是"富二代"。与此同时，我们也都亲历了现代人的精神危机，都被弥散性的无意义感、空虚、无聊困扰过或困扰着。现代教育的精神危机也日益显露、逐步恶化。在很大程度上，现代教育已经成了一个激发学生去竞争生存优势的阶梯，对当今社会存在的精神危机、不必要的苦难、贫富不均、社会不公无动于衷，失去了道德自省与道德批判能力，沦落为与利欲熏心的商业企业并无差别的存在。教育本来是道德与精神的调节器与引导者，但深陷精神危机的现代教育已经失去了调节个人与国家、利益与责任、成就与尊严、竞争与慈爱、平等与公正、服从与个性、知识与德性等价值冲突的能力。

居于生存与精神之间的教育不是不要生存，全部重回精神那一端，而是既要生存，又要精神，将生存之内与生存之外联接起来。现代社会生存条件复杂，必然要求教育在培养学生的生存能力方面有所作为。教育不可能排斥生存，但可以将生存上升为生活。如果说生存是物质性的，那么生活则是综合性的，内在地包含了精神的、道德的元素。杜威说："公立学校的第一任务是教儿童在他发现自己所在的这个世界里生活，理解他在这个世界上分担的责任。"② 显然，生活不是动物性生存，而是包含责任。对世界、对社会的责

---

① ［德］弗里德里希·尼采：《作为教育家的叔本华》，周国平译，译林出版社 2012年版，第 42 页。

② ［美］杜威：《学校与社会·明日之学校》，赵祥麟等译，人民教育出版社 1994 年版，第 313 页。

任是以对自己的责任为前提，即以如何对待自己的内在心灵为前提的。如果教育能够在培养学生的生存能力的同时，教他们学会对待自己的心灵，理解并承担自己的责任，那这种教育就有了精神品性，就是在生存与精神之间的教育。中道的教育也是居于未来与现在之间的，不应为了学生的未来生活而无视甚至牺牲他们现在的生活，而应将他们的经验、关心、需要、困惑纳入教育过程，在引导他们过好当下生活的过程中，将自我融入更为广阔而深厚的人类精神世界之中。

再次，让教育居于大众化与"贵族化"之间。教育是人类的一种高贵努力，本身就是高贵的。古代教育基本上是贵族教育，其对高贵的追求本身并没有错，错就错在以出身和社会地位作为区分高贵与低下的标准。在这个意义上，现代教育的大众化，无论其原始动机如何，都是对古代教育庸俗标准的一种摒弃，客观上具有高贵性。问题在于现代教育在反对古代教育的庸俗标准之后，自身也堕入了平庸，并在平庸的道路上越走越远。现代教育在否定古代教育的庸俗标准的同时，将古代教育对高贵的追求与"脏水"一并泼掉了。

大众化的教育当然要关注大众的生存，虽然大众无法像古代贵族那样不用为生存操心，但大众也不仅仅是生存的，他们也有精神需要，也有高贵的可能。高贵还是平庸，不是由人的社会地位决定的，而是由做人的标准、生活的态度决定的。高贵之人是那些对自己提出更高要求的人，"高贵的定义标准是我们对自己提出的要求，即义务而不是权利"①。高贵肯定的是人的超越性，或者说，高贵是对人类超越性价值的肯定。我们总是将高贵与人类一些崇高的价值联系起来，比如尊严、自我超越、博爱、卓然独立、凛然不可侵犯、对人类前途和命运的责任感与使命感等，正是这些价值的存在，才使失去神之光彩的人依然有神圣的一面。

---

① ［西班牙］奥尔特加·加塞特：《大众的反叛》，刘训练等译，吉林人民出版社2004年版，第58页。

居于大众化与"贵族化"之间的教育，不是迁就人的现实与平庸，而是面向大众去培养每一个人的高贵气质。施特劳施说，真正的民主制不是简单的权利均等，而是一种有德性的政体，即在这种政体下生活的绝大多数人都禀有德性和智慧。教育就是一个阶梯，"凭借这阶梯，我们可以努力从大众民主上升至原初意义上的民主。自由教育是在民主大众社会里面建立高贵的气质的努力。自由教育呼唤大众民主中那些有耳能听的成员，向他们呼唤人的卓越"①。也就是说，教育的大众化是不可逆转的趋势，但大众化教育所追求的不是大众的平均化，而是大众的"贵族化"，即每一个人的高贵与卓越。在这个意义上，现代社会的大众化教育，或者说现代国家的国民教育，绝对不是终点，而只是一个起点。"真正的国民教育理想，并不是所有的国民都受相同的教育；而是在人人享有同等受教育机会的基础上，使每个人都能根据自己天赋的爱好、才能和智慧的不同，来获得他们最高的发展。这种国民教育是全人类教育的组成部分"②。

最后是让教育居于教与学之间。现代教育是以教为中心组织起来的，这种教育结构与现代工业生产方式及传播方式相匹配，优势在于能满足规模与效率需要，缺陷是对个人、自主、情感、精神的忽视与压制。在现代社会的初始阶段，这种教育范式的丰功伟绩不容否认，但在后工业社会，其致命缺陷暴露得越来越充分，甚至已经成为阻碍人的发展、阻碍社会进步的反动力量。但时过境迁，我们又回不到过去那种以学为中心的范式，一方面是因为这种教育范式得以存在的条件，包括教育的私人化、贵族化、精神化都已不复存在，另一方面也因为决定以教为中心的条件，包括教育的国家化、大众化、生存化、科学化虽然已露出败象，却依然势力强大。

---

① ［美］列奥·施特劳施：《什么是自由教育》，载刘小枫、陈少明主编，《古典传统与自由教育》，华夏出版社 2005 年版，第 4—5 页。

② ［德］F. 鲍尔生：《德育教育史》，滕大春译，人民教育出版社 1986 年版，第 200 页。

无论是以学为中心还是以教为中心，都是居于一端，都是优劣兼具。教育的未来形态不是在两端之间摇摆，而是站到二者中间。居于学与教之间的教育，既不否定学的根本性，因为学是教育的出发点和归宿；也不否定教的指导性，因为教育是两代人之间的事务，总有上一代人对一下代人的指引。这种"在中间"的教育，其存在形态是学习共同体。学习共同体首先是以学习为核心的，只不过是师生共同学习。为什么作为成年人的教师也需要学习呢？一方面，信息时代知识激增，教师相比学生的知识优势在人类知识总量面前几乎可以忽略不计，每个人都需要学习；另一方面，精神成长与道德发展是终身性的，教师也是发展中的人。其次，学习共同体不是只有学没有教，但学习共同体的教不是以教师的传授为特征，而是以教师的学习为特征。也就是说，教师是以自己的学来促进学生的学，这种教是以"学的陪伴"或"陪伴的学"为形态的。

　　基于对现代学校弊端的敏感，不少学者预言学校将会消亡。在我看来，学校不会消亡，但会转型。我的依据是，虽然同龄人大规模聚集在一起不是"自然现象"，而是一种人为的社会安排，但这种安排符合年轻一代的成长需要。要不是与同龄人在一起的渴望压倒一切，青少年哪能容忍现代学校在他们身上所施加的各种压制与折磨？在电子媒介盛世，人与人之间的隔离愈演愈烈，同龄人在一起学习与生活的机会更显得珍贵与意义非凡。单就这一点，学校就不会消亡。作为满足年轻一代面对面交往的场所，学校必须转型，转向学习共同体。作为学习共同体，未来的教育必须克服现代大规模教育的弊端，探索在集体生活和个别化学习之间的灵活转换。

附录：

爱与超越
——鲁洁先生教育思想的两个关键支点

一、爱是超越的根基

鲁洁先生的教育思想在当代中国教育理论中独树一帜，她所主张的超越论教育哲学振聋发聩。在关键能力、核心素养风行的当下，我们已经对其间所隐含的"社会适应论"缺乏敏感。比如，OECD界定、筛选"关键能力"的依据就是社会要求，即全球化、现代化所造就的多样、交互、复杂的世界，这世界对人提出了更多、更高的要求，"关键能力"就是满足这些要求的能力[①]。在这种思想意识笼罩下，鲁洁先生的超越论教育哲学尤其显得深邃高远、不同凡俗。体现她超越论教育思想的系列论述，包括《实然与应然两重性：教育学的一种人性假设》（1998年）、《教育：人之自我建构的实践活动》（1998年）、《论教育之适应与超越》（1996年）、《超越性的存在——兼析病态适应的教育》（2007年）[②]，简直可以作为反思关键能力、核心素养风行所隐

[①] OECD, The definition and selection of key competencies: Executive Summary, http://www.oecd.org/dataoecd/47/61/35070367.pdf, 2005-05-27/2020-1-27.

[②] 鲁洁：《江苏社科名家文库·鲁洁卷》，《江苏人民出版社》2015年版，第49—92页。

性输入的"社会适应论"之理论武器。

鲁洁先生以超越论为中国教育理论的沉闷开了风气，也因此广受瞩目，在先生身前身后对此都有研究①。但这些研究多侧重于对先生超越论之构成与意义，对其根源缺乏探究。跟随先生学习将近二十载，就我与先生的交往体会及对先生论著的拜读来说，我认为先生教育思想的另外一个核心是爱。对于爱在先生教育思想之中的位置与意义，研究者鲜有涉及。检索文献，只见到吴梓明在最近刚发表的一篇论文中阐述了鲁先生的"为了生活的教育"与陶行知"爱的教育"（education of love）之间的思想关联与心意相通②。在我看来，不理解鲁先生的爱，对其超越论也很难准确把握。比如，为什么要超越？超越的根基及走向在哪里？对这些问题的回答，都要回到其爱的思想之中。本章拟在已有研究的基础上，补充先生爱的教育思想，从爱出发，重新理解先生之超越论，并论述二者之内在关联，最后落在先生以爱与超越为支点所建构的"最有魅力的教育学"。

二、爱是先生教育思想的底色与追求

先生对自己的国家有深沉的爱，是纯粹的爱国者，她对教育的诸多思考都是以国家振兴为目的的。先生爱国，但她又不是狭隘的民族主义者，在她身上显现着"仁者爱人"的光辉。先生的教育研究与学术探索，可以说是爱的表达，即通过学术的方式来表达对人、对人性、对国家、对世界的深沉之爱。而这也正是先生的教育思想虽然未有以爱为专题、对象的思考，却处处弥漫着爱的气息的原因，爱是先生教育思想之底色。

1. 爱国者的"爱国教育学"

先生那一辈人历经外敌入侵、敌寇占领，救亡图存不是来自书面叙事，

① 王啸，冯建军，刘晓东等：《静水流深见气象——鲁洁先生的教育思想与教育情怀》，《教育科学出版社》2010年版，第35—71页。

② Peter Tze, Ming NG, A Tribute to Two Humanistic Educators in China: Lu Jie and Tao Xingzhi, Frontiers of Education in China, No 1, 2021, pp. 113—125.

而是亲身经历，因而有更深的爱国情怀。先生 7 岁时："我亲眼看到，日本人就这么冲过来，骑着大马，佩着刀。"① 童年的遭遇，令先生终生难忘，以至于上个世纪 80 年代访问日本时候，在地铁站台里听到皮靴的声音还会自然联想到日本鬼子在上海横行的场景。

虽然先生与父亲的政治信仰不同，但必须承认，先生的民族情怀还是受父亲影响至深。先生的父亲鲁继曾出生于 1892 年，正是近代中国多灾多难的时候。鲁老先生与蔡元培、陶行知、陈鹤琴等同辈人都抱有教育救国之梦，用毕生的探索与实践去寻求救国图存、振兴中华的道路。先生在求学期间遇到了马克思主义，秘密加入了中国共产党，由此与父亲在政治信仰上分道扬镳。但这分道扬镳之中还是有共通的精神，那就是拯救、振兴自己的民族与国家。

加拿大学者许美德将先生的爱国情怀之根归结为三点：家庭、求学经历、所处的政治环境②。确实，父亲虽然所选择的是另外一条救国道路，但其深深的爱国情怀还是浸入先生心灵深处，成为先生爱国情怀的启蒙与滋养因素。先生的求学经历，尤其是在金陵女子大学的求学经历，让她遇到了马克思主义，遇到了志同道合的同学，爱国情感找到了归属。日寇占领、国民党政府的腐败与无能，对先生爱国意识的激发起到了重要作用。这些因素当然重要，但也少不了先生个人的自主选择。与先生有同样或类似遭遇的人，并不都有那么强的爱国意识，甚至也有人做了汉奸。成为爱国者，是先生在外在环境影响下自主选择的结果。

1949 年之后，先生的爱国情怀不再以积极投身革命的方式来体现，慢慢转移到日常工作中来。这种情怀也是支撑她熬过"文革"中十年艰难岁月的

① 鲁洁：《回望八十年——鲁洁教育口述史》，《教育科学出版社》2014 年版，第 66 页。
② 许美德：《思想肖像：中国知名教育家德故事》，《教育科学出版社》2008 年版，第 211 页。

精神力量。改革开放之后，以至知天命之年的先生，很快找到了爱国情怀得以抒发的新方式：中国教育研究。先生的教育研究，终其一生，都有浓浓的爱国情意。

经历"文革"十年浩劫，一方面，传统文化受到了巨大的冲击与伤害，文化虚无主义有所抬头，另一方面，也有将"文革"与传统文化挂钩的社会心理。"文革"刚结束的时候，传统文化遭受了双重打击，可以说处在最为脆弱的状态。这时候，先生发表了两篇论文，一篇是《试析孔子的道德教育观》(1980)，公开为在"文革"中被打翻在地的"孔老二"翻案："孔子在他长期的教育实践中……也曾摸索了一套行之有效的经验和方法，这种经验与方法在一定程度上是与德育过程的客观规律相符合的。这也是孔子教育思想中一份值得继承的重要遗产。"① 另一篇是《试评我国古代教育家有关德育过程的论述》(1980)，较为系统地梳理了从孔子到明清时期的教育家值得继承的教育思想遗产，用意在于扭转"对古代德育理论比较重于批判，而很少从继承的方面作出正确分析"② 的不良倾向。先生在十年浩劫的迷雾尚未散尽的时候，就以深邃的目光看到了维护文化与教育传统的重要性。在先生那里，国家从来都不仅仅是一个政治概念，而是一个有着历史根基的文化存在。先生对文化与教育传统的维护，正是其爱国情怀的体现。

明显由爱国情怀所驱动的教育研究话题还包括教育学的本土化与文化自觉的唤醒等。改革开放之后，先生致力于教育学的重建，对教育学的基本理论问题，包括什么是教育、什么是教育学、教育的本质、教育的目的、教育的基本规律等的思考都作出了贡献③。在这一过程中，先生的努力方向可以说

---

① 鲁洁：《超越于创新》，人民教育出版社 2001 年版，第 14 页。

② 鲁洁：《试评我国古代教育家有关德育过程的论述》，《南京师范学院学报》1980年第 3 期，第 21—25 页。

③ 鲁洁：《回望八十年——鲁洁教育口述史》，教育科学出版社 2014 年版，第 220—226 页。

有两个，一个是摆脱"文革""左"的思想束缚，突破对"苏联教育学"的照搬，部分（不是全部）接上已经断裂的古代与民国教育学传统；另一个则是中国特色教育学的建构。先生在 80 年代后期，发表《建设具有中国特色的社会主义教育学管窥》，构想了社会主义的、多元的、赶超性的中国教育学框架。这一构想，依然有中国传统文化的根基，把这种教育学视为中国传统文化"合乎规律的"社会主义延伸①。作为这个论题的延续，先生还提出了"教育学本土化"的议题②。全球化问题凸显之后，先生一方面看到了全球化的人类意义，"走向世界历史的人"③ 在人类历史上第一次有了现实可能；另一方面，先生也看到了全球化对文化多样性的压迫与排斥风险。在先生看来，全球化不是一个纯自然的过程，而是一个有价值指向的社会历史过程，如果我们没有文化自觉，不能维护文化自主，就有被资本主义消费文化一体化、同质化的可能。而文化自觉的唤醒，主要靠教育，靠有本土化特性的教育④。

在先生的教育思想中，教育现代化占据着比较突出的地位。教育现代化，振兴教育，对先生来说，其实就是中国现代化、振兴国家的情怀在教育领域的延续，先生的教育振兴梦与国家富强梦是一致的。80 年代早期，先生就开始关注科技革命与教育、德育的关系，主张教育、德育要自觉应对科技革命所提出的挑战⑤。在先生的思想里，教育现代化的进程，不仅要与科技发展同步，更要与商品经济、知识经济同步。计划经济所带来的思想桎梏影响至深，先生是教育领域较早摆脱这一思想桎梏，对市场经济持开放、欢迎心态的学

①　鲁洁：《超越与创新》，人民教育出版社 2001 年版，第 125—134 页。
②　鲁洁：《试论中国教育学的本土化》，《高等教育研究》1993 年第 1 期，第 33—35 页。
③　鲁洁：《走向世界历史的人——论人的转型与教育》，《教育研究》1999 年第 11 期，第 3—10 页。
④　鲁洁：《应对全球化：提升文化自觉》，《北京大学教育评论》2003 年第 1 期，第 27—30 页。
⑤　鲁洁：《新的科技革命和思想品德教育》，《教育研究》1984 年第 12 期，第 21—26 页。

者之一。当然，作为有人文气质的教育学者，先生对市场经济可能给教育带来的伤害从一开始就是充满警惕的①。总体来看，先生对教育、道德教育的思考，有两个最为基本的视角，一个是人的发展，一个是现代化。这个视角不是平行、单线的，而是交叉、交织的。人的发展有一个现代化的问题，培养人的教育也有一个走进现代的问题。在现代化的语境下，先生对教育现代化的诸多维度都有先锋性、前瞻性的探索，包括网络时代的教育、全球化的教育挑战、教育的转型等。

先生的教育思想批判性很强，在她那一代教育学者中显得尤为突出。读先生的文字，我们能感受到先生对实然世界的深深不满，在别人还在沉迷功绩、成就的时候，先生已经发现了问题和危机，总是料事在先、锋芒毕露。不理解的人，可能会觉得先生思想过于激进，只有真正理解她的人才能明白，她是"爱之深"，才"责之切"，其思想的批判性，体现的正是她对国家、社会、教育的深爱。这种爱不是以抒情、歌颂的方式表现出来，而是以危机意识、忧患意识、批判意识的方式加以展现。比如，在《边缘化外在化知识化——道德教育的现代综合症》一文中，先生对本应"指向人的发展与完善"的教育变异为"征服、占有世界"的工具痛心疾首②；在《实然与应然两重性：教育学的一种人性假设》一文中，批评"失掉了一半的人性，失掉了一半的教育"，对现代教育中人性物化、技术至上、科学主义的批评一针见血、不留丝毫情面③；在《超越性的存在——兼析病态适应的教育》一文中先生留下了这样锐利的文字："现在的教育却是蒙上了人的眼睛，教育的一切行为都只在使人相信：不论现存体制合理与否，一个人只有成为现存体制所接纳的

---

① 鲁洁：《超越与创新》，人民教育出版社 2001 年版，第 145—147 页。

② 鲁洁：《边缘化外在化知识化——道德教育的现代综合症》，《教育研究》2005 年第 12 期，第 11—14 页，42 页。

③ 鲁洁：《实然与应然两重性：教育的一种人性假设》，《华东师范大学学报》（教育科学版）1998 年第 4 期，第 1—8 页。

人，就范于它，才能作为体制中有价值的商品兜售出去，才能向上爬。"① 这样的文字，简直可以直接作为对单纯从社会需要推导关键能力、核心素养的思想倾向的批判，关键能力、核心素养研究者都应该好好读读、认真汲取先生走在前面的忧思。

2. 仁者爱人与"仁爱教育学"

先生秉持超越性的教育观，有一个开放的心态，对中外思想文化有兼容并蓄的气度。但在骨子里，先生还是中国儒家的君子与仁者，最典型的标识是爱人，对儿童、对学生、对人性、对人类充满热爱。

先生的爱人秉性在童年就以爱心的形式凸显。先生在口述史里说道，抗战时期的上海，大家生活困难，童年的先生看到被遗弃的猫妈妈及其子女，就偷偷将其养起来，用自己的饭食偷偷喂养。从童年到古稀，先生不知经历了多少世事变幻、人间悲欢，但爱人之心持续不断。从 2001 年开始，我一直陪伴先生做德育课程与教材开发，有大量的机会到小学与小学生交流，每次先生见到孩子，脸上都是洋溢着充满爱意的灿烂笑容。古稀之年的她，与我们一起泡课堂，整天整天的，先生不觉得累，反而觉得幸福。在先生最后一篇公开发表的文字中，先生饱含深情地说："当我实实在在地在课堂、在教室里参与教学的时候，当我听到孩子们的呼吸声的时候，我能感受到他们心灵跳动的脉搏，能分享他们成长的快乐。"②

先生的仁爱不是抽象的，而是具体可感的。先生指导了那么多学生，都是爱护有加，每当学生遇到困难，总是竭尽全力去帮助。在我的印象中，先生心软，最看不得学生的眼泪。先生是原则性最强的人，但一见到弟子眼泪，先生就慌了，甚至会做超出原则那么一点儿的事情来帮助学生。当然，弟子

---

① 鲁洁：《超越性的存在——兼析病态适应的教育》，《华东师范大学学报》（教育科学版）2007 年第 12 期，第 6—11 页，29 页。

② 鲁洁：《走向有魅力的德育课堂》，《课程·教材·教法》2020 年第 12 期，第 29—30 页。

们也是爱先生的，极少有学生拿自己的困难去为难先生。先生对弟子的爱，也隐含着一种更高的要求与期待，因此，凡是感受到先生之爱的弟子，其实在各自的领域与专业上都不敢懈怠，都竭尽全力做到最好，以配得上先生之爱。

先生之爱，达于化境。先生不喜欢关于教师的"蜡烛喻"，认为"点亮别人，牺牲自己"的说法还是未能命中爱的真谛。给予是爱的基本方式，但给予不是牺牲自己，而是升华自己。爱是给予，是将自己的关心、精神等有生命力的维度奉献给爱的对象，而且在这一给予的过程中实现自身生命的延续与升华。先生说，"如果我们仅仅把教师这一工作看作是自我奉献、自我牺牲，却看不到由这种牺牲、奉献所得到的人生意义的攀登、心灵的净化、精神的追求，是一种生命意义上的享受，那么我们所理解的牺牲、奉献就是十分空洞、抽象、苍白的。"① 先生有爱的信念，并用自己的一生践行这一信念。先生的一生，正是这一信念的实现过程：先生通过爱儿童、爱学生、爱他人实现了生命的升华。

先生的仁爱以自爱为基础。先生是自爱、自尊的，不向金钱、权力低头，无论遇到什么样的困难，都保持着一个学者的尊严与自重。做到这一点已经异常艰难，但更艰难的是在强大的惯性、流俗与社会压力下保持自我。因为面对金钱、权力，我们还有明确的防备对象，在面对惯性、流俗与压力时，连具体的防备对象都没有。先生不但不为流俗所动，反而能够洞悉流俗的症结所在，先生不是被潮流所能裹挟与撼动的人，而是勘破潮流之弊的人。自爱与自律是一体的，我所认识的先生，从来都是"严于律己，宽以待人"的，从来不会利用自己的威望与影响为自己、为家人、为弟子谋取利益。先生以南京师范大学为家，将一生都献给了这所大学，用许美德的话说，"南京师范

---

① 鲁洁：《回望八十年——鲁洁教育口述史》，教育科学出版社 2014 年版，第319 页。

大学堪称鲁洁的'家'（学术之家）"①，先生在南京师范大学的威望在她那一代人中可以说无人可比，而且先生的老伴还曾做过南京师范大学的党委书记。但先生的女儿在一家工厂上班，以工人身份退休，即使在工厂效益最差的时候，先生也反对将女儿调入南京师范大学。我自己跟随先生将近20年，这20年处在我从青年到中年的整个过程之中，中间不知道遇到了多少发展困难，但我从来不敢就功利之事向先生提任何要求，因为我深知先生之自律、自爱。即便先生从来没有为我谋过任何额外之利，但我却感觉从先生那里获得了无限的帮助，即"走学术的正道、走生命的正道"。

先生的仁爱不是私人的，而是公共的，是对人本身，对人性的爱。先生身上有一种理想主义的光辉，但先生在对人的认识上并不天真，经历过战争与文革考验的她，对人性之恶有充分的认识。但对人性恶的认识并不妨碍先生对人性善、人性美好的笃信与热爱。先生总能从人性的现实中看到人性的可能、从实然中看到应然、从当下的局限中看到未来的无限可能。正是因为对人的深爱，先生对人的处境与遭遇也最为敏感，往往能够先人一步看到人的现代遭遇与困境，也包括在现实驱力下的人性扭曲。步先生后尘，有时候我们这些弟子对人之遭遇也会有所感受，但从这种感受得出的结论往往是灰色的、暗淡的。先生的不同在于，她既能看到人的现实遭遇及人性的变形，又能看到人性可能达到的美善高度，始终对人性有那么一份不可磨灭的信任与热爱。

仁者爱人，先生的教育思想始终站在人的立场，呈现出"仁爱教育学"的气象。先生对教育的理解，始终是站在人的立场上，最能体现这一立场的文献是《教育的原点：育人》。在这篇文章中，先生对教育离开人而"改嫁别物""改姓他姓"痛心疾首，坦言这样的"教育成了实利的下贱侍女，成了追

---

① 许美德：《思想肖像：中国知名教育家德故事》，教育科学出版社2008年版，第206页。

逐欲望的工具"。在先生那里,教育如果有姓,一定姓"人",教育的原点就在于育人。教育所育的人是现实的人,既是承载生命的个体存在,也是关系中的人①。不难看出,在先生那里,教育无论有什么附加功能,育人都是最为根本的,是"原点"。换句话说,在先生那里,教育不是别的,而是爱人的一种方式。当然,教育对人的爱不是对人之现状的爱,而是通过教育之爱,来实现"人之生成与完善"。

教育是爱人的一种方式,那就要理解人,不理解人的教育之爱,很可能是错爱,也可以害人。在先生的教育探索中,对人的理解始终是焦点与核心,她正是在阐释人的过程中完成其教育思想的建构。首先,人不是外塑的,而是自我创造的。这里的人,既是人类,也是个体。就个体而言,人的自我创造是在与客观世界的文化交往中实现的。由此出发,作为爱人方式的教育通过"存智于人"的方式帮助人实现自我创造②。第二,人是实然与应然的统一,"是其所是与不是其所是的矛盾统一"。实然是人之预成性,而应然则是人之生成性。人既是现实的、经验的存在,又是理想的超验的存在;既是一种事实的存在,又是一种价值的存在。教育作为爱人的方式,虽然需要以实然为起点,但如果滞留于实然、迁就于实然,甚至沉溺于实然,就不是爱人,而是害人。基于人的两重性,先生将教育理解为激发人之自我发展的内在动因,教育的本质绝不是建构人之物性,而在于以应然的、规范性的方法去引导人朝向应然的建构③。第三,人不是孤立的存在,而是"关系中的人"。先生超越人与社会、自我与他人的二元视角来看待人,既从事实的角度看待人的关系性,也从应然的维度去看关系的规范性。基于此,爱人的教育与道德

① 鲁洁:《教育的原点:育人》,《华东师范大学学报》(教育科学版)2008 年第 12 期,第 15—22 页。

② 鲁洁:《人自己创造自己——试析人的发展与教育》,《南京师范学院学报》1982 年第 11 期,第 19—23 页。

③ 鲁洁:《实然与应然两重性:教育的一种人性假设》,《华东师范大学学报》(教育科学版)1998 年第 4 期,第 1—8 页。

教育，不是让人获得"单子式"的个人成功，而是引导人学会以自身之个性与他人共在①。第四，人是整体的，生命的，生活的。道德教育研究是先生突出的学术贡献领域，在道德教育领域，先生以"生活论德育"著称。先生的"生活论德育"的根据在于对人之理解，"回归生活，就是回归人本身。生活即建立在实践基础之上的人之特殊生命活动"②。在先生那里，人即其生活，而生活则是人之生命活动。道德教育对人来说是一种特殊的关爱方式，即引导被教育者进行自主生活建构。

教育即爱人，但现实的教育并不一定能真正做到这一点，本该爱人的教育也可能会害人。对这一点，先生是清醒的，从不会以教育之理想去粉饰教育之现实，相反，先生对一切有害于人的教育偏向异常敏感且给予毫不留情的批判。先生对教育怂恿人之物化、与物质主义同流合污进行了尖锐的批判，渴望本真的教育成为驾驭物质主义的力量③；先生对"无人的教育学，无主体的教育学"④忧虑万分，这种忧虑虽然针对教育学的，但更是指向教育活动的，因为这种教育学下的教育实践对人是一种伤害；在很多人那里，直觉性地以为学知识总不是坏事，塑造知识人是可以接受的教育目标。但现代学校所传授的知识脱离了人的生活世界，这样的教育颠倒了知识与人的关系，不是人掌握知识，而是用知识去界定人性，这遭到了先生毫不留情的批判，体现的正是先生对人、对人性的热爱⑤。

先生的爱国与爱人是内在一致的。先生从父辈那里继承了"强国梦"，即

---

① 鲁洁：《关系中的人：当代道德教育的一种人学探寻》，《教育研究》2002年第1期，第3—9页。

② 鲁洁：《道德教育的根本作为：引导生活的建构》，《教育研究》2010年第6期，第3—8页，第29页。

③ 鲁洁：《道德教育：一种超越》，《中国教育学刊》1994年第6期，第2—8页。

④ 鲁洁：《实然与应然两重性：教育的一种人性假设》，《华东师范大学学报》（教育科学版）1998年第4期，第1—8页。

⑤ 鲁洁：《一个值得反思的教育信条：塑造知识人》，《教育研究》2004年第6期，第3—7页。

找寻实现中华民族复兴的道路。先生早年也有"科学救国"的想法，考大学时考的是化学专业，发现自己不适合之后，转向儿童福利专业，自此走向了教育，算是"女承父业"。先生对教育专业的热爱，既是个人性情使然，更是救国使命的驱动。先生那一辈的人生遭遇，使他们深深明白，在一个落后挨打的国家，人的自由与发展根本是不可能的。作为爱国者，先生的"爱国教育学"，一方面是立足于国家与民族的振兴，另一方面也是通过国家与民族的振兴为个人的发展奠定条件。同时，先生又是仁者，对人、对人性有深沉的爱，她的教育学又呈现"仁爱教育学"的光彩。在先生的教育思想中，对人的主体性、自主性、应然性、超越性的强调，其实都是希望通过教育实现人的解放。先生通过"仁爱教育学"来表达对人之深爱，其实也是对民族与国家之爱，因为人获得了解放，我们的国家与民族也会因此而强盛。先生的爱国与爱人是内在一致的，其"爱国教育学"与"仁爱教育学"也是内在一致的。这种内在一致性的另一个臻境则是将爱国统摄进爱人之中：国家的存在，其实也是"为了人的自由与解放"[①]。正是这种一致性，使先生的爱国达到了爱人的境界，爱人又有爱国的根基。

三、超越：对可能世界永不停歇的追求

如果说爱是先生教育思想之底色的话，超越论则是开在这底色上灿烂的花朵。先生的教育思想以超越论著称，在学界引起的关注也最多。在当代教育思想中，先生的超越论是教育思想解放的先声：在多数人还陷在教育是经济基础还是上层建筑的旧套之中时，先生已经跳脱出来以实践性来为教育索解新的答案；在别人还在为教育服务于商品经济而欢呼的时候，先生已经开始眺望超越物性、实现人之自我建构的教育可能。当下，关键能力、核心素养风行天下，其背后明显的适应论也跟着大行其道，在这种背景下，重听先

---

① 鲁洁：《回望八十年——鲁洁教育口述史》，教育科学出版社 2014 年版，第 174 页。

生超越论教诲，尤其迫切。

1. 人是超越性的存在

先生的超越论教育思想奠基于其对人、对人性的理解，教育的超越性来源于、植根于人之超越性。关于人之两重性的理解，是先生超越论教育思想的根基。在先生那里，人既是自然的，又是精神的；既是给定的，又是创造的；既是经验的，又是超验的；既是事实的存在，又是价值的存在。在这些两重性的一端，是人之"现有""必然"，是人与动物所共同的一面。人当然不能摆脱作为人之必然的一面，不然就无法生存。但人的这一面，不是人之"特异性"，如果只停留在这个层面，人就不能成人，也就与作为自然之构成的动物没有什么分别。人虽无法摆脱必然的一面，却可以超越它，由它出发走向两重性的另一面，走向精神、创造、超越、价值。只有走向两重性的另一面，人才是人，人才能成人，才能脱离与自然浑然一体的动物界，建构出人的世界[①]。

人之两重性不是静态的两重性，而是动态的两重性。我们可以把先生所言的两重性命名为"第一性"与"第二性"。两重性的动态性在于，"第一性"是我们的规定性，是我们的起点，但不是我们的终点，"第二性"始终处在否定"第一性"的过程之中。比如，人是自然存在，但人又不安于作为自然存在，人用精神来否定自然存在所给人带来的限制；人是事实存在，但人又不安于事实存在，总是有价值追求，用对价值的追求来否定事实存在进而达至价值存在的境界。正是在这种"第二性"对"第一性"的否定中，人建构了自己的世界，实现了自身的建构，实现了从物到人的成人之过程。在先生那里，超越性的人性机制，就是"第二性"对"第一性"的不断否定，所谓超越，就是"第二性"虽然以"第一性"为起点，但从来不满足于这一起点，总是从这一起点出发达至作为人之特异性的"第二性"。达至"第二性"，也

---

① 鲁洁：《实然与应然两重性：教育的一种人性假设》，《华东师范大学学报》（教育科学版）1998 年第 4 期，第 1—8 页。

就意味着人已经超越了既定性或规定性，实现了可能性。一旦这种可能性变成现实性，则又变成了新的规定性起点……

先生既讲人的超越性，也讲人的创造性、关系性。超越性与创造性、关系性是否矛盾呢？在先生那里，人的超越性与创造性是一致的，先生讲的创造性，不是器物或技术意义上的创造，而是人学意义上的创造，人自身的创造①。人对自身的创造，就是其超越性的实现的过程，"人永远不会满足于自己所已经拥有的任何规定性，力求创造出自己新的规定性"②。先生在《关系中的人：当代道德教育的一种人学探寻》中又说"人就其本质而言是一种关系性存在"③，似乎与"人就其本质而言是一种超越性的存在"相互矛盾。但两种表述的内在精神并不矛盾。人是关系性存在，意味着"我是我自身，我又是他人"，如果将我与他人隔离开来，我也就不能成为我；我要成为我，就必须超越自身走向他人。从自身、自我走向他人，正是人之超越现实的一个重要维度。如果说创造性是先生在不同语境与主题下对超越性的另一种表达的话，那关系性则是先生对超越性维度的新拓展。也就是说，经由人是关系性存在或人的共在性，先生对人的两重性的理解又拓展到自我与他人关系这一维度。

先生对人超越本性的论述并未脱离人的社会现实性，从未忽略现实社会结构对人的限定，正如将人的"第一性"作为起点一样，社会现实结构也是一个需要超越的起点。对人来说，现实的社会结构是其现实世界，但人不是为了适应这一现实世界的，而是要在这个现实世界的基础上，去创造一个可能世界。先生所理解的人，是具有超越品性的人，这样的人，不是不顾现实

---

① 鲁洁：《创造性是人的一种基本德性》，《教育研究与实验》2007年第5期，第1—3页，第39页。

② 鲁洁：《教育：人之自我建构的实践活动》，《教育研究》1998年第9期，第13—18页。

③ 鲁洁：《关系中的人：当代道德教育的一种人学探寻》，《教育研究》2002年第1期，第3—9页。

世界既有规定性的粗野之人，而是有自觉活动的人，能对现实社会结构做出反思与批判的人，是勇于改变生活、改造世界的人①。正是在这种改变生活、改造世界的过程中，人既实现了对自身的超越，也实现了对现实社会结构的超越，使人自身与其所生活的社会与世界都得到改善，人变得更好，世界也变得更好。如果人对社会结构只有适应，没有超越，受害的不仅是人本身，也包括社会世界，因为人及其所生存的社会世界都会由此而停滞、退化。

先生对人与社会世界关系的看法，与年长自己 20 多岁的阿伦特所见略同。在阿伦特（H. Arendt）看来，人是有死性的存在，但人所建构的世界却可以达至持久存在。世界的持久存在，靠的不是世界本身，而是一代又一代人在既存世界基础上所创立的新世界。世界的持存，其实就是一代又一代人所创造的新世界的"叠加"。每一代新人所首先进入的是一个既定的世界，他们的使命不是为了适应这个既定的世界，而是以这个既定的世界为起点，去建造属于自己的新世界。如果仅仅是适应既存的世界，即使极为成功，那也是失败，因为世界自身的持存由此中断②。不难看出，先生与阿伦特一样，现存的社会结构或社会世界，不是用来限定人的，而是人创造与建构的起点，而人的创造与建构，既有益于人，也有益于世界本身，舍此，则是人与世界的双重萎缩。

由此想到当今风行的"关键能力"或"核心素养"。"关键能力"的倡导与推广者 OECD，以社会需求为厘定关键能力的导向，以对社会挑战的"适应性"作为筛选关键能力的依据，什么能力最能适应社会需要，什么能力就是最为关键的能力。这样的思维方式，PISA 项目的核心设计者瑞岑（D. S. Rychen）等人是大方承认的：关键能力就是应对全球化、剧变、日益

---

① 鲁洁：《超越性的存在——兼析病态适应的教育》，《华东师范大学学报》（教育科学版）2007 年第 12 期，第 6—11 页，第 29 页。

② Gordon M. , *Hannah Arendt and education*：*Renewing Our Common World*，Cotorado：Westview Press，2001，pp. 2—10.

复杂的世界要求与挑战的能力。瑞岑将这种界定关键能力的思路概括为"需求取向"（demand-oriented）的方法：一个关键能力就是在特定背景下满足复杂社会要求的能力①。关键能力虽然广为流布，但其背后对人与世界关系的理解却是短浅且守旧的。这样的思想，因为广为流布而变得更为危险，对人的发展、世界的持存，尤其是对教育的发展，都是很大的威胁。如果这些能够主导重大教育工程的人，能够多读读先生、阿伦特这些智者的文字，我们这个世界的教育，也许会是另一番景象。

另外一个问题是，人有两重性，"第一性"为何能够走向"第二性"呢？早期，先生的答案是实践。人是实践性存在，或者说实践是人之存在方式。先生运用马克思主义的实践概念，将实践理解为以自然、历史给定性为基础的创造性活动，这种创造活动，既指向物质世界，也指向人自身，通过实践，人不仅实现了对环境的改造，也实现了对自身规定性的超越。人之所以是超越的，就在于实践的超越性。先生对教育超越性的理解，也是由此而来的（后文再论）。关于这一点，许美德有比较中肯的概括，"除了对中国教育思想及其历史遗产展开深入的文化学分析之外，鲁洁曾致力于以马克思的经典理论为基础，从中国国情出发来理解中国教育，从而能超越20世纪50年代流行的苏联模式所造成的教条主义分析"②。

以马克思的实践概念为基础，先生超越了对人的物化与固化理解，为人的超越性理解奠定了坚实的理论基础，也为当代中国教育学预设了高位的人学基础。但教育是一种特殊的实践，一种与思考混合在一起的实践活动，思考在实践活动中的作用，还需要澄清。先生早期论著从实践切入来阐述人的超越性，对实践是做综合理解的，即先生所理解的实践是包括思考在内的生

---

① Rychen D. S., L. H. Salganik, *Key Competencies for A Successful Life and A Well-functioning Society*, Cambridge, MA: Hogrefe& Huber, 2003, p. 43.

② 许美德：《思想肖像：中国知名教育家的故事》，教育科学出版社 2008 年版，第 218 页。

命活动，或者说是"主体客体化、客体主体化"。但作为教育学者，如果不将人之思想的独特作用加以重视，似乎与教育学的学科特性有所偏离。此外，实践是综合性的，即便如此，思想、思考的独特作用，并不是实践一个概念所能尽言的。比如，亚里士多德也是充分重视实践的，但这并不妨碍他将思考、思想放在最为显著的位置。先生的学术思考也是不断超越的，在后来的论述中，先生注意到了这一问题，"教育所期待的不仅是在实践中力图去超越现存的生存境遇，努力去创造更好生活的人，同样也是在思想与意识中不断去探寻人的存在价值、意义、理想和目的，寻求精神和思想超越的人"[1]。在这一论述中，先生将思想、意识与实践活动并列，突出强调了前者在人超越性中的位置：一方面，思想与意识上的探寻与实践活动是伴随性的、同时性的；另一方面，思想与意识上的探寻也可能是先于实践的，是实践活动的精神预演与先导。

在将思想、意识纳入人之超越性思想之后，先生用生活概念替换了实践概念作为人之超越性的依据。自此以后，再讲人之超越性，先生不再从实践那里去寻找依据，而是从生活那里寻找依据，将人的超越性视为人之存在本性、人之生活特性。当然，先生也没有将生活与实践对立起来，而是将二者融合在一起，"生活即是建立在实践基础之上的人之特殊生命活动"[2]。从实践到生活，看似一个简单的概念替换，却是先生学术思想演进的一个标识。首先，生活概念更为贴近人，因为实践概念总是带有正式的生产实践的痕迹，总是与客观对象相联系，而生活则是与人本身的建构与创造直接融为一体。第二，实践更多对应实体，而生活则兼具意义与关系，反映出先生对人的理解，已经融入了实体之外的意义、关系、思考与意识等更为"软性"的成分。

---

① 鲁洁：《超越性的存在——兼析病态适应的教育》，《华东师范大学学报》（教育科学版）2007年12期，第6—11页，29页。

② 鲁洁：《道德教育的根本作为：引导生活的建构》，《教育研究》2010年第6期，第3—8页，29页.

第三，从思想资源来说，先生用生活替换实践，也标识着先生在坚持马克思主义的实践论的基础上，也吸收了现象学、存在主义哲学、进步主义哲学的养分。第四，这一转变，也为先生"生活论"德育理论的建构奠定了生活概念之根基。

2. 教育：以自身的超越引领人之超越

教育超越性来自于人之超越性。从这个角度看，先生的教育超越论也有适应论的色彩，即"教育对人之超越性的适应"。人是超越性的，决定了教育也必须具有超越性，否则教育就是对人之特性的悖拗，那不是教育，而是伤害。教育作为培养人的活动，不是不能适应，而是要看适应什么。如果适应的是人的现实性，则既是对人性的背离，也是对教育本心的离弃；如果适应的是人的应然性，则既是对人性的扶助，也是对教育本心的持守；如果适应的是现实的社会结构，则既是对人之建构性的阻碍，也是对教育本心的背弃；如果是对人之创造性的适应，则既是对人性的弘扬，也是对教育本心的丰富。

在先生那里，教育活动与人之活动具有同构性，人是超越的，教育也应是超越的。这里面就有一个问题，适应性（不是对超越性的适应）的教育是否可能培养人的超越性？先生的答案是不能。人有物质的、现实的规定性，但这并不是人的特异性，人要以此为起点，走向精神的、意义的可能性（也是新的规定性），教育的作用就在于辅助、引导人完成这一过程，教育是激发人完成自我超越的力量。如果教育将自身定位于人的物质的、现实的规定性，通过自身活动，使人的"第一性"更加牢固、笨重，那就不是激发人向上的力量，而是拉拽人向下的力量。同样，人要适应既定的世界，但人的使命则在于在既定世界的基础上去创造新的可能世界，教育的作用就在于辅助、引导人去完成这一超越性的过程，从这个角度看，教育就是帮助人去建构新世界、使现实世界变得更好的活动。如果教育将自身定位于诱使人适应且安于现存的社会现实，那教育就不是激发人去建构新世界的力量，而是一种诱使人安于自身与世界的现实、促使人及其世界退化的力量。

基于这样的理解，先生对形形色色的教育适应论都是持毫不留情的批判态度。比如，对学校教育迁就现实，沉迷于培养物化的、技术性的人，先生将之称为"失掉了一半的人性，失掉了一半的教育"；对教育由服务于人的发展退化为服务于人的征服欲、占有欲，变成谋生、谋财的工具，先生称之为教育与道德教育的"综合症"；对于本应该改造社会的教育变成了适应当下社会结构的工具，先生称之为"病态适应"的教育；对教育沉迷于塑造知识人的倾向，先生毫不留情地将之归结为一个值得反思的教育信条（其实是教条）。超越论站在适应论的反面，先生对适应论的猛烈批判，就是要彻底揭露适应论已经或可能造成的危害。

先生的教育超越论也有一个发展的过程。在改革开放初期，先生对教育、德育生产功能、经济功能的研究，如今回头看，似乎与教育超越论相矛盾。但历史地看，这正是先生争取教育独立性的开端与初步尝试。刚从"文革"迷雾中走出来的教育，思想负担沉重，如何促使教育从左倾的阶级斗争与意识形态工具束缚中摆脱出来，融入改革开放的整体布局之中，是当时的急迫任务。这一时期，先生的不少论述都是正面看待商品经济、市场经济的，充分承认市场经济给教育、给人的发展所带来的机遇与解放。但很快，先生意识到了教育依附于经济的巨大危险。由此，先生确定了教育不同于政治活动、经济活动所独有的本质，即教育是培养人的实践活动①。教育之超越性，不是无条件的，最基本的条件，就是教育的独立性。教育如果依附于上层建筑、意识形态、经济活动，无法按照自身的本性存在，规范性的超越性也就根本不可能得到实现。

先生将教育理解为特殊的实践活动，即培养人的实践活动。在论述人的超越性时，先生也是借助实践概念，但与人相对的实践概念是一个更为宽广的实践概念，是"主体客体化、客体主体化"。在论述教育时，先生所使用的

---

① 鲁洁：《回望八十年——鲁洁教育口述史》，教育科学出版社 2014 年版，第224 页。

实践概念则是人与人相互作用意义上的实践概念。作为培养人的实践活动，其目标不在于培养出适应现存世界的人，而在于"能改造现存世界的人，有实践意识和实践能力，能超越现实世界、现实社会的人"①。教育作为一种特殊的实践活动，培养的是人的实践意识与能力。显然，教育所培养的实践意识与能力，既包括"主体客体化"，也包括"客体主体化"，既具有改造世界的能力，又具有改造自身的能力。先生在道德教育研究上成就卓越，一谈到先生的超越论，不少人就会自动化的联想精神与道德上的超越。如上所论，先生并不轻视以知识掌握、智能发展为核心的改造世界之实践能力的培养，先生是将"做事"与"做人"结合起来的，"做事"是实践活动，"做人"也是实践活动；以"做人"引领"做事"，在"做事"中学习"做人"。先生所理解的教育实践活动，有双重指向，既"教人何以为生的技能"，"又启迪为何而生的意义"②。

教育的超越性不但体现在育人目标上，还体现在育人方式上。如前所论，先生对人之超越性的理解，还有一个关系的维度，即人是个体存在，又是关系存在，人从个体走向他人，也是超越性的体现。教育要育人，就不能用对待物的方式，要用对待人的方式。对物我们用认知，对人则只能理解，"自然需要说明，而人需要理解"③，教育这种特殊的实践活动只能以理解的方式进行。教育所要理解的是什么呢？不是人的生理与物性（这个可以用认知去完成），而是人的本质属性，即人的意义与价值，人与人之间的意义关联。教育所要培养的是超越性的人，教育所要理解的也是人之超越性的那一维度。教育要以理解的方式去进行，那么如何理解就是一个关键问题。所要理解的是

① 鲁洁：《论教育之适应于超越》，《教育研究》1996年第2期，第3—6页。

② 鲁洁：《教育的返本归真——德育之根基所在》，《华东师范大学学报》（教育科学版）2001年第12期，第1—6页，第65页。

③ 鲁洁：《人对人的理解：道德教育的基础——道德教育当代转型的思考》，《教育研究》2000年第7期，第3—10页，第54页。

人的超越性维度，理解也只能以超越性的方式进行：教育者投入全部人格去理解受教育者的全部人格，设身处地，将心比心[①]。

先生所理解的教育虽然是超越性的，但依然不能包办受教育者的自主建构，而是定位于激发、引导与辅助上。先生以"活性因子"为喻来定位教育的作用，即教育不是从学生心灵外部施加影响，而是将自身视为"酵素"，从学生生活及其经验之中激发出受教育者自我建构的激情与行动[②]。当然，受教育者是发展中的人，其自我建构不可能独立完成，否则教育也就没有存在的必要了。在学生自我建构的过程中，教育不但要激发，还要引导。引导有两个方面，一方面是矫正，将学生从偏离中导入正轨；一方面是正确方向的导引，引领学生朝有利于他们自身发展的方向发展。当然，引导不是控制，而是为了不引导，一旦学生有了自主发展的能力，教育即可隐身。教育之引导，时刻为自己的退场做着准备。学生的自主建构，也会遇到这样那样的困难，教育的另外一个定位则是辅助，即在学生遇到困难时给他们以助力，拉他们一把。

先生的教育超越论，可以用一句话来概括：以超越性培养超越性。首先，教育的超越性来源于人的超越性，是对人之超越性的适应。教育的超越性，体现在目的、方式、定位、品性等多个方面。教育的目的就在于培养具有超越本质的人，就在于通过教育来建构新的可能世界。教育的方式，不是认识物的方式，而是把握人的方式，即人与人的理解，以理解进行教育。即便是为了培养具有超越品性的人，教育也不能包办，教育只能将自身定位于激发、引导与辅助人。由此，教育获得了超越品性，并以自身的超越品性来培养人之超越性。

---

① 鲁洁：《人对人的理解：道德教育的基础——道德教育当代转型的思考》，《教育研究》2000 年第 7 期，第 3—10 页，第 54 页。

② 鲁洁：《回归生活——"品德与生活""品德与社会"课程与教材探寻》，《课程·教材·教法》2003 年第 9 期，第 2—9 页。

如前所论，阿伦特在人的超越性、每一代人都要创造属于自己的新世界等问题上与先生有很多共通之处。但由这共通之处出发去思考教育，两人却出现了巨大的差异。先生是希望以教育的超越性去培养人的超越性，通过教育来引导年轻一代成就自身并创造属于他们的新世界，呈现出一种积极的理想主义特征。阿伦特则不同，她反对通过教育去帮助年轻一代去创造他们的新世界，认为这种帮助会剥夺年轻一代创造新世界的机会，"每一代新人进入一个旧世界，正是人类境况的本质，而为新一代准备一个新世界的做法，只能意味着企图从新来者手里剥夺他们为自己创新的机会"①。教育不能帮助年轻一代创造新世界，那教育能做什么呢？在阿伦特那里，教育所要做的，一个是将儿童引入业已存在的旧世界，一个是个性与天赋自由发展，年轻一代创造新世界开端于他们结束教育过程、成年之后。与先生相比，阿伦特是教育保守主义者。但她放手让年轻一代去创造属于自己的新世界的思想，先生应该是赞赏的。只不过，先生作为教育学者，充分意识到了教育在年轻一代成人过程中的激发、引导与辅助作用，而阿伦特看到的则只是教育的预备作用。

四、爱与超越的内在统一性

前文对先生教育思想两个关键核心的论述实际上已经揭示了二者的内在统一性。也就是说，先生的教育思想虽然有两个核心，但这两个核心不是孤立的，而是内在关联、内在一致的：爱本身就是超越，而超越则是爱的方式。

1. 爱本身就是超越

我们可以从两个方面来理解爱本身的超越性。对爱者来说，爱的本质是给予，一个有爱的人，是一个有给予能力的人，没有给予能力，也就是没有爱的能力。爱者所给予的，不是物质、财富，而是精神性的东西。弗洛姆

---

① ［美］汉娜·阿伦特：《过去与未来之间》，王寅丽、张立立译，译林出版社2011年版，第166页。

（E. Fromm）说："一个人究竟能给予别人什么呢？他可以把他拥有的最宝贵的东西，他的生命的一部分给予别人。……他应该同别人分享他的欢乐、兴趣、理解力、知识、幽默和悲伤——简而言之是在他身上有生命力的东西。"①正是因为爱者所给予的是有生命力的东西，给予并不意味着减少，相反，给予还意味着获得。爱者在给予的过程中，自身有生命力的东西在被爱者那里得到了响应、共鸣、确认、激发，不但不会减少，反而得到丰富，给予的过程同时也是获得的过程，"给予即获得"。由此看来，爱者通过爱，实现了对自身的双重超越。一方面，爱是给予，是走出自我，这是一重超越；另一方面，爱者在给予的过程中得到了激发与丰富，实现了自身生命的进阶与升华，这是另一重超越。对被爱者来说，爱者给予其的是有生命力的东西，是精神与价值、人性之善、人性之应然，渴望在被爱者那里激发、引出、交流、丰富的也是这些人性维度。如果被爱者响应爱者的给予，被爱者生命中美善的维度也就得到了激发与丰富，实现了对自身物性、现实性、规定性的超越。也就是说，一个真正的爱者，爱的不是对象的现实性、规定性、物质性，而是对象的应然性、向善性，爱的是对象美好的那一维度。爱者之爱，就是用自身的美好去激活、丰富被爱者生命中的美好。

先生就是用爱本身的内在逻辑实现着对自身、教育、学生的超越。如前所论，先生是爱国者，继承父辈救国救民的情怀，学生时代就加入地下党，为中华民族的前途甘愿奉献自己，也因此使自己的人生早早达到了革命者的高度。"文革"之后，先生主要以教育学术的方式来承载对民族、对国家的爱。先生在教育学术研究中，对中国传统教育思想的承继，对民族文化，尤其是伦理与教育文化的自觉，对教育现代化的探索，对种种教育问题的极度敏感与尖锐批判，其实是教育理论与先生自身的双重超越。先生的这些努力，一方面对"文革"后百废待兴的教育学术研究贡献巨大，甚至可以说撬动、

---

① ［美］艾·弗洛姆：《爱的艺术》，李建鸣译，上海译文出版社，2008 年版，第 23 页。

引领了当代中国教育理论研究的发展与进步；另一方面，先生也通过这一爱的方式，使自己的人生得到了升华：成为纯粹的爱国者并建构了自己的"爱国教育学"。

先生是仁者，有多少弟子、学生、儿童受益先生之爱，激发了生命中的精神性、价值性的力量，实现了生命的升华。这从弟子们一篇篇饱含着对先生崇敬与感恩之情的论文中可以感受得到；从与先生交往过的教研员、教师的回忆中可以感受得到；从与先生交流过、使用过先生所编教材的儿童的作文里可以感受得到……但先生的境界在于，从来不标榜自己的仁爱，反而反复强调自己从给予之中所得到的回报：生命的升华，学生对自己生命的滋润、净化与提升；生命的永恒延续，教师职业使得自身有限的生命在学生身上得到永恒的延续；自我的不断生成发展，与学生一起探索，直到生命的最后一刻①。

先生爱国、爱人，也爱教育，或者说对教育的爱是先生爱国、爱人的主要实现方式。先生对教育的爱，无论有多深沉，以个人之力，都不足以改变教育发展之趋势与现实，但先生通过自己的爱，起码让我们看到了教育的"另一种可能"，让我们将眼光从现实教育中移开一点儿，去看"可能教育"。先生所描绘的"可能教育"，虽然不是现实，但意义绝不可轻视：无论现实教育多么病态、异化，那绝不是教育的全部可能，总有另外一种可能、总有希望存在。比如，德育课程在现实中的遭遇最为尴尬，一方面行政无比重视，在课程标准设计、教材开发上投入了大量人力物力，所做出的文本质量上乘；另一方面，因为是对升学没有什么影响的学科，教育实践中普遍存在着轻忽的态度，可上可不上，上也不好好上。对这样的尴尬，先生不是不知道，但却能迎难而上，不但从理论上论述这门作用于人心的课程是"最有魅力的课

---

① 鲁洁：《回望八十年——鲁洁教育口述史》，教育科学出版社 2014 年版，第 318—326 页。

程"，而且通过异常费力的一线教学实践去兑现"最有魅力的课程"之期许①。

2. 超越是真爱方式

我们爱一个人，爱一个事业，不会渴望这个人、这个事业安于现状、不进而退，而是希望其变得越来越好。超越是自身完善，是由现实走向可能，是在既定条件下去实现那最好的一面，体现的正是爱的精神。当然，希望爱的对象变得更好，那还不够，还是爱得不够深沉，更为深厚的爱，则是以最好的自己去激发、辅助对方变得越来越好。

如前所论，先生是学问与人生融合在一起的人，学问即人生、人生即学问。超越论对先生来说，不是开给他人、开给社会与教育的与己无关的"处方"，而是自身身体力行的价值规范。这与那些只为他人"提供"原则，自己从来也没有意愿去亲自施行这些原则的学者，有天壤之别。从学术上看，先生取得了那样高的学术成就，但从来没有自我陶醉、津津乐道。超越一直是先生学术风格的重要标志，先生对自己的学术研究更多的是反思、反省、自我批评、不断超越，从来没有哪怕一丁点儿的满足。先生在学术上的不断超越，其实也是一种学术自爱，是对自己学术生命的珍惜。先生那一辈人，前半生基本上在社会与政治动荡中度过，等到"文革"之后真正从事教育学术活动时已经年过半百。开始如此之晚，但成就却又如此之高，可以说是一个奇迹。这一奇迹的达成，不能不说是先生一生心无旁骛、不断超越自身、异常珍惜学术生命的结果。学术上如此，生活、工作上也是如此。在先生看来，做人的高度，其实也是学问的高度，学问做到最后，靠的是人性与道德的力量。可以说，先生正是通过不断的自我超越，成就了一个更好的自我。这超越，是学术的，也是人生的，更是一种更为高贵的自爱。

如前所论，先生是纯粹的爱国者，终其一生，都在以自己的方式毫无保留地深爱自己的国家。但先生对国家的爱，不是盲目的，不是迁就国家的现

---

① 鲁洁：《道德教育的当代论域》，人民出版社2005年版，第315—321页。

实与落后，而是带有超越的维度，渴望国家变得更好，并尽自己之所能推动国家的进步与发展。先生早年加入地下党，就是渴望通过共产主义道路实现国家与民族的富强，"文革"之后，先生通过自己所从事的人才培养与教育学术工作来推动国家的民主与富强。先生亲历"文革"，对改革开放的成就有切身的体会，但不会因此而对国家改革发展中存在的问题故意视而不见。先生只是学者，但"身在学，心忧国"，脚踏实地通过培养人才、教育思想启蒙、德育课程改革来使国家变得更好。不理解的人，会觉得先生不像很多同龄人那样津津乐道于新中国建设的伟大成就，总是揪着教育发展中的各种问题不放；理解先生的人才能体会，只有像先生这样真爱、深爱自己国家的人，才会以更高的、超越性的标准来看待国家发展。

先生始终以超越的眼光来看人，能够从人的现实中看到可能，也相信每个人都有向上的愿望，都能变得更好。当然，在这个总体趋势下，具体的人也会有这样那样暂时的消极，甚至是颓废与堕落，但先生总是有一双充满"阳光的眼睛"，总能看到人阳光的一面，看到人向上、向善的可能。而先生所理解的教育，就是在看到人向上、向善的可能的基础上，帮助人去兑现这种可能。教育是一种帮助，不是强制，更不是包办，而是激发、引导、协助受教育者实现自我建构。教育所给予的激发、引导、协助，依靠的力量，也是超越性的力量，包括教育者自身的不断更新、自我尊严、自我珍惜、对他人、对世界的仁慈与热爱。教育活动的内在逻辑，其实也就是爱的逻辑，即以自身有生命力的东西去激发学生的生命活力。教育以超越的眼光看待人，以超越的方式培育人，正是对人的真爱、深爱。

先生以超越性的品质看待教育、要求教育，体现的也是对教育的热爱。先生总是从应然的角度去看教育，从教育应该达到的高度去要求教育，渴望教育拥有超越性品质，不至于被现实、被物性、被技术、被知识所异化，既是先生对教育的要求，也是先生对教育的爱护。如前所论，教育的超越性，从培养人的角度看，也可以说是一种适应性，对人超越性的适应。但教育总有另外一种适应性倾向，即社会现实的过度适应。教育当然要适应社会现实，但适应只是起点，不是终点，如果把起点当作终点，当作追求的目标，那就是教育的自我降格，使教育失去本应具有的超越品质。教育为什么总有适应社会现实的倾向呢？一个重要的原因在于适应社会现实对教育来说是最为安全、舒适的。过度适应社会现实的教育，得到的是自保，但牺牲的却是教育自身品质的坚守、对人之超越性的培养。先生终其一生呼吁以超越性的眼光看待教育，就是在与教育的这种自保倾向做斗争，以自己全部的学术生命来避免教育滑向适应性的"温水区"，同时竭尽全力爱护教育那超越性的特异性维度，体现的正是先生对教育的深情厚谊。

五、"最有魅力的教育学"

先生的教育学以超越为显著特征，但超越的内层则是爱，是由爱与超越融合而成的教育学。先生在看待生存艰难的德育课程时，却说德育课程是"最有魅力的课程"，因为先生不是从当下、实然去看德育课程，而是从可能、应然去看德育课程。与此相通，我们也可以说，先生以爱与超越为支点建构的教育学是"最有魅力的教育学"。

先生的教育学，首先是"大爱教育学"。先生是纯粹的爱国者，先生的教育学是"爱国教育学"，即期望通过教育促进国家的民主与富强。但先生不是狭隘的民族主义者，先生既爱自己的国家，也爱这个世界，更爱人类，先生通过教育所追求的世界不是一国独霸的世界，而是多元文化、文明和谐共处的世界，是在多元共处中实现人类超越。先生是爱国者，也是仁爱者，先生的教育学更是"仁爱教育学"，教育在先生那里，是爱人的方式，即通过教育来爱人。先生的"爱国教育学"与"仁爱教育学"是内在一致的，如果非要区分出主次，则是"仁爱教育学"更为根本，因为在先生那里，人是第一位的，国家也是为人的生长与发展服务的。

先生的教育学更是超越性的、永远"向前看"的教育学。先生为人为学，从来不愿停留在过去，从来不满足于现状与既有成绩，永远都在变得更好的途中，永远向前看。先生的教育学也是如此，虽然不排斥现实性，但现实性永远不是教育学的止境，教育学同样永远是在变得更好的路上。先生一生献给了教育学，教育学是先生的毕生事业，先生对教育学的热爱是毫无杂质的，先生本身就是"一本用生命谱写的教育学"。但对自己所热爱的教育学，先生毫不护短，对其发展中的种种问题的揭示、对其所遭受的扭曲与异化毫不留情，先生总是渴望更好的，也在尽力推动更好的教育学，终其一生都在追求那"最有魅力的教育学"。

后记：

真话即修行

　　有朋友告诉我，每次拿到我的新书，最先读也最喜欢读的是后记。我问为什么，他们一致的回答是后记里有我的清晰性情。想想也是，每一本书的完成，都是耗几年之力，且不说因为读书写作所获得的知识和思想演变，就是几年的生活经验也教会了我很多。所以每次写后记，总是感慨万千，性情毕现。所谓性情，在后记这个特殊的"场域"，其实就是说真话，表达自己的真情实感。到了知天命的年龄，越来越认识到说真话其实就是一种修行。说真话首先是对自己坦诚，是不自欺；同时也是对他人坦诚，不欺人。不自欺、不欺人，说起来容易，做起来就难了。人有自欺的"天分"，很容易活在幻想之中，对自己坦诚其实很难。不欺人，对他人坦诚就更复杂，不但取决于自己能否说真话，还取决于他人能否接受真话，在他人不能接受真话的时候，说真话就有危险，这时候说真话就是需要勇气的事情。因此，如果是自己选择说真话，而不是被迫说真话，那就是一种修行。

　　记得当年我以"道德冷漠与道德教育"为题申报课题时，有人竟然说我们社会主义国家哪有道德冷漠。这就是典型的自欺欺人，被自己的谎言蒙蔽了双眼、蒙蔽了心灵。我选择这个问题作为自己的研究课题，实际上来自自已的生活体验。且不说媒体所暴露出来的颠覆人性认识的道德冷漠事件，生活中的冷漠都是切身的。且不说别人对我们的冷眼旁观，我们自己不也是戒备心理明显，总是将自我保护放在优先考虑的位置吗？

几年前春节假期，我从秦淮河边散步回来，在定淮门桥下看到一老人骑车摔倒在离我不远的地方。春节将近，路上没有行人。我就上去安抚帮助老人，问他能不能站起来。他试了试，左腿很痛，根本站不起来。我与他商议，是直接叫救护车送他去医院，还是打电话叫他家里人来处理。我在做这些事的时候，不是没有想到会受拖累，会被反咬一口。但当时确实情势所逼，实在做不到不管不问。当时心里有这样一种决然：即使他讹我，我也得帮他。在这一过程中，从对面来了一辆车，在我们面前停下，从车上下来一位中年女士。我以为她认识老人，不料她却说："先生，我从远处看到老人摔倒，离你很远，你没有任何责任，而是好心助人者。我是目击者，留下来给你做个证明。"当时的心情是又感动，又复杂，可以说五味杂陈。老人说他就住在附近，告诉了我他家人的电话，我打电话叫他儿子过来。他儿子接到电话之后，很快就开车过来接走了老人，对我和那位女士全是感谢，没有任何怀疑。

这件事对我触动很大。我自己虽然决心助人了，但内心有挣扎，自保的弦一直绷着，生怕被反咬一口。这说明这些年媒体热炒的"彭宇案"对多数人都是有影响的，为我们的道德冷漠增添了有力的支持。那位驾车的女士对我侠义，一下子解除了我的心理负担。但她的话语其实包含着对老人的不信任，这种不信任也是一种伤害。显然，她之所以要仗义为我，也是受到了社会热点事件的影响，担心我被冤枉，有口难辩。受伤的老人，即使完全没有讹人的想法，却被我和证人无端猜度，也被道德冷漠事件所波及。

生活遭遇与生活体验给了学术研究最初也是最大的动力。回过头看，我自己做得稍微好一点的研究都是有生活体验的，或者说不是从学问到学问，而是从生活到学问的。

从 1987 年走上讲台算起，我的教龄已有 30 多年；从 1998 年读博士算起，我的"研龄"也20多年。在20多年的研究过程中，除了博士论文和博士后出站报告算是有体系的成果外，其他成果都是比较松散的。在做"道德冷漠"这个题目时，我暗暗下定决心，要重回来处，做一个有体系的成果出来。但现在看，这一愿望又一次落空了。这个研究虽然有一个大致的框架，但基本上还是松散的，每一章的内容都是可以独立成篇的。反思自己，一方面感觉自己失去了做体系化成果的能力，另一方面也在为自己找"借口"，认为没有必要做体系化的研究。首先，一个体系化的研究，就要前后转承，就会有一些过渡性的章节，就会有一些"填充"性的材料，而这正是我所无法忍受的。其次，体系化就意味着在一个结构中前后相继、一环扣一环地思考，而我不愿意受体系结构的束缚，更愿意有选择，甚至是跳跃性地对问题进行思考。当然，每一个具体的问题，都是有内在体系的。再次，教育研究者有一个独特处境，即研究教育问题，必须跳出教育，不跳出教育，对教育就没有办法研究。以本研究为例，我们不可能只在教育领域研究道德冷漠，必须从伦理学、哲学的视角，从社会变迁的趋势来研究。但任何一个具体的问题，又必须回到教育，不然就失去了教育的参照。也就是说，不能把所有问题都弄清楚了再回到教育，教育与其他问题是纠缠在一起的。本研究也是如此，每一个话题都牵涉教育，体系化就受到了影响。

一次在火车上与一个萍水相逢的年轻教师闲谈，他很好奇我这个年龄的教师的学术状态，不厌其烦地问我读书的情况、写作的情况、发表论文的情况。我就据实以答，这位年轻的同行却大表吃惊，说没想到我还这么用功。在他的印象里，教授多是躺在过去的成绩之上、指挥别人研究、自己却不再研究的人。当时觉得他过于主观、过于以偏概全，但回来一想，很多年轻学者的这一思维定式并非没有现实依据。反省自己，虽然知道自己十分渺小、十分愚钝，但却一直在努力，这是最值得骄傲的事情。回想自己的学习与学术生涯，中师毕业，没有上过高中、本科，直接读的硕士，博士又读得比较晚，起点低，起步晚，这些都是劣势，但自己一直在努力，这才是最重要的。

记得前几年我总是跟弟子说，一天不读书、不思考，就觉得难受。这几年事务多了，真有几天不读书的时候，但思考一直在持续。努力总有结果，虽然没有什么成就，但自身的进步却是真切的。到了知天命的年龄，还能感受到自己的学术进步，我觉得这是一种难得的幸福。

最近两年，身体大不如前，小状况也出了几次。过去生了病，或者哪里痛了，内心总有一个信念，即总会过去，总会好的，时间是最好的医生。这两年这个信念发生了动摇，有些伤痛恐怕是要相伴终生了。人如果没有精神追求，又有那么多身体的、精神的伤痛折磨，想想活着真是悲哀。庆幸自己还有精神寄托，还能在读书、思考、教书中获得快乐，不然的话，真不知道如何活下去。人生艰难，个人遭遇不同，但能够做自己喜欢做的事情，而且衣食大致无忧，乐在其中，不为外物所动，本身就是一种奢侈，就是一种别样的幸福。

写这本书的这五年，应该是我人生中最繁忙的五年、挑战最大的五年。主要有两个原因，一个是恩师鲁洁先生带领我们团队接了统编小学《品德与生活》《品德与社会》（后更名为《道德与法治》）教材的编写任务。诚如鲁先生所言，对德育课程而言，放眼中国和世界，实际上是找不到合格的编写者的。德育课程牵涉太多的学科领域，有些是我们教育学者完全陌生的领域。即使是相对熟悉的教育学、心理学领域，教材所涉及的诸多话题都是空白，找不到可以参照的学术成果。当然，学术上、知识的困难还不是主要的。想必每个中国人都知道德育课（在中小学俗称"政治课"）的敏感性以及由此带来的特殊难度。五年来，历经无数次的审查、无数次的批评、无数次的会议、无数次的修改、无数次的日夜赶工，有多少次都处在崩溃的边缘。好在在鲁先生的带领下，与编写团队患难与共，总算没有倒下，总算熬过来了。

这本书的主体内容就写于这挑战最大的五年。在教材编写与所务工作的间歇，一有时间，就拼命读书思考。过去还会将读书、写作当作需要意志努力的事情，这五年间，读书写作则成了调节心理压力、摆脱痛苦的方式。无论多累、无论多苦，只要开始课题研究，诸事都可以抛在脑后。读书、写作成了我的避难所。有时候脑子里会不自觉地闪现这样的念头：如果没有读书、写作，压力这么大的生活到底该如何去过？这也是自己能够切身感受到的进步，即学术生活不再是需要意志努力的活动，而是一种享受，一种用来调节生活艰难、痛苦的方式。

2001年离开北京来到南京，生命中最重要的16年在这里度过，对南京的感情与日俱增，感觉自己的生命已经融入这座城市。无数个在家的日子，我都会到秦淮河畔漫步，夏天从定淮门桥往南走，一直走到汉中门桥，八公里的路程晒不着太阳，堤岸上的成荫绿树就是我巨大的遮阳伞。冬天则从定淮门桥往北走，直接到达秦淮河的入江口，看夕阳染红的江水。如此美好，早已把这里当作了家，从未想着离开，如今却真的要离开了，真是有无限的离愁。曾经在北京学习、工作、生活了9年，当年为生活所迫、为了学术追求而离开，也是恋恋不舍。如今再到北京，耳里听到的是熟悉的地名，但满眼看到的却是陌生的空间。无论是"物是人非"还是"人是物非"，对北京的那份感情总在心头。对南京的情感也是如此，或许更盛、更深。对刚刚来到的上海，还很陌生，但我愿敞开心灵去拥抱这个开放的城市，去发现她的美，去体味她的魅力。

对北京的眷恋主要在于那里有我的师长和朋友。蓝维老师与我的关系，用亦师亦友来形容都不准确，在我心里，就是家人与亲人。即使到了今天，我的任何事情，都是可以向蓝老师倾诉的，感觉她永远都在那里，永远都是我的坚定支持者。退休后，蓝老师一边在北京基础教育领域发挥作用，一边周游世界，过着梦想般的生活，真是为蓝老师高兴！多想现在就退休，与蓝老师一起去畅游世界！高纪辉老师年过90，须发皆白，却依然清醒、理性、睿智，是老人家当年留我在首都师大任教，这是我走向大学讲台的起点。冯卓然老师已经驾鹤西去，愿老人家在那个世界里一切安好！

最令人心痛的是我的博士生导师李守福教授。李老师因为脑梗大病多年，生活不能自理，形销骨立，已经认不出我这个开山弟子。几次去看望，虽然觉得康复得还算不错，默默为老师祈福，但内心里的那份伤感和痛惜还是无法抑制。李老师大病前一年，我去北京方庄拜望，师徒二人喝了一瓶红酒，相谈甚欢，恍如昨日。读博期间，李老师对我的学习给予的是充分自由，我愿意读什么书就读什么书，愿意写什么文章就写什么文章，从不干涉。对我做道德教育题目的博士论文，我知道他是不赞成的，但我要做，他也不反对。现在回过头看，我从李老师这种有点放任的培养方式中获益良多，按自己的兴趣读书，思考自己愿意思考的问题，这些学术习惯都是那时养成的。读博期间，感觉与老师是有距离的，但在关键的时候，老师还是默默地给予我关键的帮助。与老师的亲近是在毕业之后，后来一起聊天，他才说出了对我远走南京、不愿留在他身边工作的失望。我当时只是活在自己的世界里，只考虑自己的选择，根本没有从他的角度去思考。如今，李老师已经告别现世不能自主的生活，去了另外一个世界，弟子即使想对老师说抱歉，也是不能了！

当年来南京，主要动机是要拜在鲁洁老师门下。在南京将近 20 年，鲁先生给予我的培养与帮助太多太多。庆幸自己从博士后进站开始就有机会跟随先生一起做事，先是研制品德课课程标准，再是编写苏教版品德教材，然后是研发部编道德与法治教材。这么多年来，与先生同甘共苦，共同走过了丰富多彩美好时光。先生对我的培养，不是言传而是身教，我是从先生对待学术、对待教育、对待学生、对待儿童的态度和行动中学习的。先生自自然然做事，从没想着去教我们如何如何，但我们这些弟子却从中学到了很多很多。先生对我们这些弟子的爱护，又是那样细腻。让弟子感佩于心的事情太多，这里不便细说，只举一例。2017 年 7 月底我们一起开教师用书编写研讨会，休息时我与弟子吴煜姗说到暑假她到日本旅游，本想让她带点止痛膏的（我腰椎间盘突出，今年尤其严重），但又怕干扰她的行程，就没好意思张口。本来是随意说说，没想到先生却记在了心里，8 月份收到了先生快递寄过来的止痛膏，是别人从日本带回来给先生家冯老师的，先生却分了几大盒给我！先生之德，无以为报，唯有一心向学！作为学者，我们与工作单位不再是人身附属关系，合同到期，换一个大学是再正常不过的事情。虽然有太多的感激，有太多的不舍，但离开南京师范大学到华东师范大学工作，我内心并不觉得亏欠谁什么。唯一亏欠的就是先生！先生为我调离的事情，以将近米寿高龄写来好几封很长的邮件，与我推心置腹，那份尊重、那份关切、那份牵挂，弟子都会铭记于心！2020年12月25日，鲁先生与世长辞。从此再也无法跟随先生做事、听取先生教诲，无限悲恸。此书若能面世，也算是对先生的一种告慰！在先生离世一周年的时候，我发表了《爱与超越——鲁洁先生教育思想的两个关键支点》一文来表达对先生的崇敬与怀念，现将此文作为本书附录。这样做，当然首先是表达对先生的无限怀念，更重要的是，先生的教育思想的两个核心（爱与超越）其实也为消解道德冷漠指明了方向。

鲁先生对学生那么好，但却反复对我们这些弟子说，"你们给予我的，远多于我给予你们的"。一开始对先生的话，不太理解，随着年龄的增长，对这句话才慢慢有了体会。看着弟子在学术和人生上的成长，本身就是一种获得。在现代社会，利益是编织社会关系网络的"蜘蛛"，能够超越利益的关系少而又少，甚至仅限于父母子女关系。我与学生之间的关系就是超越利益的纯粹师徒情感关系，他们对老师的关心与帮助没有任何功利，完全真诚、纯净。能够有这样一种真诚、纯净的关系，本身就是一种巨大的获得，异常珍贵。而且，以章乐、唐燕为代表的"高徒们"给予我的还有许多实实在在的帮助！特别是章乐，这么多年来，我的诸多事务，包括德育所、教材编写的诸多事情，都是他帮我打理的，凡事都替我想得很周到，基本上不用我操心。这么多年来，我对章乐已经有了比较严重的依赖。

时至今日，总会遇到重要人物会对我等做纯理论研究的人或明或暗地表示不屑，流露出对书斋式学问的蔑视。以前，每每遇到这类情况，总会感到自卑、感到羞愧。这些年的又一个进步是，不再为自己的纯学术研究感到自卑、羞愧。我在努力，对问题的思考也在深入，能够感受到自身的进步，别人如何看，那是他的事情，与我无关。更何况，慢慢地我也发现，这些对别人表示不屑的人，他们自身也没有什么了不起，往往是眼高手低之人，他们在自己看好的领域里也没见有什么成就，蔑视别人只是给自己壮胆、假装自己高明的方式而已。在任何领域，真正有成就的人，都是知道自己有限性的人。有了这些认识，慢慢就有了一种放松：我就这样，天天努力，无愧于心、无愧于已，夫复何求？

2017 年 8 月 29 日初稿
2018 年 12 月 31 日改定
2023 年 1 月 25 日校改